U0894363

美国教育史研究丛书

张斌贤　主编

# 学校变革与美国教师职业演化

高　玲　著

# SCHOOL REFORM AND THE PROFESSIONALIZATION OF AMERICAN TEACHERS

河北大学出版社

·保定·

出 版 人：朱文富
选题策划：何　东
责任编辑：李　达
助理编辑：李天雪
装帧设计：赵　谦　王占梅
责任校对：杜启昌
责任印制：常　凯

**图书在版编目（CIP）数据**

学校变革与美国教师职业演化 / 高玲著. -- 保定 ：河北大学出版社，2022.1
(美国教育史研究丛书 / 张斌贤主编)
ISBN 978-7-5666-1944-0

Ⅰ. ①学… Ⅱ. ①高… Ⅲ. ①师资培养－教育史－研究－美国 Ⅳ. ① G571.25

中国版本图书馆 CIP 数据核字（2021）第 239313 号

XUEXIAO BIANGE YU MEIGUO JIAOSHI
ZHIYE YANHUA

出版发行：河北大学出版社
地址：河北省保定市七一东路2666号　邮编：071000
电话：0312-5073003　0312-5073029
网址：www.hbdxcbs.com
邮箱：hbdxcbs818@163.com
印　刷：保定市正大印刷有限公司
幅面尺寸：170 mm × 240 mm
字　数：284千字
印　张：21
版　次：2022年1月第1版
印　次：2022年1月第1次印刷
书　号：ISBN 978-7-5666-1944-0
定　价：80.00 元

# 总　序

每当为团队成果草拟总序的时候，总是既兴奋又忐忑。兴奋是因为眼见近几年的耕耘即将迎来收获，忐忑则是由于这些收获的果子还有待学界进行“质检”。

1998 年 12 月至 1999 年 10 月，我曾作为富布赖特研究学者在哈佛大学教育研究生院访学。访学期间，我花了很多时间思考今后的学术工作，并确定以美国教育史作为今后长期稳定的研究方向。转眼之间已历二十余载。

二十多年来，我和我的同事、历届外国教育史专业方向的硕士研究生和博士研究生所组成的外国教育史团队一直致力于美国教育史的学习、研究和教学，其目的既为弥补以往外国教育史学科研究之不足，同时也在于通过这块“试验田”，探索更新外国教育史研究的方法、路径。

这二十多年的学术工作历程大致可以划分为两个阶段。2000 年至 2008 年为第一阶段。“京师高等教育论丛”（8 种，北京师范大学出版社，2008 年）反映了这个阶段的主要工作成果。在这个阶段，因为是初步涉猎美国教育史领域，无论是对美国教育史本身，还是对国内外研究状况，都缺乏足够和充分的了解，因此基本上是沿用过去比较熟悉的“套路”，大多选择国内学界涉及较少、较为宏大的主题开展研究，如李子江的《学术自由在美国的变迁与发展》、和震的《美国大学自治制度的形成与发展》、黄宇红的《知识演化进程中的美国大学》，等等。客观地说，在当时国内美国教育史研究基础还相对薄弱的情况下，这些研究还是很有价值的。2009 年至今为第二阶段。经过数年的积累和反思，我逐渐意识到，要想进一步深化美国教育史研究，要想真正形成一些具有新意的研究成果，必须要改变已有的研究方式，尤其是要自觉地摆脱教育学科沿袭已久对“宏大叙事”的选题偏好和以追求系统性和完整性为目的的“教科书”式的研究路径，变以往“大题小做”或“大题大做”为“小题大做”。这也就意味着要进一步聚焦主题、提炼问题，真正开展针对问题的研究。从 2009 年前后开始，无论是我还是我的学生，都尽量避免触及时间范围较大或边界不易确定的“宏大”选题，而选择更加具体、更为专门的专题开展研究。2015 年前后出版的“美国教育变革研究丛书”（11 种，浙江教育出版社）是这种转变的初步尝试。陈瑶的《美国教育学科构建的开端》、康绍芳的《美国教育学界精英群体的兴起》、李朝阳的《美国城市学校制度的建构》、祝贺的《美国公共学校种族隔离的终结》及马文琴的《美国学校公民教育的转向》等著作，都针对某一个具体和专门的主题，并努力将研究主题聚焦在一个较小的时间范围内，以求对主题进行深度剖析。

在前期工作的基础上，近几年来，我们团队更加注重以下几个方面的工作。第一，进一步“压缩”选题，不断聚焦研究主题。第二，进一步强调文献综述的意义，更为自觉地把即将开展的研究建于前人相关的研究基础之上。第三，进一步注重吸收和借鉴相关学科的理论和方法，在教育与其他社会活动的“交汇”处寻找研究问题。呈现在读者面前的“美国教育史研究丛书”所收录的 10 种著作实际上反映了上述三个方面的工作。崔高鹏的《〈1862 年美国赠地学院法案〉研究》、高玲的《学校变革与美国教师职业演化》、吴婵的《美国公立中学与大学关系的变迁（1870—1918）》、杜光强的《全国教育协会与美国中学课程革新》、李曙光的《教育测量与美国学校变革》、曹春平的《美国传统教育观念的变革》是第一方面的工作成果。陈露茜的《意识形态冲突与美国公共教育》和王凤玉的《研究型大学的崛起与科研体制》是第二方面的工作成果。第三方面的工作成果则是张斌贤的《教育与美国社会改革（1890—1920）》和祝贺的《教育与美国儿童福利改善》。

在未来的岁月里，北京师范大学外国教育史教学科研团队还将继续开展美国教育史研究，更加自觉和系统地借鉴相关学科的理论和方法，不仅在研究主题的选择上求新，而且在研究方法和路径上“求变”。希望通过我们持续不断的努力，促进美国教育史研究乃至外国教育史学科的不断自我革新，同时也希望得到教育学界同人的大力支持。

丛书出版之际，首先要感谢河北大学出版社社长朱文富教授。朱社长从事外国教育史（尤其是日本教育史）教学研究多年，深知基础学科研究对教育学科建设的意义，也更加理解此类图书出版的价值，对丛书出版给予了大力支持。我们还要感谢河北大学出版社的各位编辑，他们的辛勤劳动为本书增色不少。

張斌賢

2021 年 3 月 21 日

# 目　录

# 导　言

教学是一门古老的艺术，但教学专业却是现代社会的产物。教师是一个古老的称谓，但教师作为履行教学职责的专业人员则是 19 世纪以来现代社会发展的结果。社会的转型、学校的变革都在不断地形塑着教师职业，教师职业反过来也在内外力的交互作用下不断提升教师的专业认可度和社会地位，使教学向一门专业发展与演化。本文基于较为充分的一手文献资料，借鉴专业社会学的理论和方法，从知识、社团、权力三个维度，叙述和分析 1865—1916 年美国教师职业演化的历史进程，进而探讨美国教师早期专业化进程的基本特征。

1865—1916 年是美国教师专业化进程的重要阶段。美国内战结束后，普及义务教育在各州迅速推进，公共学校大量出现，入学人数快速增加。随之而来的是对教师数量的旺盛需求。公共学校教育的发展不仅对教师群体的数量增加提出了要求，同时也推动了教师职业从临时工作向长期、稳定职业转变，并逐渐成为一项专门化的工作，由此开启了教师专业化的历史进程。1916 年美国教师联合会（American Federation of Teachers）的成立标志着这个过程的阶段性完成，教师专业化进程进入到一个新的历史阶段。

美国内战结束后，公共学校的普遍开办，以及各州义务教育法的相继颁布都在很大程度上推动并保障了学生入学人数的增加。与此同时，教师群体也逐渐发展成为一支不可忽视的力量，教师职业不断地从临时性的短期工作转变为稳定性更强的全职工作。教师职业也由此走上了专业化的进程。总体而言，在这个过程中，教师职业的从业者受教育水平逐渐提高，所具备的专业知识技能不断增长，学历也得到不断提升；教师社团的组建在强化教师身份认同的同时不断地推动教师专业意识的觉醒，且教师社团试图努力提升教师职业的社会经济地位；为了更好地追求教师职业地位，摆脱教师职业在教育领域的边缘性地位，教师们认识到参与学校教育管理、制定教育政策的重要性，进而积极地展开博弈，争取学校的民主管理权。1916 年，美国教师联合会成立，标志着以芝加哥、纽约教师群体为代表的教师领军者希冀在全国范围内公开采用工会“集体谈判”策略来争取教师权益，而不再仅仅拘泥于传统的、温和的协商、讨论。这意味着教师专业化的进程进入到一个新的历史阶段。

可见，从南北战争结束至 1916 年，随着公共学校教育的发展，教师群体发生了持续、显著的变化。这不仅表现在教师人数的快速增加，教师性别结构的改变，还反映在教师工作的内涵和外延的显著变化。如果用专业社会学的概念进行分析的话，那么这个变化过程的本质就是教师的专业化。因此，基于借鉴专业社会学的理论和方法，本文的主要研究问题是，1865—1916 年，教师职业向专业发展与演化的进程是如何开展的；这一进程主要经历了哪些重要阶段；不同阶段之间存在着哪些关联；哪些社会或教育的因素影响了教师的专业化进程；与其他职业相比，教师专业化进程的基本特征是什么。

本文将时间段划定在 1865—1916 年，分别选取了二者的象征性意义和标志性意义。其中，1965 年主要选取的是它的象征意义：内战后的美国在政治、经济、文化、教育上都发生了重大的变革，不断地影响和塑造着教师职业，推动教师专业化的进程。1916 年则主要选取的是它在教师专业化进程上的标志性意义：以美国教师联合会为代表的教师组织率先从全国层面尝试采用工会的“集体谈判”策略，寻求教师专业地位的提升，标志着教师专业化进入到一个新的历史进程阶段。

当然，选取 1865—1916 年作为探讨教师专业化进程的一个历史时期并非是不容置辩、没有争议的，但如果说这一时期是美国教师专业化进程的重要奠基时代则鲜有人会提出异议。此外，本文将不会仅仅局限于这一起止年份，而是会适时地从教师专业化之外的社会背景来阐释分析教师专业化进程。

## 一、专业与专业化概念界定

本文所探讨的“教师专业化”中“专业化”一词对应的英语词汇是 professionalization。在中文的语境之中，professionalization 常常因 profession 译为“专业”而被译为“专业化”。因此在阐释 professionalization 一词之前有必要解释 profession 的含义。

从词源学上来看，profession 起初并无“专业”之意。12 世纪，profession 意为“进入宗教机构的宣誓词”，与传统的神学（divinity）、医学（medicine）、法学（law）等具有紧密的联系。随着词义的发展演变，profession 从 15 世纪早期开始具有“一个人宣称擅长的职业（occupation）”之意；17 世纪初具有“从事某种职业的群体”之意。① 至 19 世纪中期以前，牧师、医生和律师这几个“具有学识的专业”（learned professions）是为数不多被认可的专业，也是大学机构必设的系部。② 随着科学研究应用的扩展，越来越多的工作被称为“依赖专业知识的职业”，进入牧师、医生和律师所在的专业领域范畴。profession 所指代的“专业”内涵，具有专业知识的造诣，区别于单纯的技能；具有处理实际事务的能力，区别于单纯的学习或调查；利他性地运用

① See “Profession,” accessed May 12, 2017, https://www.etymonline.com/search?q=profession.

② See Bruce A. Kimball, *The “True Professional Ideal” in America: A History* (Cambridge, Mass.: Blackwell Publishers, 1992), p. 7.

专业知识，区别于为了自利性而学习运用知识。按照法律规定或惯例要求，严格意义上的“专业”，通常要求对资格进行初步审查，并要求获得执照或其他官方授权。

在中文语境下，与 profession“专业”相对应的 business、career、employment、job、occupation、trade、vocation、work 等均具有“工作”“职业”之意。但从具体含义来看，business 往往指一些与商业交易相关的，如银行业、商业、企业等领域的工作；career 指那些在特定工作领域持续从事的职业，往往是随着时间的推移，责任不断增加，具有终身投入事业的崇高色彩；employment 主要是为了薪水而受雇从事的工作；job 更常在口语中使用，泛指一份定期获得报酬的工作，不一定需要技术或专门性训练；occupation 指一个人经常担任的具体性工作或事务，不论是否领取工资；trade 一般指那些需要一定（手工）技巧而不需要高深学问的职业，常常译为“行当”“手艺”；vocation 一方面指那些较为适合个体兴趣追求的职业或事业，另一方面则具有使命性意味，不再仅仅局限于获得报酬、谋生，而是长期献身的事业；work 所涵盖的工作或职业范围最广，泛指所有长期从事的脑力或体力劳动性的职业，同时 work 还常常用来指日常所做的每件事项。① 相较而言，profession 则指那些接受过特殊教育及训练才能胜任的职业，多为创造性的脑力劳动。也就是说，profession 所指代的“专业”既需要较高教育水平，又兼具专门技能。②

类似地，英国著名历史学家艾伦·布洛克（Alan Bullock）在其编写的学术辞典中也强调了 profession“专业”所蕴含的“教育”元素，以及基于教育所形成的一系列职业要素，印证了上述说法。他指出，

---

① 参见阿尔伯特·悉尼·霍恩比《牛津高阶英汉双解词典（第六版）》，石孝殊等译，商务印书馆，2004，第 217、240、557、947、1188、1875、1972、2033 页。

② 参见阿尔伯特·悉尼·霍恩比《牛津高阶英汉双解词典（第六版）》，石孝殊等译，商务印书馆，2004，第 1370 页。

专业出现的条件是：一门行当或工作通过“开展教育、学徒制、测试，以及建立有权认可、培训成员并在一定程度上具有垄断权的规范组织，发展出系统的任职资格标准”来变革自身。①

在专业社会学领域，学界已经对 profession（专业）和 professionalization（专业化）开展了大量的经典性研究。其中，亚历山大·M. 卡尔-桑德尔斯（Alexander M. Carr-Saunders）和保罗·A. 威尔逊（Paul A. Wilson）通过结合自然主义和类型学两种方法论对专业开展了研究。他们认为，专业是由那些使用高深的知识解决特定问题的专家所组成的共同体，有着复杂的传授、培训体系；所属成员须经由考试筛选，还要满足其他方面的要求，奉行某种伦理规范或行为规范。② 作为功能主义者或称为保守的社会学学者代表，卡尔-桑德尔斯和威尔逊通过使用一些客观的指标或特质来区分专业（如社会经济地位较高的医生、律师等职业）和非专业（社会经济地位较低，含半专业性的职业）。这种客观的衡量指标有如下六个：一是从事必要性的服务或任务；二是所从事工作需要高层次的专门知识或技能；三是具备高尚的服务理念和较强的责任感；四是具有自治性；五是同行之间在选聘、培训、晋升及行为准则上具有控制权；六是具有较高的报酬。这就意味着，专业化过程具有普遍性，从潜在意义上说向所有工作开放，任何行业的专业化都要不断吸收上述专业特质，以与其他工作、职业相区分。③ 上述特质可以在多种环境下呈现出持久、稳定的思想与行为。这些早期论述专业和专业化的研究，往往视“专家-客户”

---

① See Alan Bullock and Stephen Trombley(eds.), *The New Fontana Dictionary of Modern Thought (3rd edition)* (London: Harper-Collins, 1999), p. 689.

② See Alexander M. Carr-Saunders and Paul A. Wilson, *The Professions* (Oxford: Oxford University Press, 1933), pp. 284-287.

③ See M. Ginsburg, "Professionalism or Politics as a Model for Educators' Work and Lives," *Educational Research Journal* 11, No. 2(1997): 133-146.

(expert-client)为“专业技能不对称”的关系，客户委托专家，专家尊重客户。同时，专业化（诸如创建社团、颁发许可证、指定伦理规范等）是维持和控制这种关系的保障。

相较而言，杰弗里·米勒森（Geoffrey Millerson）则仅仅分析了专业的最为一般的特征，如教育、组织、伦理等，从而为各具特色的专业内部留下广泛的余地。这可以规避掉客观具体性特征的不足——具有一定政治偏好的人很可能会通过找出某项工作与所描述的专业特征不符之处而将其排除在受人尊敬的“专业”范畴之外。[①] 哈罗德·L.韦伦斯基（Harold L. Wilensky）与米勒森一样，处理了专业多样化的问题。他认为，达到专业地位是一种最终状态，不同职业完成的进度不同。他们不再像卡尔-桑德尔斯等人一样关注专业功能（“专家-客户”关系），而是认为专业仅仅是行业控制的一种形式；专业化则用以解释说明职业为何会呈现出不同的特征。这种强调结构（学校、协会等）及演化的阐释方式在很大程度上推动了专业化模型的出现。其中，韦伦斯基通过对美国专业化研究，叙述了专业化演进的顺序：当一个职业成为一个全日制工作、界定较为清晰的工作范围后，便会考虑培训的问题；随后在领军人物的带领下，该职业将会受到推广并建立地方性和全国性的社团组织；最后，该职业会寻求法律保护其知识技能垄断的地位，并通过正式的职业伦理准则。具体如图导-1所示。

图导-1 韦伦斯基的“专业化进程”

① See Geoffrey Millerson, *The Qualifying Associations: A Study in Professionalization* (London: Routledge, 1964).

同时，韦伦斯基也指出这个顺序并不是一成不变的，而是根据职业的不同而有所变化。其中，追求权力和地位是各项专业所共有的要素，解释了不同工作进行专业化的顺序与上述进程存在一定偏差的缘故。①

安德鲁·阿伯特（Andrew Abbott）通过研究英美 130 个专业的职业协会、职业规范等 8 个事项所呈现的发展顺序，验证了韦伦斯基的结论。阿伯特将专业（含伪专业和准专业）分成公认的自由专业（free profession）、附属专业（subordinate profession）和其他三类，并认为韦伦斯基研究得出的常规次序可能存在于美国的自由专业和附属专业中。② 通过研究后，阿伯特发现专业化呈现如图导-2 所示的次序。

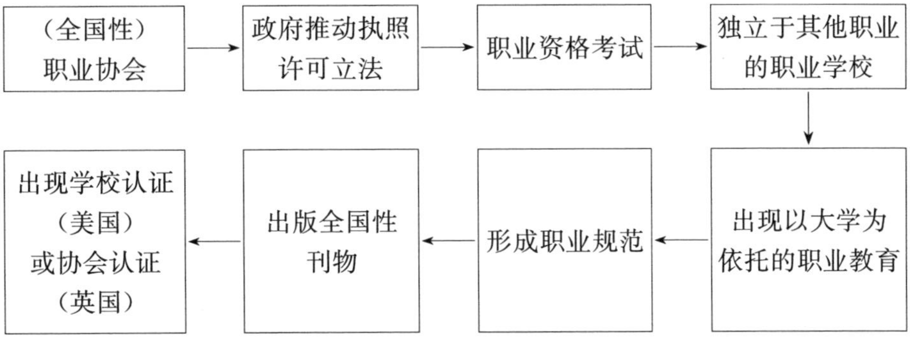


图导-2　阿伯特的“专业化进程”

类似地，西奥多·卡普洛（Theodore Caplow）所假设阐释的专业化进程在排列次序和叙事结构上也与韦伦斯基得出的次序有一定的差异（见图导-3）。他认为，一个专业始于专业协会的出现，协会具有排

① See Harold L. Wilensky,“The Professionalization of Everyone?,”*American Journal of Sociology* 70,No. 2(1964):145-146.

② 参见安德鲁·阿伯特《职业系统：论专业技能的劳动分工》，李荣山译，商务印书馆，2016，第 33—35 页。

除不合格者的成员资格规则；随后该专业贴上受法律规制的标签，维护垄断地位；通过建立一套伦理规范来维护其社会效用，约束不称职的从业人员，并减少内部竞争；最后，通过政治行动获得法律认可，管理控制专业头衔，并有权惩罚从业人员的失范行为。在这个过程中，专业人员受教育水平的提高是和政治行动同步进行的。[①]

图导-3　卡普洛的“专业化进程”

可见，卡普洛与韦伦斯基都注意到了专业的结构及其演化次序。他们都采用自利模式（self-interest model）来叙述专业化进程，将职业演化中的诸个因素联系起来，呈现出清晰的次序。米勒森在其研究的英国专业化中则否认了专业化次序的存在，并不认可二人所叙述的具有单一性的专业化阐释。他认为自利只是行动动机之一，故而强调不同专业在不同时代的个体独特性。

对于上述功能主义的假设，专业垄断理论者并不认同，而是强调专业的支配、自治特征，专业组织和培训学校起到认同、排他性功能。[②] 杰弗里·博尔兰特（Jeffrey Berlant）甚至分析认为，专业主义的结构是为了追求经济垄断，伦理规范亦具有垄断性，而非利他性。与此同时，专业垄断理论者认可结构理论所强调的专业结构，但不认为结构发展是因为“自然生长”，而是归因于对支配或权威的欲望。他们将传统专业研究所侧重描述学校、社团、伦理规范等常规性状态，转

① See Theodore Caplow, *The Sociology of Work* (Minneapolis: University of Minnesota Press, 1954), pp. 139-140.

② See Eliot Freidson, *Profession of Medicine: A Study of the Sociology of Applied Knowledge* (New York: Dodd, Mead, 1970).

向强调专业化的职业认同、排斥等作用。因此，伦理规范在专业化过程后期出现，并非是因为伦理规范是自然成长的顶点，而是因为它们发挥着排斥外部主体的功能。这种功能只有当专业共同体已经形成并得到巩固之后才会变得重要，而在未形成共同体之前，伦理规范并不能发挥很大的作用。

在具有代表性的专业垄断研究中，马加利·S. 拉尔森（Magali S. Larson）揭示了专业的意识形态的一面。拉尔森认为，专业就是一些受市场支配的组织，试图从思想和组织层面支配社会关注的领域。专业化将专业知识、技能这种稀缺资源转化成社会经济回馈，维持这种稀缺性意味着在市场上垄断专业知识、技能、地位。因此，拉尔森认为专业主义是一个神秘的事物，掩盖了真实的社会结构——尽管专业环境发生了变化，最早一批的专业化运动所构建的模型仍然持续存在。① K. 登斯莫尔（K. Densmore）指出专业主义不应该被视为一种理想的模式，或是对工作环境的实际性或理想的描述，而是一种影响人们实践的意识形态。② W. 梅茨格（W. Metzger）亦不无认同地指出，专业主义并不是一个客观性的描述，而是带有意识形态立场，意在提升从业人员的利益。③

伯顿·J. 布莱德斯坦因（Burton J. Bledstein）并没有像上述专业理论者那样聚焦于专业的结构常规性，而是更为强调专业的文化权威性。他将文化合法性视为专业化的核心过程，设定了专业性的新标准。布

---

① 拉尔森采用了英美职业研究的主题和假设，将欧洲大陆的职业排除在外，因为专业知识技能在欧洲大陆并不是正式的、独立于国家的东西。See Magali S. Larson, *The Rise of Professionalism* (Berkeley, CA: University of California Press, 1977), pp. preface ⅹⅶ-ⅹⅷ.

② See K. Densmore, "Professionalism, Proletarianization and Teacher Work," in *Critical Studies in Teacher Education*, ed. T. S. Popkewitz (Philadelphia, PA: The Falmer Press, 1987), p. 134.

③ See W. Metzger, "A Spectra Haunting American Scholars: The Spectra of Professionalism," *Educational Researcher* 16, No. 6(1987): 12.

莱德斯坦因认为，专业是一个人获取主要收入的全职性职位。通过长时间的教育培训习得复杂但有用的系统性知识，在进入实践领域之前完成理论培训，并从一个广泛受到认可的机构中获得学位或凭证。从业人员的竞争力强，不仅具有高超的技能和高质量的表现水平，还兼具服务的理念，以客户兴趣为最高宗旨。[①] 这种文化论阐释更加强调专业主义是维多利亚时代中期的一种文化，蕴含着比“杰克逊时代”（Age of Jackson）[②] 更为激进的民主理念。布莱德斯坦因认为，专业主义有利于保护从业人员免遭受19世纪资本主义兴起的结构化、苛刻的用人制度的伤害，并为其提供了一个理想的垂直流动的途径。追求专业主义的人意在成为一个独立的民主主义者：一个获得解放自由的人，在世俗环境中寻求自然权力；一个自我支配的个体，在开放社会里根据自己接受的教育培训自主判断。这种追求自治的个人主义文化所需要的不容挑战的权威性地位，在美国是前所未有的。这是美国中产阶级发展成熟并界定自身的一个文化过程，在这个过程中逐渐发展形成中产阶级思考、行动的基本习惯。[③]

尽管不同的理论家从不同的角度去理解阐释专业和专业化，彼此之间存在实质性差异，但是对于何谓专业，应从哪些方面解释专业，他们却达成了一致，都认为专业是由某些拥有特殊技能的行业群体构成的。这些技能通常是抽象的，需要进行多方面的训练。这便使得专业具有排他性，从业者需要在具体情况下逐步完善技能。

抽象地说，知识技能、社团组织和权力限度（含管辖权、自治、

---

① See Burton J. Bledstein, *The Culture of Professionalism : The Middle Class and the Development of Higher Education in America* (New York: Norton, 1976), pp. 86-87.

② 该时代以美国第7任总统安德鲁·杰克逊（Andrew Jackson）的名字命名。作为美国首位“平民总统”，杰克逊在执政时期尤为注重推广民主制度，尊重和保障人权。

③ See Burton J. Bledstein, *The Culture of Professionalism : The Middle Class and the Development of Higher Education in America* (New York: Norton, 1976), p. 87.

排他性等）这几个元素（详见表导-1）构成了各个理论阐释专业和专业化的重要维度。因此，尽管不同职业具有自己的专业化故事，但不同专业理论者所强调的知识、社团组织和权力却是各个职业在专业化历程中共享的。因此，不管是在何种背景之下，出于何种目的，专业化可以归纳总结为一个职业在知识技能、社团组织和权力限度这几个方面不断地发展演化为一个专业的过程。

表导-1　专业社会学研究中关于专业和专业化的几种阐释

| 项目 | 功能论 | 结构论 | 垄断论 | 文化论 |
| --- | --- | --- | --- | --- |
| 代表人物 | 卡尔-桑德尔斯、威尔逊 | 米勒森、韦伦斯基、卡普洛 | 博尔兰特、拉尔森 | 布莱德斯坦因 |
| 前提 | 从事必要性的服务或任务 | 全日制 | | 全职性 |
| 专业知识技能 | 教育<br>高层次的专门知识或技能 | 专业培训 | 专业知识技能<br>专业培训学校 | 教育培训、系统性的知识、技能<br>高学位或凭证 |
| 专业社团组织 | 高尚的服务理念 | 专业团体<br>道德准则 | 专业组织 | 服务性理念 |
| 专业权力限度 | 自治性<br>同行之间控制着选聘培训和晋升 | 法律保护工作领域的垄断性 | 垄断 | |

## 二、美国教师专业化研究学术史

本研究拟借鉴专业社会学关于专业和专业化的阐释框架，从历史的维度“重构”进步时代美国教师职业的演化。与本研究类似论题的文献并不多见，但与此相关的文献却较为丰富，美国公共教育通史中对教师职业的阐释、教师专门史研究、教师培训规范、教师专业组织，以及教师专业和专业主义等方面的研究和材料奠定了本研究的基础。

**（一）美国公共教育通史中关于教师职业的阐释**

教育史成为显学在很大程度上得益于教师培训的兴起，作为公共学校教师培训科目的教育史在19世纪后期日趋发展成为重要的研究领域，在不同史学派所做的公共教育阐释中，教师职业得到了不同程度的关注。

在早期的公共教育史研究中，诸如埃尔伍德·P. 卡伯莱（Ellwood P. Cubberley）、R. 弗里曼·巴茨（R. Freeman Butts）等美国传统教育史学家将教育的发展视为一部凯旋前进的学校“家史”，具有正义性，推动着美国政治、经济等社会各个领域的民主、平等发展。作为学校的组成部分，教师与学生、学校、教育经费、教学方法、课程等也在公共教育史学家的笔下齐头并进地发展着；教师不断地提升责任感、知识学历水平等，从早期学校中的“教官和督导者”的形象，转变为1860—1900年“按照大家认同的心理学原则，传授精心挑选的教材内容的教书匠”形象，再转变为20世纪“个人活动的激励者、批判者”。[①] 传统教育史著述中的教师职业鲜有主动性和话语权，从业者多是被动的、无声的群体，主要的发展变化则体现在人数的增加、受教育水平的不断提升。这种进步史观在当前看来虽然具有局限性，但从

① See Ellwood P. Cubberley, *Public Education in the United States: A Study and Interpretation of American Educational History* (Cambridge, Massachusetts: The Riverside Press, 1919), p. 369; R. Freeman Butts and Lawrence A. Cremin, *A History of Education in American Culture* (New York: Holt, Rinehart and Winston, 1953); R. Freeman Butts, *Public Education in the United States: from Revolution to Reform* (New York: Holt, Rinehart and Winston, 1978).

教师培训的视角来看却具有鼓励性，推动教师和教育管理者生发出专业精神及对其工作的认同。

20 世纪 20 年代以来，自由派或自由-民主派史学家对传统史学派进行了挑战，认识到美国的公共教育并非全然一幅和谐的图景，而是存在冲突、斗争的。从 20 世纪中期起，在对传统公共教育史学进行批判的基础上，美国出现了温和、激进两种修正史学流派。以劳伦斯·A. 克雷明（Lawrence A. Cremin）为代表的温和修正派教育史学家扩大了教育史的研究范围，但对学校内部改革的描述并未脱离教育管理、课程、教学方法的模式，对教师的发展也着墨甚少，对在教育职业的分化中出现的教师联合、教师组织，以及女教师的劣势地位等有所提及。① 以乔尔·H. 斯普林（Joel H. Spring）为代表的激进修正派教育史学家从文化控制与冲突的视角批判分析了美国的公共教育史中教师的权力，尤其是女性教师的自由、权力，以及教师与管理者之间的冲突，教师组织为提升教师权益开展的斗争等。斯普林指出，此时的大多数教师组织与教师联合会（如芝加哥教师联合会、纽约教师联合会）不同，主要是坚持保守的政治立场，拒绝参加有组织的劳工运动。②

在关于进步时代教育发展的断代史研究中，教师仍然处于备受忽视的地位。克雷明在其经典著作《学校的变革》中，关注了美国文化、思想、工业、科学等广泛的主题，关注了约翰·杜威（John Dewey）、爱德华·L. 桑代克（Edward L. Thorndike）、弗朗西斯·W. 帕克（Francis W. Parker）等进步主义教育先驱，但很少提及公共学校的教

① 参见劳伦斯·A. 克雷明《美国教育史 3：城市化时期的历程（1876—1980）》，朱旭东等译，北京师范大学出版社，2002，第 265—266 页。See Lawrence A. Cremin, *The Genius of American Education* (Pittsburgh, Pa.: University of Pittsburgh Press, 1965), p. 5.

② 参见乔尔·H. 斯普林《美国学校：教育传统与变革》，史静寰等译，人民教育出版社，2010，第 430 页。

师或教师职业的整体发展情况。① 关于同时期的美国教育史研究，教育思想、学校管理、课程、教育领军人物等仍是关注的焦点，教师作为政策的执行者的形象在戴维·B. 泰亚克（David B. Tyack）等人的研究中均得到了反映。②

不管是在传统史学派别颂扬的公共教育史中，还是在受到修正主义拓展、批判的公共学校教育史中，抑或是在平铺直叙的公共教育发展史中，关于教师和教师职业的叙述都比较少，教师更多的是学校教

① See Lawrence A. Cremin, *The Transformation of School : Progressivism in American Education ,1876-1957*(New York: Vintage Books,1964). 参见劳伦斯·A. 克雷明：《学校的变革》，单中惠等译，山东教育出版社，2009。

② See Raymond E. Callahan, *Education and the Cult of Efficiency : A Study of the Social Forces that Have Shaped the Administration of the Public Schools*(Chicago: University of Chicago Press,1962); H. G. Good, *A History of American Education (2nd edition )*(New York: The Macmillan Company,1962); S. Alexander Rippa, *Education In a Free Society : An American History*(White Plains, N. Y. : Longman, 1997); David B. Tyack, *The One Best System : A History of American Urban Education*(Cambridge: Harvard University Press, 1974); Marvin Lazerson, *Origins of the Urban School : Public Education in Massachusetts , 1870-1914*(Cambridge: Harvard University Press,1971); David Nasaw, *Schooled to Order : A Social History of Public Schooling in the United States*(New York: Oxford University Press, 1979); Sol Cohen, *Progressives and Urban School Reform : The Public Education Association of New York City ,1895-1954*(New York: Teachers College, Bureau of Publications,1963); Richard F. W. Whittemore, *Nicholas Murray Butler and Public Educatiion ,1862-1911*(New York: Teachers College Press, 1970); Leonital Mulhal, "The Genesis and Growth of the Progressive Movement in Education"(PhD diss. , University of Cincinnati, 1931); Ursula Stendel Hendon, "Herbart's Concept of Morality in Education and its Role in America"(PhD diss. ,The University of Alabama. 1980); Juliann M. Lange, "The Decline of the Teaching of Rhetoric and the Rise of Progressivism in the American Secondary Schools,1893-1940"(PhD diss. ,The University of Akron, 1985); C. Renee Love, "Progressive Education and its Influence on Writing Instruction"(PhD diss. ,Georgia State University,2004). 参见韦恩·J. 厄本、杰宁斯·瓦格纳《美国教育：一部历史档案》，周晟、谢爱磊译，中国人民大学出版社，2009；埃尔伍德·P. 克伯莱《美国公共教育：关于美国教育史的研究和阐释》，陈露茜译，安徽教育出版社，2012。

育变革的被动接受者，而非主动的参与者。造成这种结果的原因是多方面的，其中公共教育历史研究自身的局限性，以及教师作为“沉默的伙伴”自身地位低是两个重要的因素。一方面，公共教育史更加关注公共学校本身的教学、课程等变革，而将教师视为应对学校变革的“被动”接受者；另一方面，教师在关于美国公共教育历史研究中一直处于较为边缘的位置，在很大程度上也是因为公共学校教师作为“草根”，比学校管理者、教育领军人物发言少，相关著述欠缺，留下的史料文献较少。

**（二）教师专门史中关于教师职业的阐释**

20 世纪 80 年代以来，美国的教育改革引起人们对教师职业群体空前的关注，关于教师的研究也逐渐增多。不过，关于教师的史料文献大都比较零散、分化，教师史研究相较于学校其他方面的历史研究并不多见。凯特·罗斯曼尼尔（Kate Rousmaniere）曾分析指出，学界对教师史的研究较少，在很大程度上是因为从教师的视角研究教育史较为困难：第一，教师的个人教学经验在很大程度上来说是缺失的，因为教师关于教学的档案资料是零散的，许多相关的资料都碎片化地记录了教师的工作片段；第二，师生关系比较难以考察，因为教师或学生的反思回顾都是单方面的，很多调查研究又仅仅关注了几个“好”或“不好”的例子，而且许多关于教学对学生的影响的研究又未能考察教师所处的教学环境。① 在为数不多的教师史研究中，教师通史研究较少，专题史研究则居多。

1. 教师通史研究

1939 年，哥伦比亚大学教师学院的教育学教授威拉德·S. 埃尔斯布里（Willard S. Elsbree）撰写出版的《美国教师：一个专业在民主国

---

① See Kate Rousmaniere,“Losing Patience and Staying Professional: Women Teachers and the Problem of Classroom Discipline in New York City Schools in the 1920s,”*History of Education Quarterly* 34, No. 1(1994): 50.

家中的发展演变》① 是较早对美国教师进行历史研究的著作，也是教师历史研究方面的权威著作。埃尔斯布里以很长的篇幅描述了殖民地时期以来学校教师的独特特征，包含不同时期教师的特征、资格条件、认证任命、监管、工资、社会地位等方面的发展信息。著述中所使用的丰富的原始文献为关于美国教师的历史研究奠定了丰富的史料基础。

总体而言，埃尔斯布里的著作从很大程度上来说是一部“家史式”的凯歌，讲述了教师专业发展的胜利与未完成的专业化任务。与大多数研究者一样，埃尔斯布里主要是从教育政策的视角看待教学，而非从教室内部教师活动的角度来看教学。教师是教育精英或管理者关注的对象，而非自己命运的主宰者。该著作所描述的也都是外在施加到教师身上的作为，而非教师作为鲜活主体的教学、生活。因此，从严格意义上来说，埃尔斯布里的研究并非是一部教学史。伯纳德·贝林（Bernard Bailyn）认为本书所挑选的主题大部分都来自现代人们所感兴趣的类别，而加上“一个专业在民主国家中的发展演变”（Evolution of a Profession in Democracy）的标题使整本书不可避免地蒙上了一种粗陋古怪的色彩。②

尽管埃尔斯布里的著作主要论述的是白人教师，未作区分地论及全部教师，也未能达到他试图实现的全面性，但这部著作仍是一部难得的关于教师的通史性研究。正如泰亚克所述，或许以后不会再有像埃尔斯布里这样具有连贯性的教师史著作，该著作的连贯性是基于使

---

① See Willard S. Elsbree. *The American Teacher: Evolution of a Profession in a Democracy*(New York: American Book Company, 1939).

② See Bernard Bailyn, *Education in the Forming of American Society: Needs and Opportunities for Study*(Chapel Hill: Published for the Institute of Early American History and Culture at Williamsburg, Va., by the University of North Carolina Press, 1960), p. 95.

用统一但不完备且具有不确定性的专业主义概念。① 在随后的教师史研究中，鲜有像埃尔斯布里这样一以贯之的教师通史研究，而是多以编著的形式按照主题来探讨教师的发展历史。与此同时，后来的研究对专业、专业主义的理解也发生了变化，主要从性别、阶层的视角去考察，进而在一定程度上扩充了教师史研究的视角，探索了不同的阐释路径。

2. 教师主题史研究

20 世纪 80 年代，关于教师身份背景、性别、肤色、本土或移民、乡村或城市、南北方、家庭背景等主题的研究不断增多。唐纳德·沃伦（Donald Warren）编著的《美国教师：一项专业性工作的发展历史》便是这样一部主题丰富的教师专题史研究。众多学者从不同视角对教师开展了研究，如从性别的视角去追溯教师成为“女性工作”所带来的政策、实践及大众态度等方面的发展变化；对南方的黑人教师的史学、政策问题进行考察；从教师流动性上探讨教师晋升中存在的问题；从城市学校和乡村学校对比的角度，分析城市和乡村学校教师教学组织、年龄、工作经验和待遇的差异；从基本、宏观性的问题入手，考察教育改革中存在的急躁、简单政策的重复等；从史学的角度提出教学历史的研究框架和开展档案研究等。这本书是距埃尔斯布里之作半个世纪后的又一部关于教师历史的重要著作，在当时来说是一种具有引领性的尝试，是 20 世纪 80 年代后人们重新审视教师重要性的印证。这部著作所搭建的教师研究框架，在后续的研究中得到延续，在一定程度上实现了沃伦所期待的目标，为后来开展更为全面、细致的主题研究奠定了基础。

① See David B. Tyack, “The Future of the Past: What Do We Need to Know about the History of Teaching?,” in *American Teachers: Histories of a Profession at Work*, ed. Donald Warren (New York: Macmillan Publishing Company, 1989), p. 419.

（1）社会背景

路特斯·德尔塔·考夫曼（Lotus Delta Coffman）是较早对其所处时代的教师群体组成开展综合性研究的学者。考夫曼向众多教师会议、教师机构的教师发放了成千上万份调查问卷，并回收了 5215 份问卷，涉及 17 个州。该调查对于了解 19 世纪末 20 世纪初美国教师社会背景来说是一份非常有益的材料，提供了宝贵的信息。美中不足的是，考夫曼的数据信息在大城市学区学校的教师代表性上不够充分。考夫曼的数据信息中有 88％的教师来自乡村或乡镇学区，大城市学区学校的教师约占全国教师总数的 25％，即考夫曼的数据更多地分析研究了非城市学区学校的教师情况。① 考夫曼总结当时典型的女教师一般是 24 岁左右，在接受初等学校教育后再接受 4 年的培训，从 19 岁起踏入教学岗位。时下工资是一年 485 美元。这些女教师的父母往往是土生土长的美国人，每年大概有 800 美元的收入来艰难地抚育家中的四五个孩子。女教师很早就真实地感觉到自食其力的压力很重。②

随后，亦有学者不断地对教师身份背景进行分析。麦利奇·莫菲特（M'Ledge Moffet）通过较为全面地研究许多教师学院的学生背景，得出了与考夫曼相似的结论：典型的教师学院的学生都是来自乡村地区或小城镇，有四五个兄弟姐妹，父母是土生土长的农民、技工或小生意人，年收入中位数是 2000 美元至 2500 美元。③

理查德·M. 伯纳德（Richard M. Bernard）和马里斯·A. 韦诺基斯（Maris A. Vinovskis）借助马萨诸塞州的师范学校记录，对 1859 年

---

① See Lotus Delta Coffman, *The Social Composition of the Teaching Population* (New York: Teachers College, Columbia University, 1911), pp. 3-13.

② See Lotus Delta Coffman, *The Social Composition of the Teaching Population* (New York: Teachers College, Columbia University, 1911), p. 80.

③ See M'Ledge Moffet, *The Social Background and Activities of Teachers' College Students* (New York: Teachers College, Columbia University, 1929).

的入学学生的社会背景进行了量化分析研究。他们仅对一年的入学情况进行了分析，且据其估计只有六分之一的教师到师范学校读书，所以采集的样本在代表性上有待商榷。不过，二人的研究在很大程度上印证了考夫曼的调查研究。他们发现，43%的师范学校学生来自农场家庭，28.5%的学生来自工匠家庭，1.7%的学生来自非技能熟练性劳工家庭，约12%的学生来自专业人士、商人或经理人家庭。①

约翰·鲁里（John Rury）则通过使用人口普查和学区档案记录的方法来揭示教师的人口特征和经济地位，从而使人们对教学工作形成宏观的认识。②

这类研究基本都反映出教师作为一个教学条件差、工资低、社会认可度不高，且形象欠佳的职业，并非是一个理想的职业选择。大量家境并不宽裕的中产阶层的年轻女性走上教学岗位，进而推进了教师群体的女性化发展趋势。因此，在诸多关于教师的研究中，对教师性别或女教师开展研究的成果也日益增多。

（2）性别

约翰·鲁里等多位教育史学家通过对教师性别进行研究后发现，19世纪以来，尤其是公共学校运动后，教师群体发展的一个明显特征便是女性化。③ 女教师的异军突起，使得女教师成为教师研究领域不可或缺的重要对象。爱丽丝·弗里曼·帕尔默（Alice Freeman Palmer）曾指出："从未有哪个民族或国家像美国这样将校园里未来人民的教育

---

① See Richard M. Bernard and Maris A. Vinovskis, "The Female School Teacher in Ante Bellum Massachusetts," *Journal of Social History* 10, No. 3(1977): 332-345.

② See John L. Rury, "Who Became Teachers? The Social Characteristics of Teachers in American History," in *American Teachers: Histories of a Profession at Work*, ed. Donald Warren(New York: Macmillan Publishing Company, 1989), pp. 9-48.

③ See John L. Rury, "Education in the New Women's History," *Educational Studies* 17, No. 1(1986): 8.

交付给女性的。”[①]

随着对女性研究的关注及教学作为首个向女性群体开放的专职工作，从女性角度开展的教师研究逐渐增多；历史学者对教师群体的关注及女性作为教师主导的发展历史，亦推动对女性教师研究的发展。诸多研究都反映出自美国内战以来，教师群体从男性主导向女性占主导的转变——男性教师数量骤减，女性教师日益成为教师大军的主要组成部分。女性在工作领域担负起新的角色任务，公共学校教学之职可以说是她们走上专业岗位的首次成功的创举。[②]

在分析教师女性化成因的研究中，传统研究往往将主导因素解释为女教师的薪酬低。这种解释在后来的诸多研究中得到了一定修正和丰富。[③] 总的来说，相关研究强调的影响因素有公共学校的发展扩张、教师短缺、有闲中产阶层的形成、初等学校后教育向女性开放、人口不断增长，以及认为女性在照看和教育孩子上更具有优越性、女性愿意接受比男性更低的薪酬等。

迈克尔·塞德拉克（Michael Sedlak）等通过对教学工作的经济回报结构和社会背景构成进行分析认为，与现代许多教育者秉持的观点恰恰相反，教师短缺一直以来都是经常发生的，而且在教学专业发展

---

① Alice Freeman Palmer and George Herbert Palmer, *The Teacher : Essays and Addresses on Education* (Boston: Houghton Mifflin, 1908), p. 350.

② See L. M. Chamberlain and L. E. Meege, *Women and Men in the Teaching Profession* (Lexington, Ky. : The University of Kentucky, 1937); Kathryn Kish Sklar, *Catherine Beecher : A Study in American Domesticity* (New Haven: Yale University Press, 1973); Thomas Morain, “The Departure of Males from the Teaching Profession in Nineteenth-Century Iowa,” *Civil War History* 26, No. 2(1980): 161-170.

③ See John G. Richarson and Brenda Wooden Hatcher, “The Feminization of Public School Teaching, 1870-1920,” *Work and Vocation* 10, No. 1(1983): 81-99.

史上，没有什么主题能比女性在美国社会中的角色变化更重要了。[①]

传统研究从男性视角展开分析，往往导致女教师形象不具有专业性。沙利·比克伦（Sari Biklen）曾指出，女教师的职业观与那些基于声望的男性职业模型不同，这也反映出她们对家庭和工作的态度、责任感。如果说女教师的主要满足感是源于学生学术水平、社交能力的不断提升，而非专业发展晋升或教学工作与家庭需求一致的话，这种态度并不能被视为优点，而是缺乏使命奉献的精神。教学也许是女性的真正专业领域，但女教师们并不是真正的专业人员。[②] 杰拉尔丁·J. 克利福德（Geraldine J. Clifford）的研究也反映出，将教学工作视为敲门砖和垫脚石的男女教师，最终目标并不同：男教师是为了在劳工市场上获得更高的职位、收入，而女教师则是为了更好地嫁掉并离开有偿的工作岗位。[③]

桑德拉·阿克（Sandra Acker）则认为，将男性专业化模式运用到女教师身上并不合适，这会导致学者们批判女性未能像男性医生、律师那样做事，难以很好地分析、理解女性选择的逻辑思维；导致人们认为女教师具有破坏性、没有效率、思想不集中，甚至愚笨，并将这种观念贯穿在整个社会文化之中。[④]

很多研究也尝试描绘在 19 世纪末新个人主义发展的浪潮下，女性

---

① See Michael Sedlak and Steven Schlossman, "Who Will Teach? Historical Perspectives on the Changing Appeal of Teaching as a Profession" (Prepared by the Center for the Study of Teaching Profession, November 1986), p. summary ix.

② See Sari Knopp Biklen, "Can Elementary Schoolteaching Be a Career? A Search for New Ways of Understanding Women's Work," *Issues in Education* 3, (Winter 1985): 215-231.

③ See Geraldine J. Clifford, "History as Experience: The Uses of Personal History Documents in the History of Education," *History of Education* 7, No. 3(1978): 183-196.

④ See Sandra Acker, "Women and Teaching: A Semi-Detached Sociology of a Semi-Profession," in *Gender, Class, and Education*, eds. Stephen Walker and Len Barton (Sussex, Eng.: Falmer Press, 1983), p. 124.

为了追求独立而努力工作的画面。[①] 在追求独立的道路上，女性面临着诸多社会偏见的挑战，因此也促使越来越多的女教师维护自身地位、争取权利意识的觉醒。[②]

事实上，关注女性、从女性的视角去研究教师和教学的发展变化，相对于传统的从男性的视角来分析女性专业地位的研究来说，本身就是一种修正史学。[③] 分析教学女性化的内涵和复杂性，并将教学女性化广泛地用于分析教学的社会地位等，在很大程度上弥补了女性在以往研究中的“缺失”[④]，并反映出“沉默那一端的呼声”。[⑤]

（3）种族

黑人教师作为一个教师群体，在传统史学的研究中较少提及。随着美国20世纪60年代后期修正主义史学的兴起，关于黑人教师的研究也不断出现，其中具有代表性的研究是琳达·珀金斯（Linda Perkins）撰写的黑人教学史。珀金斯通过研究发现，对于黑人团体来说，教学是一项备受重视、光荣的工作，教育者往往和牧师一样都是社区的重

---

① See Anzia Yezierska, *Bread givers : A Struggle Between a Father of the Old World and a Daughter of the New* (New York: Persea Books, 1925); Thomas Woody, *A History of Women's Education in the United States* (New York: Science Press, 1929); Joyce Antler, *Lucy Sprague Mitchell : The Making of a Modern Woman* (New Haven: Yale University Press, 1987).

② See David W. Peter, "The Status of the Married Woman Teacher" (PhD diss., New York: Teachers College Press, Columbia University, 1934).

③ See Michelle Zimbalist Rosaldo, "A Theoretical Overview," in *Woman, Culture, and Society*, eds. Michelle Zimbalist Rosaldo and Louise Lahiphere (Stanford, CA: Stanford University Press, 1974), pp. 19-23; R. Laurence Moore, "Insiders and Outsiders in American Historical Narrative and American History," *The American Historical Review* 87, No. 2 (1982): 390-412.

④ See Michael Apple, "Work, Gender and Teaching," *Teachers College Record* 84, (1983): 611-628.

⑤ See Nancy J. Hoffman, "Feminist Scholarship and Women's Studies," *Harvard Educational Review* 56, (1986): 551-591.

要领导人。在那些等级制度势力强大的南部地区，除了教学能向黑人开放外，黑人很少有机会能应聘到白领工作岗位。撇开薪资微薄外，教学工作备受尊重，与那些家政或田间劳动的工作比较而言，对黑人来说更具有吸引力。在北部地区，黑人只能在种族隔离学校获得教职工作。不管是在南部还是北部，黑人公共学校的教师和校长都要居于白人官员之下，从而更加限制了黑人的行动自由。[①] 与研究女教师类似，从黑人教师的角度去研究教师史在一定程度上丰富了教师研究，并打破了以往阐释的模式，使后人从更加多样化的视角去理解教师史。

（4）教学工作

教学作为教师的主要工作活动，很少在官方文件中被翔实地记录（如学校报告），故而也难以得到教育史研究者的关注。关于教学活动的记录可能会散落在为数不多获得成功晋升的教师自传或回忆录中，不过即便是在教师撰写的日记等一手史料中，也鲜有着重描写如何开展教学的情况。由于史料文献的短缺，从实践的角度去开展教师教学的历史研究并不容易，也不多见。戴维·F. 拉巴瑞（David F. Labaree）曾指出："教学历史的学术研究很少，关于中学教学的研究实际上都不存在。"[②] 戴维·科恩（David Cohen）也曾指出："关于学生和教师活

---

① See Linda Perkins,"The History of Blacks in Teaching:Growth and Decline within the Profession," in *American Teachers: Histories of a Profession at Work*, ed. Donald Warren(New York:Macmillan Publishing Company,1989),pp. 344-369;Horace Mann Bond, *Education of the Negro in the American Social Order*(New York: Prentice-Hall, 1934); James D. Anderson, *The Education of Blacks in the South, 1860-1935*(Chapel Hill: University of North Carolina Press,1988);Patricia A. Graham,"Black Teachers:A Drastically Scarce Resource,"*The Phi Delta Kappan* 68,No. 8(1987):598-605;Howard N. Rabinowitz, "Half-A-Loaf:The Shift from White to Black Teachers in the Negro Schools in the Urban South,1854-1980,"*Journal of Southern History* 40,(1974):565-594.

② David F. Labaree,"Career Ladders and the Early Public High-School Teacher: A Study of Inequality and Opportunity," in *American Teachers: Histories of a Profession at Work*, ed. Donald Warren(New York:Macmillan Publishing Company,1989),p. 158.

动的研究仍然是一片处女地。”同时他还倡导对教学历史的概念性工作和文献开展研究，从而推动教师历史的研究和教育政策、实践的开展。①

在为数不多的教学活动研究中，首先值得一提的是拉里·库班（Larry Cuban）撰写的《教师是如何开展教学的：美国教室中的变与不变（1890—1980）》。它是最为完整地研究教室中教师教学活动的著作之一，不仅使用了那些散落在各处的教师教学照片、教科书、班级观察报告、调查，还运用了教师关于教学的叙述报告。经过库班研究发现，1890—1980 年公共学校教师使用的教学方法的变化并不大，学校环境等则发生了很大的变化。教学变化则主要体现在：相较于中学来说，初等学校的教师使用的教学方法更具有进步性，大部分中学教师还采用较为传统的教学方法——以教师为中心，以教科书为中心，且以记诵为主。大部分公共学校直至 1915 年时还是使用教师中心教学，不同形式的学生中心教学大都只是在小型中学（少于 300 名学生）或私立中学运用。不同的教学理论改革运动仅仅在学校的教学上泛起涟漪，教师在教室内部的教学并未发生什么重大的变化。尽管教师组成更为多元，但他们的教学方式都是类似的，并没有什么本质上的区别。②

巴巴拉·琼·芬克尔斯坦（Barbara Joan Finkelstein）在《教育学的道德面》一文中也指出了在整个 19 世纪里，美国的教师教学从整体上来说并没有发生巨大的变化。绝大部分教师将道德教育和知识学习

---

① See David Cohen,“Teaching Practice: Plus Que Ca Change,” in *Clontributing to Educational Change*, ed. Philip W. Jackson(Berkeley, CA: McCutchan, 1988), pp. 27-84; David K. Cohen,“Practice and Policy: Notes on the History of Instruction,” in *American Teachers : Histories of a Profession at Work*, ed. Donald Warren (New York: Macmillan Publishing Company, 1989), p. 398.

② See Larry Cuban, *How Teachers Taught : Constancy and Change in American Classrooms 1890-1990*(New York: Longman Group United Kingdom, 1984), pp. 37, passim.

结合起来，在很大程度上抑制了学生的想象力。① 二者的研究都在一定程度上反映出，教师们在工作中展现出明显的稳定性，所使用的教学方法并不多。因此泰亚克认为，过于强调教师之间的差异是个误区。深入地研究教学的持续性、稳定性或许会阐明教学深层次的结构，以及那些努力改变教学基本特征的尝试为什么起到的作用会微乎其微。②

教学的稳定性或许可以从如下几个方面进行解释，第一，教师在做学生期间就已经开始社会化，他们从学校里观察、接受着以教师为中心的教学方式，并将其内化；第二，教师一方面要管理一群孩子，另一方面还要教授他们枯燥的、预先设定好的知识。威拉德·沃勒（Willard Waller）认为，所有类型的学校都存在专制性政治结构的问题。沃勒认为，公共学校的教室是"危险的平衡状态中的一种开明的专制"。以教师为中心的教学是保持教师权威、监管学生的注意力去行使任务的一种方式。即便有些希冀尝试学生中心的教师也会发现，自己难以突破学校的结构限制和校长、其他教师、家长、学生所期望的目标。③ 沃勒从社会学的角度研究了教师与教学之间的关系，并认为教学造就了教师，教学对执教的人产生了很大的影响，如教师的态度、行为等方面。在有意识地寻求更高地位的过程中，教师群体会形成自己的规则。当教师把规则内化时，他就成了一位真正的教师。

此外，芬克尔斯坦还先后使用了丰富的一手、二手材料，撰写了多部期刊论文、著作。其中，她在博士论文中对1820—1880年教室内

---

① See Barbara Joan Finkelstein,"The Moral Dimensions of pedagogy: Teaching Behavior in Popular Primary Schools in Nineteenth-century America,"*American Studies* 15, No. 2(1974): 79-89.

② See David B. Tyack,"The Future of the Past: What Do We Need to Know about the Historyof Teaching?," in *American Teachers : Histories of a Profession at Work* , ed. Donald Warren(New York: Macmillan Publishing Company, 1989), p. 419.

③ See Willard Waller, *The Sociology of Teaching*(New York: John Wiley & Sons Inc, 1932), pp. 9-10.

部的实践活动进行了研究，以期从教育改革运动落实到教室中的实际活动行为。不过她的研究也呈现出教育史研究中存在的一个弊端，即历史学者专心致志地研究教育组织、结构，强调正规的法律安排和教育目的，而非教学论（pedagogy）。①

类似地，克雷明、泰亚克等教育史学者亦曾在研究进步主义改革者参与公共学校变革的学校实践中试图重构教室内部活动的部分图景，借助的史料有教师自传、学生回忆录、大众教科书、参观者对见闻的记录及学校董事会制定的规章制度等。②

作为一线教育活动的直接实施者，教师的重要性及其在教育改革中的地位固然得到教育改革者的认可，但不可避免地，教师往往成为导致教育无效的首要批判对象。在关于公共教育目标和一线教学实践的讨论中，教师往往不是政策制定者，而是教育管理者们需要解决的教育问题之一，是教育改革的对象。与进入其他专业工作领域的人比较而言，教师往往没有很强的学术背景，接受的培训缺乏严谨性和实质内容等往往成为批判教师教学活动的常用话语。霍华德·K. 比尔（Howard K. Beale）对美国学校中教学自由的限制开展了大量的调查研究，并发现教师一直以来在各地都是社会的公仆，被束缚于同胞们所秉持的信仰和道德，难以保障其职位，学术自由并不奏效，大部分教师甚至也并没有意识到自己是不自由的。③ 因此，关于教师教学的研究亦是在一定程度上反映了教师的"不自由"的声音，扩充了对学校教

---

① See Barbara Joan Finkelstein,"Governing the Young: Teacher Behavior in American Primary Schools,1820-1880,a Documentary History"(PhD diss.,Columbia University,1970).

② See Lawrence A. Cremin, *The Transformation of the School: Progressivism in American Education,1876-1957*(New York: Vintage Books,1961); David B. Tyack, *The One Best System: A History of American Urban Education*(Cambridge, Mass.: Harvard University Press,1974).

③ See Howard K. Beale, *Are American Teachers Free? An Analysis of Restraints upon the Freedom of Teaching in American Schools*(New York: Charles Scribner's Sons,1936).

育的研究，使学校教育的研究更为丰富充盈。

**（三）关于教师培训规范的研究**

在学界关于教师的研究中，教师培训、教师教育的主题最为常见，这与教师职业长期处于教育管理的边缘位置、教师群体处于被动地位、教师主要负责接受和执行教育政策具有一定的关系。关于教师培训的研究主要从以下几个方面开展。

其一，与教师教育发展密切相关的教师培训机构的视角。探讨诸如州立师范学校（state normal school）、文实学校（academy）、教师学会（teachers' institute）、师范学院（normal college）、教师学院（teachers college）、州立大学的教育系和教育学院（school of education of state university）等机构内部的发展变化。

詹姆斯·W. 弗雷泽（James W. Fraser）的《美国教师培训史》叙述了自1750年至当代的教师培训，以及教师培训机构的发展演变。他探讨了师范学校的兴起、发展，并对“师范学校到底是什么”这一问题进行了阐释。同时论述了教育学科在大学中的发展，认为学院和大学一直承担着培训教师的责任。[①]

克雷明在《美国教师教育的传统》一文中，将美国教师教育的历史划分为四个阶段，即殖民地时期（1600—1789年）、州立公共学校系统建立时期（1789—1860年）、基础教育和中等教育扩张时期（1860—1910年）及1910年以后的时期，并对师范学校、大学中的教育系及教师教育理论的发展加以说明。克雷明认为，每一次教师教育的发展都与学校制度的变化密切相关。从1789年到1910年，教师教育的发展具有多样化、标准化、专业化的特点，并且受到的关注日益增多。[②]

---

① See James W. Fraser, *Preparing America's Teachers : A History* (New York: Teachers College Press, 2007).

② See Lawrence A. Cremin, "The Heritage of American Teacher Education," *American Journal of Education* 4, No. 2(1953): 163-170.

亚瑟·G. 鲍威尔（Arthur G. Powell）等对1890—1970年哈佛大学教师专业教育的发展进行历史分析时也指出了教师教育地位的不确定性。[①] 于尔根·赫布斯特（Jurgen Herbst）在《且悲伤地教：美国文化中的教师教育和专业化》中较为完整地呈现了美国百年来的教师教育发展历史，并指出大量的师范学校在利益的推动下，或升格为州立师范学校、州立大学，或以附属、独立合作的身份成为一些精英大学中的教师教育机构。渐渐地，由于追求社会地位、教育市场，开展教师教育的机构则不断地倾向于培养教育管理者、教师教育者、教育研究者，疏于开展一线教学的教师培训。[②] 类似的相关研究也主要是从机构的发展变迁来探讨教师培训的发展和功能、存在的问题等。[③]

其二，教师教育思想史的视角。梅尔·博罗曼（Merle Borrowman）在其编著的《美国教师教育：档案史》[④] 中围绕"好教师有哪些品质，以及培养这些品质最好的方式有哪些"收录了杜威、桑

---

① See Arthur G. Powell, *The Uncertain Profession : Harvard and the Search for Educational Authority*(Cambridge, Mass. : Harvard University Press. 1980).

② See Jurgen Herbst, *And Sadly Teach : Teacher Education and Professionalization in American Culture*(Madison: University of Wisconsin Press, 1989).

③ See Charles A. Harper, *A Century of Public Teacher Education : The Story of the State Teachers Colleges as They Evolved from the Normal Schools*(Washington D. C. : Hugh Birch-Horace Mann Fund for the American Association of Teachers Colleges, 1939); Kevin Ryan, *Teacher Education*(Chicago: University of Chicago Press, 1975); Christine A. Ogren, *The American State Normal School : "An Instrument of Great Good "*(New York: Palgrave Macmillan, 2005); Jessie M. Pangburn, *The Evolution of the American Teachers College* (New York: Teachers College, Columbia University, 1932); Geraldine J. Clifford and James W. Guthrie, *Education School : A Brief for Professional Education* (Chicago: University of Chicago Press, 1988); David F. Labaree, *The Trouble with Education School*(New Haven and Lodon: Yale University Press. 2004); Jianping Shen, *The School of Education : Its Mission , Faculty , and Reward Structure*(New York: Peter Lang, 1999).

④ See Merle Borrowman(ed. ), *Teacher Education in America : A Documentary History* (New York: Teachers College Press, 1965).

代克等著名教育家对教师培养的思考、争论，成为研究美国教师教育的重要文献索引。国内学者刘静则从教师教育思想、教师培养保障的视角等方面对美国教师发展开展历史研究。①

其三，教师任职资格、教师任职规范的视角。随着教师培训的发展和教师教育水平的提升，美国各州关于教师任职条件的规范逐渐出台，二者相互推动彼此的发展。② 早在 1903 年，内布拉斯加卫斯理公会大学师范学院（Normal School，Nebraska Wesleyan University）院长和教育学教授威廉・R. 杰克逊（William R. Jackson）便通过收集数据信息发现各州为了保障教师资质水平，要求申请教师资格证书的准教师学习名目繁多的知识，且几乎一致性地要求良好的学科成绩。③ 在对教师任职规范、教师资格认证的研究中，诸多研究者一致认为美国各州、地区及联邦层次对教师任职政策的规范越来越多，越来越细

---

① 参见刘静《20 世纪美国教师教育思想的历史分析》，博士学位论文，北京师范大学，2007。

② See David L. Clark and Robert F. McNergney, "Governance of Teacher Education," in *Handbook of Research on Teacher Education*, eds. Robert Houston et al. (New York: Macmillan, 1990); Carolyn M. Evertson, Willis D. Hawley and Marilyn Zlotnik, "Making a Difference in Educational Quality Through Teacher Education," *Journal of Teacher Education*, No. 36(1985): 2-12.

③ See William R. Jackson, "Chapter X: The Present Status of the Certification of Teachers in the United States," in *Report of the Commissioner of Education for the Year 1903*, ed. United States Bureau of Education(Washington D. C.: Government Printing Office, 1905), pp. 463-519.

化。[①] 与此同时，由于美国教育发展具有地方性特征，所以美国的教师资格证书认证就有渠道多、种类多、层次多等特点。[②] 罗伯特·A. 罗斯（Robert A. Roth）曾总结指出，美国获得教师资格证书的途径通常有五种：传统模式、申请、紧急资格证书、选择性教师培养方案和社会聘任。[③]

国内学界也对教师教育和教师任职规范开展了较为丰富的研究。郭志明先后对 19 世纪 20 年代至 20 世纪末的美国教师规范、教师专业化发展开展了一系列的研究，认为 19 世纪公立学校运动推动了师范学

---

① See Arthur E. Wise and Linda Darling-Hammond, *Licensing Teachers : Design for a Teaching Profession* (Santa Monica, Calif. : Rand Corporation, 1987); Lawrence M. Rudner and Thomas E. Eissenberg, *State Testing of Teachers : The 1989 Report* (Washington D. C. : American Institutes for Research, 1989); Leonard Kaplan, "Teacher Certification: Collaborative Reform," *Educational Forum* 58, (1994): 168-172; Walter Haney, "George Madaus and Amelia Kreitzer, Charms Talismanic: Testing Teachers for the Improvement of American Education," *Review of Research in Education* 14, No. 1(1987): 169-238.

② See Frank Brown Dilley, *Teacher Certification in Ohio and a Proposed Plan of Reconstruction* (New York: Teacher College Press, Columbia University, 1935); Timothy M. Stinnett, "The Accreditation of Institutions for Teacher Preparation" (PhD diss., University of Texas, Austin, 1951); George R Overby, "A Critical Review of Selected Issues Involved in the Establishment and Functioning of the National Council for Accreditation of Teacher Education from Its Origin Through 1965" (PhD diss., Florida State University, 1966); John R. Mayor and Willis G. Swartz, *Accreditation in Teacher Education : Its Influence on Higher Education* (Washington D. C. : National Commission on Accrediting, 1965); National Board for Professional Teaching Standards, *Toward High and Rigorous Standards for the Teaching Profession : Initial Policies and Perspectives of the National Board for Professional Teaching Standards* (Detroit, Mich. : National Board for Professional Teaching Standards, 1989); American Federation of Teachers, "Creating a Profession of Teaching: The Role of National Board Certification," *American Educator* 14, (1990): 8-21, 40-45.

③ See Robert A. Roth, "Standards for Certification, Licensure, and Accreditation," in *Handbook of Research on Teaching (4th edition)*, ed. V. Richardson (Washington D. C. : American Educational Press, 2001), pp. 248-249.

校的教师培训；20 世纪早期美国学校的现代化推动了师范学校的升格和教师教育的蓬勃发展，并将这一时期的教师学院的教师培训界定为“封闭的”专业主义。[①] 类似地，王萍的《美国中小学教师教育发展研究》也对美国教师教育开展了长时段的研究，涉及殖民地时期至 20 世纪 80 年代后的中小学教师教育历史，将美国教师教育划分成萌芽、产生、改革、完善四个发展阶段，并对各个阶段的发展动因、特征、教师培养制度、教师教育质量保障制度、教师教育社会支持体系等进行了探析。[②]

周钧从全国教师教育认可委员会的角度对 20 世纪 40 年代以来的美国教师教育认可标准进行了专门研究。[③] 随后，洪明则对殖民地时期以来的美国教师质量保障制度及其发展特点进行了长时段的研究，认为教师质量保障制度逐渐形成了内部职业维度和外部职业保障机制，教师资格证书考试与学历水平、反思能力等并存的多层次、多维度的发展状态，进而推动了教师质量的专业化发展，促进了人们对它的反思。

---

① 参见郭志明《美国教师专业规范历史研究》，博士学位论文，北京师范大学，2002；郭志明《美国教师专业规范历史研究》，中国社会科学出版社，2004；郭志明《美国教师教育课程变迁与教师专业化》，《学科教育》2004 年第 5 期；郭志明《从外部管理走向内部规范——20 世纪末美国教师证书制度的专业化方向》，《比较教育研究》2004 年第 12 期；郭志明《证书标准变迁与教师教育专业化——美国教师素质提升的历时性研究》，《外国中小学教育》2004 年第 4 期；郭志明《关于美国教师专业化问题的历时性研究》，《山西师大学报（社会科学版）》2003 年第 1 期；郭志明《专业化视角下美国教师性别结构变迁研究》，《天津师范大学学报（社会科学版）》2010 年第 4 期；郭志明《教师的专业性：从“缺席”到“在场”——美国 20 世纪中后期教师教育课程变革的专业化意义》，《天津师范大学学报（社会科学版）》2014 年第 6 期。

② 参见王萍《美国中小学教师教育发展研究》，博士学位论文，华中师范大学，2012。

③ 参见周钧《美国教师教育认可标准的变革与发展——全国教师教育认可委员会案例研究》，博士学位论文，北京师范大学，2005。

该研究在国内学者关于教师质量保障的研究中具有一定代表性。① 赵英通过研究认为，教师质量是影响学生学业发展的最重要的学校相关性因素，甚至是促进学生学业增值的唯一最重要的因素。当前，通过综合性的问责举措，改进和提高教师质量，进而提升学生的学业成绩，已经成为美国教育中的一个常态。美国教师质量问责理论及其实践的产生，不仅是对美国 K-12 教育改革发展要求的积极回应，也是对美国教师教育现实问题的理性应对；不仅是身处问责时代的诸多教育利益相关者面对教师质量议题时的共同选择，而且具有扎实的思想基础、舆论基础，形成了国家取向、专业取向、市场取向三种较具代表性的教师质量问责理论与实践。② 国内许多学者也对教师评价、绩效工资进行了较为细致的分析研究。③

在国内学界从教师教育视角开展的研究中，诸多研究都认为教师专业化中最根本、最全面、最系统的努力是实施以专业化为取向的教师教育，并对各个阶段的教师教育进行了划分，认为本时段教师教育具有专门化特征；指出教师培训机构在各个阶段根据时代所需及自身发展需求不断地进行扩展转型，即从师范学校升格为师范学院，再向

---

① 参见洪明《美国教师质量保障体系历史演进研究》，北京师范大学出版社，2010。其他关于教师认证的研究还可参见秦立霞《美国教师资格认证制度研究》，教育科学出版社，2010；何美《美国优秀科学教师专业标准、评估及认证研究》，博士学位论文，华东师范大学，2012；朱旭东、张眉《试析美国教师资格证书制度》，《外国教育研究》2007 年第 34 期；王凤玉、欧桃英《我们的未来 我们的教师——奥巴马政府教师教育改革和完善计划解读》，《清华大学教育研究》2012 年第 4 期；王少勇、许世华《未来十年美国教师教育的改革战略——美国教育部〈我们的未来，我们的教师〉解读》，《比较教育研究》2012 年第 8 期。

② 参见赵英《美国教师质量问责理论及其实践的研究》，博士学位论文，北京师范大学，2015。

③ 参见钱磊《美国教师绩效工资制度的分析与反思》，《教师教育研究》2008 年第 4 期；韩玉梅《美国中小学教师评价政策研究》，博士学位论文，西南大学，2014；谌启标《 美国教师质量问题及其政策取向》，《外国教育研究》2002 年第 3 期。

大学转型，并认为大学领域开展教师教育打破了独立封闭的教师教育体系，促使教师培养成为多元开放的、非定向式的系统体系。[①]

**（四）关于教师组织的研究**

从20世纪七八十年代以来，长期被学界忽视的教师群体逐渐获得越来越多的关注。关于教师争取话语权的研究主要从教师协会或教师领军人物的视角展开，呈现出教师在教育领域的主动性角色，打破了卡伯莱等颂扬美国公共教育的完美和谐的教育图景。这类研究指出，在学校科学管理、集中化发展等钳制下，教师逐渐觉醒，开始与管理者进行博弈对抗，反对由所谓的“上层精英人士”控制学校，并成立自己的组织，甚至与劳工组织联盟。教师在获得更高的教育水平，具备专业技能、知识，服务社会的追求，树立专业形象的同时，开始不断地争取自身的权益、自主地位，也不断地采用管理者所使用的“专

① 参见王凤玉《社会变革与教育机构转型：美国师范教育机构转型研究及启示》，人民出版社，2008；阎光才《美国教师教育机构转型的历史经验及其启示》，《教师教育研究》2003年第6期；周钧、朱旭东《美国大学教育学院：教师教育大学化的亚制度问题研究》，《外国教育研究》2006年第6期；周钧《美国教师教育理论与实践》，北京师范大学出版社，2015；张晓莉《美国教师教育中大学与中小学合作的体制与机制研究》，博士学位论文，东北师范大学，2013；荀渊《美国教师专业教育的兴起与困境》，《华东师范大学学报（教育科学版）》2013年第3期；谌启标《美国教师教育的制度变迁与改革实践》，《比较教育研究》2003年第7期；何振海、高镜淳《美国教师教育实习制度的专业化走向——历史维度的考察》，《河北大学学报（哲学社会科学版）》2015年第2期；秦初生《美国教师教育制度的变革及其启示》，《高等教育研究》2005年第4期。

业主义”说辞来争取话语权。①

作为美国最大的教育专业组织，全国教育协会（National Education Association）常常成为探讨教师职业的重要场域。埃德加·B. 韦斯利（Edgar B. Wesley）在《全国教育协会的首个百年》中呈现了全国教育协会成立后100年里的组织发展史、政治地位、影响等。通过使用全国教育协会的年会记录等翔实的史料，韦斯利向读者展现了美国教育界最大、历史最为悠久的教师组织。鉴于所涉教育范围较广，韦斯利较为粗略地介绍了全国教育协会在初等、中等、高等教育等多个方面的活动作为，通篇饱含赞美之词。② 国内学界近年来也对美国教师协会给予较多的关注。宋振加认为，作为全美最大的教师组织，全国教育协会颁布的教育职业伦理规范，从1929年试行到1975年成型，

---

① See Wayne Urban, *Why Teachers Organized* (Detroit: Wayne State Univrsity Press, 1982), p. 41; Marjorie Murphy, *Blackboard Unions: The AFT and the NEA, 1900-1980* (Ithaca: Cornell University Press, 1991); David T. Conley, *Who Governs Our Schools? Changing Roles and Responsibilities* (New York: Teachers College Press, 2003); Anthony J. Nownes and Adam J. Newmark, "Interest Groups in the States," in *Politics in the American States: A Comparative Analysis (10th edition)*, eds. Virginia Gray, Russell L. Hanson and Thad Kousser (Washington D. C.: CQ Press, 2013), pp. 105-131; Terry M. Moe, "Collective Bargaining and the Performance of the Public Schools," *American Journal of Political Science* 53, No. 1 (2009): 156-174; Noel Epstein (ed.), *Who's in Charge Here? The Tangled Web of School Governance and Policy* (Washington D. C.: Brookings Institution, 2004); Cherry Wedgwood Collins, "Schoolmen, Schoolma'ams, and School Boards: The Struggle for Power in Urban School Systems in the Progressive Era" (PhD diss., Harvard University, 1976); Larry Cuban, *How Scholars Trumped Teachers: Change without Reform in University Curriculum, Teaching, and Research, 1890-1990* (New York: Teachers College Press, 1999).

② See Edgar B. Wesley, *NEA: The First Hundred Years* (New York: Harper & Brothers Publishers, 1957); Erwin S. Selle, *The Organization and Activities of the National Education Association* (New York: Bureau of Publications, Teachers College, Columbia University, 1932).

对推动构建美国师德规范具有重要意义，是一套职业本位的伦理规范。① 龚兵等学者认为全国教育协会是美国“教学专业化”的最早宣扬者之一，同时也为美国的教学专业化制定了各项认证标准等，在很大程度上推动了教师专业化。② 此外，龚兵还在博士论文中对全国教育协会进行了长时段历史研究，对全国教育协会在 20 世纪中期从侧重教师专业化向工会性质的角色转变及其开展的活动进行了阐释。③ 杜光强等学者通过梳理阐释全国教育协会的早期事业、组织结构变革、联邦教育机构的创建，较为详细地呈现了协会的历史沿革，在很大程度上补充了龚兵在长时段历史研究中难以展开述及的细节、事件和活动。④

作为首个全国性的教师工会组织，美国教师联合会亦是常常被研究的对象。⑤ 其中，马乔里·墨菲（Marjorie Murphy）很好地用专业主义和集权化这两个关键词解释了教师工会在学校教育中的发展。不

---

① 参见宋振加《美国全国教育协会〈教育专业伦理规范〉研究》，《山东社会科学》2012 年第 12 期。

② 参见龚兵《教师组织在美国教学专业化进程中的作用》，《上海教育科研》2004 年第 8 期；朱宛霞、方彤《美国全国教育协会与教师专业化》，《宁波大学学报（教育科学版）》2007 年第 5 期；郭笑尘《美国全国教育协会促进教师专业化的努力及启示》，《世界教育信息》2008 年第 7 期；洪明《教师专业组织与教学专业化标准运动——二战后美国“全美教育协会”（NEA）的角色定位及其作用探析》，《河南大学学报（社会科学版）》2009 年第 4 期。

③ 参见龚兵《从专业协会到教师工会——美国全国教育协会角色转变之研究》，博士学位论文，华东师范大学，2005。

④ 参见杜光强《美国全国教育协会的建立与早期事业（1857—1900）》，《教育学报》2017 年第 6 期；石佳丽等《美国全国教育协会组织结构早期沿革（1857—1920）》，《教育学报》2017 年第 6 期；钱晓菲、张斌贤《美国全国教育协会的早期事业：致力于联邦教育机构的创建和发展（1857—1903）》，《教育学报》2017 年第 6 期。

⑤ See Rolland Dewing, “The American Federation of Teachers and Desegregation,” *The Journal of Negro Education* 42, No. 1 (1973): 79-92; William A. Cook, “Rise and Significance of the American Federation of Teachers,” *The Elementary School Journal* 21, No. 6 (1921): 444-460.

过，墨菲更为强调教师联合与资本主义国家学校背离的行为。虽然美国教师联合会和全国教育协会均为教师协会，但二者在本时期所采取的策略具有很大的不同，墨菲并没有予以厘清。①

与韦斯利的研究不同，韦恩·J. 厄本（Wayne J. Urban）撰写的《性别、种族和全国教育协会：专业主义及其局限》则较为丰富地阐释了组织结构发展和社会变化之间的互动关系，是一部专门研究全国教育协会的经典代表作。通过对全国教育协会进行长期的研究，厄本将看似无联系的专业主义、种族和性别联系起来，勾勒出全国教育协会在性别和种族上的取向与其专业主义变换交织的动态发展历史。② 同样，厄本的研究与墨菲的研究也不同。厄本更为关注全国教育协会从1917年至20世纪60年代的发展历程及其在20世纪60年代之后转而支持工会主义的历史；他将美国教师联合会置于次要地位，并将其作为全国教育协会在联盟教师的过程中的对手。此外，厄本更为坚信全国教育协会内部的教师和管理者在推动教师专业化上采取了有效的措施，而这些尝试都是与教师工会不相容的；全国教育协会在这个过程中还常常和外行人或学生家长等展开合作。

作为美国较早建立的地方性教师工会组织，芝加哥教师联合会（Chicago Teachers' Federation）与19世纪末20世纪初大多数坚持保守政治立场、拒绝参加有组织的劳工运动的教师组织不同。它在玛格丽特·A. 黑利（Margaret A. Haley）等人的带领下，与教育管理部门、州教育机构部门等之间进行博弈，积极地争取提升教师的福利待遇，

---

① See Marjorie Murphy, *Blackboard Unions: The AFT and the NEA, 1900-1980* (Ithaca: Cornell University Press, 1991); Wayne Urban, "Foreshadowing the Seventies: Teacher Militancy and the NEA, 1900-1922," *California Journal of Teacher Education* 5, No. 1(1978): 55-82; Allan West, *The National Education Association: The Power Base for Education* (New York: Free Press, 1980).

② See Wayne J. Urban, *Gender, Race and the National Education Association: Professionalism and Its Limitations* (New York: Routledge Falmer, 2000).

成为重要的教师组织研究对象。[1] 霍华德·S. 贝克（Howard S. Becker）通过对芝加哥公共学校的60名教师进行详细的访谈，对公共学校运行的权力系统进行考察，分析了教师与学生、教师与家长、教师与校长、教师之间的张力关系。可以说，这种将教师工作与其所处工作环境置于整个职业分析的语境下进行探讨的尝试，很好地分析了教师的权力问题。[2]

教师工会作为一种特殊的教师组织，所运行的方式主要是集体谈判、公共交流，以及开展联系教师和其他社区成员的活动等，在很大程度上模糊了工会以往所采用的内外部人士的概念。相较于普通教师组织，教师工会则在学校、教师工会自身等方面的话语权上显得强势得多。这也在很大程度上导致很多主流的教育研究对教师工会都是批判有余，赞美不足。这类研究往往将教师工会刻画为，在集体谈判和制定教育政策上的影响力下降，且失信于公众的形象。如皮特·布赖姆洛（Peter Brimelow）在《苹果上的蠕虫：教师工会正在怎样破坏美国教育》中指责全国教育协会及其他教师工会对美国教育的破坏作用，披露这些组织通过使用诸多政治和经济手段，以及工会主义策略攫取

---

① See A. E. Winship, "Twenty-five Years of Chicago," *The Journal of Education* 71, No. 24 (1910): 685-689; John M. Beck, "The Public Schools and the Chicago Newspapers: 1890-1920," *The School Review* 62, No. 5 (1954): 288-295; Cornelia D. De Bey, "Plan for Official Advisory Organization of the Teaching Force of Chicago," *The Elementary School Teacher* 7, No. 6 (1907): 305-310; Marjorie Murphy, "Taxation and Social Conflict: Teacher Unionism and Public School Finance in Chicago, 1898-1934," *Journal of the Illinois State Historical Society*, No. 74 (1981): 242-260; Marvin Lazerson, "If All the World Were Chicago: American Education in the Twentieth Century," *History of Education Quarterly* 24, No. 2 (1984): 165-179.

② See Howard S. Becker, "Role and Career Problems of the Chicago Public School Teacher" (PhD diss., University of Chicago, 1951); Howard S. Becker, "The Teacher in the Authority System of the Public School," *Journal of Educational Sociology* 27, No. 3 (1953): 128-141.

大量资源，却通过宣传来维护自身的服务形象。①

通过对教师组织的关注，上述研究在很大程度上弥补了长期以来从教师视角开展研究较少的不足，得以展现出教师专业人员的主体意识，教师群体在争取自身权益、提升专业地位上的努力。

**（五）关于教师专业化的研究**

由于对专业、专业化、去专业化及专业主义认识视角的不同，学界对教师专业化的阐释亦不同。从功能主义或特质理论研究的角度来看，阿米泰·埃齐奥尼（Amitai Etzioni）等学者们根据专业的特征，对教学是否是一项专业或半专业，还是有抱负的专业、手艺或非专业进行了探讨。② 由此出发，许多学者、政策制定者等将教学工作视为一项正在进行专业化的事业，或者说也应该努力去进行专业化，从而具

① See Peter Brimelow, *The Worm in the Apple : How the Teacher Unions are Destroying American Education* (New York City: Harper Collins, 2003); Susan Moore Johnson, *Teacher Unions in Schools* (Philadelphia: Temple University Press, 1984); Maurice R. Berube, *Teacher Politics : The Influence of Unions* (New York: Greenwood Press, 1988).

② See Amitai Etzioni (ed.), *The Semi-Professions and their Organization : Teacher , Nurses , Social Workers* (New York: The Free Press, 1969); Dan C. Lortie, *Schoolteacher : A Sociological Study* (Chicago: University of Chicago Press, 1975); Andy Hargreaves, "Four Ages of Professionalism and Professional Learning," *Teachers and Teaching* 6, No. 2(2000): 151-182; Marjorie Murphy, "From Artisan to Semiprofessional: White-collar Unionism among Chicago Public Schoolteachers, 1870-1930" (PhD diss., University of California-Davis, 1981).

备理想的专业所需的特质。①

与教师专业化相关的教师专业主义理念，以及其二者的关系也成为探讨的一个重要主题。赫布斯特认为，教师专业化与社会地位相关，如教师如何获得培训；而教师专业主义关注的是“教师行使自己的权利、义务，决定课堂教学任务的意识、行为”，即教师是如何使用自己的专业知识。② 埃里克·霍伊尔（Eric Hoyle）也指出，教师专业化是一项工作而非个体获得“专业”地位的过程，教师专业化意味着提升教师的地位（含知识、权力等），而教师专业主义则体现在教师实践之中。③ 休·索科特（Hugh Sockett）同样也指出专业主义的实践属性，并把专业主义描述成一项工作的行为方式。④

---

① See L. Darling-Hammond, "Teacher Professionalism: Why and How?," in *Schools as Collaborative Cultures: Creating the Future Now*, ed. Ann Lieberman (New York: The Falmer Press, 1990), pp. 25-50; J. Eggleston, "Teacher Professionalism and Professinalization," in *The Changing Government of Education*, eds. S. Ranson and J. Tomlison (London: Allen and Unwin, 1986), pp. 113-123; Jennifer M. Gore and K. Morrison, "The Perpetuation of a (semi-) profession: Challenges in the Governance of Teacher Education," *Teaching & Teacher Education* 17, No. 5 (2001): 567-582; Eric Hoyle, "The Professionalization of Teachers: A Paradox," *British Journal of Educational Studies* 30, No. 2 (1982): 161-71; David Labaree, "Power, Knowledge, and the Rationalization of Teaching: A Genealogy of the Movement to Professionalize Teaching," *Harvard Educational Review* 62, No. 2 (1992): 123-154.

② See Jurgen Herbst, *And Sadly Teach: Teacher Education and Professionalization in American Culture* (Madison: University of Wisconsin Press, 1989), p. 6.

③ See Eric Hoyle, "Professionalization and Deprofessionalization in Education," in *World Yearbook of Education 1980: The Professional Development of Teachers*, eds. Eric Hoyle and Jacquetta Meggary (London: Kogan Page, 1980), pp. 42-57.

④ See Hugh Sockett, *The Moral Base for Teacher Professionalism* (New York: Teachers College Press, 1993), pp. 8-10; L. Darling-Hammond and E. A Wise, "*Teacher Professionalism*," in *Encyclopedia of Educational Research (6th edition)*, Vol. 3, ed. M. C. Alkin (New York: Macmillan, 1992), pp. 1359-1365; Linda Evans, "Professionalism, Professionality and the Development of Education Professionals," *British Journal of Educational Studies* 56, No. 1 (2008): 20-38.

保罗·H. 马丁利（Paul H. Mattingly）在《无阶层专业：19 世纪美国学校教育工作者》中则强调了 19 世纪公共学校的教师专业化所蕴含的意识形态（ideology），并从教师自身的观点视角出发分析了三个代际的教师的思想动机。他借助重要人物的传记，并从特定的主题视角，向读者呈现了 19 世纪教师专业不断变化、丰富的观念图景。①

国内学界也对教师专业化主题开展了较为丰富的研究，现有研究更为关注美国在促进教师专业化中所采取的措施，如有研究指出，不断提升的职前教育入学标准、教师教育专业标准的实施，推动了美国教师专业化的发展进程。② 其他研究也关注到建立专业发展学校、加强入职培训、完善教师资格认证制度等对教师专业化的推动作用，希冀对国内教师专业化提供一定的启示借鉴。③ 这些研究主要关注 20 世纪中后期的教师专业化，位于本研究所关注的时间段之后，在一定程度上有利于反思这一时期教师职业向专业发展进阶的历史。

通过梳理中美学界对美国公共学校教师职业的研究可以发现，涉及公共学校教师的研究成果颇丰，且在很多方面开展了较为深入细致的讨论，其中不乏一些力作。具体来说，可总结为以下四点。

第一，教师在关于美国公共学校教育史研究中一直处于较为边缘的位置，这与教师在学校发展中扮演的重要角色，以及教师在教育变

---

① See Paul H. Mattingly, *The Classless Profession: American Schoolmen in the Nineteenth Century* (New York: New York University Press, 1975).

② 参见朱文富、贾国锋《美国教师教育专业标准的演进与教师专业化》，《天津师范大学学报（社会科学版）》2014 年第 4 期。

③ 参见王春光、谢江巍《教师专业化与教师专业责任——美国教师专业化发展的新路径》，《外国教育研究》2002 年第 12 期；齐丹丹《20 世纪 80 年代以来美国教师专业化发展探究》，博士学位论文，东北师范大学，2008；耿文侠、周保利《美国中小学教师专业化初探》，《河北师范大学学报（教育科学版）》2002 年第 1 期；兰英《美国教师专业化运动述评》，《外国教育研究》1996 年第 4 期；王晶莹《美国中小学教师基于探究教学的专业化发展项目述评》，《全球教育展望》2011 年第 2 期；杨宇红、朱旭东《试论美国教师专业化的正当性和教学科学趋向》，《教育理论与实践》2005 年第 9 期。

革中所寄托诉诸的期望是极其不相称的。

第二，已有部分学者尝试从教师视角开展历史研究，但教师通史性研究并不多见，围绕不同主题进行的汇编或编著则较多。从 1939 年埃尔斯布里出版《美国教师：一个专业在民主国家中的发展演变》以来，一直到近半个世纪后的 20 世纪 80 年代才开始出现诸如库班、沃伦等人编著的教师史研究，他们希冀通过不同的主题研究来扩充学界对教师史的研究。库班等人也均在书中指出关于教师、教学历史研究的贫瘠，希冀推动学界日后对学校教师、教学的历史研究。

第三，从 20 世纪七八十年代以来，美国学界关于教师的研究与日俱增，其中大部分研究都是从教师教育制度、教师政策与教师政治学的视角展开。关于教师教育制度研究，学界对师范学校、教师学院及综合大学教育学院等问题的研究还不够深入、系统；对教师政治学的研究也往往侧重制定教师政策的机构及其出台的政策，抑或是教师对自身权益的争夺。这就意味着，尽管已有部分研究关注到教师群体，但它们往往注重阐释教师激进的一面。其中不乏研究批判教师的激进行为，将其描述为学校教育的“蛀虫”，而未能较为中肯客观地描述教师群体。

第四，国内学界近 10 年来对美国教师专业化的研究也成果颇丰。与美国学界较为关注教师教育、教师培养保障等方面类似，国内大量的关于美国教师的研究从教师培训、教师任职规范和政策展开，关注教师的应然状态——应该具备怎样的品质、知识和技能，应具备怎样的条件等，即如何成为一个好的、称职的教师。教师在这些研究中大都是政策的客体，是被动地接受政策的角色，能动性较少；出台教师政策的地方、州、联邦相关部门，及其发布的政策则是探讨的重点。

学界在教师问题研究中缺乏时间上的连续性，对教师历史或教师职业的历史研究较少，已有的教师职业史研究主要是从教师政策、教师教育、教师资格认证等外部机制规范下开展，考察教师职业培训和职业规范的发展变化。在为数不多的教师专业化研究中，学界更多的是从教师职业外部机制（教师资格认证、教师教育政策等）入手，而对教师职业的内部元素（教师专业知识、教师群体活动）关注较少。

综上所述，作为教育领域的“草根”群体，美国的学校教师并没有像教育管理者、课程等主题那样成为历史学者研究的重点。在1865—1916年这一重要的美国教师群体发展时期，教师所受到的关注亦是不够的。教师地位的重要性与教师研究的地位明显存在着不对称性，将教师职业视为一个整体进行专门性历史研究的学术成果亦不多见。美国著名教育史学家泰亚克曾评述道：“历史学者在很大程度上忽视了对教师的研究。”① 贝林也曾直接地指出，学界对教师研究的需求是非常大的。② 本书所尝试的对1865—1916年美国教师专业化的历史研究希冀在一定程度上充实学界对美国教师的研究；在分析美国教师专业化进程中外部机制的同时，强调教师职业的内部元素，一方面尝试打破传统的制度分析模式，另一方面则意在回应泰亚克的号召——撰写一部新的更为生动复杂的教师史。③

本书的研究意义将主要体现在以下几个方面。

首先，通过厘清美国教师职业的变迁过程，有助于深化认识美国教师职业及其变化的基本特征和美国教师制度的来龙去脉。与此同时，

---

① David B. Tyack,“The Future of the Past: What Do We Need to Know about the History of Teaching?,” in *American Teachers : Histories of a Profession at Work*, ed. Donald Warren(New York: Macmillan Publishing Company, 1989), p. 409.

② See Bernard Bailyn, *Education in the Forming of American Society : Needs and Opportunities for Study*(Chapel Hill: Published for the Institute of Early American History and Culture at Williamsburg, Va., by the University of North Carolina Press, 1960), p. 95.

③ See David B. Tyack,“The Future of the Past: What Do We Need to Know about the History of Teaching?,” in *American Teachers : Histories of a Profession at Work*, ed. Donald Warren(New York: Macmillan Publishing Company, 1989), p. 419.

由于教师专业化进程与美国公共学校教育的变迁密切相关，因此对教师专业化进程的探讨有助于拓展对美国公共教育史的认识。

其次，拓展和丰富国内学界对美国教育史的研究。以往研究主要侧重教育思想、教育制度、教育政策的变迁，较少关注作为学校教育主体的教师及教师职业的变化。对 1865—1916 年美国教师专业化进程的梳理和分析，不仅有助于拓展教育史的研究领域，也有利于丰富对教育思想、教育制度和教育政策变迁的认识。

最后，对美国教师专业化进程的研究将为教师研究和教师教育提供重要的支撑。教师问题和教师教育的问题既受制于现实的社会和教育条件，同样也深受历史因素的影响。从历史的角度梳理和分析教师的专业化过程，有助于把握制约教师职业的关键因素，从而为理论研究、政策研究和实践研究提供广阔的历史背景。

## 三、专业社会学视角下的教师职业阐释框架

上述关于专业和专业化概念的界定，以及韦伦斯基立足美国开展的专业化进程研究和总结，在很大程度上证明了本书借用专业社会学概念对美国教师专业化进程开展历史研究的可行性。虽然韦伦斯基所阐释的专业化过程中各个组织的出现似乎呈现出特定的次序，且这种强形态（strong form）假设明显存在预设性和既定性（如来自众多学校的成员组成的全国性协会必然晚于学校的出现等）、单向假设的问题，但这种专业化常规次序（regular squcncc）亦是如安德鲁·阿伯特所言，可能是存在于美国的自由专业和附属专业之中的。[①] 同时，本书是一项历史研究，对教师专业化实际进程进行阐释可以很好地弥补韦

① 参见安德鲁·阿伯特《职业系统：论专业技能的劳动分工》，李荣山译，商务印书馆，2016，第 33—35 页。

伦斯基等人过于强调专业结构、单向性的不足，即通过揭示教师专业结构和文化、教师专业内容、教师专业活动等方面的紧密关系，可以反映出教师职业内在模式在职业演化中扮演的角色。这就意味着，在呈现和解读 1865—1916 年的教师专业化进程中，并不是仅仅停留在强调知识技能、社团组织和权力限度这三个结构上，还需解读不同结构之中教师职业演化的具体历史进程。

**（一）研究思路**

呈现和解读 1865—1916 年美国教师的专业化离不开对时代背景的阐述。作为一个共性问题，时代背景是诸多事物发展的前提条件。南北战争前后，美国在政治、经济及文化教育上都发生了重大变革，学校制度的完善，以及对教师数量和质量的诉求等分别构成了美国教师专业化序幕的外在前提和内在条件。公共学校教师也在内外因素的交互作用下逐渐走上专业化的道路。

本书借用专业社会学的阐释框架，从专业知识、社团和权力这三个维度（详见图导-4）阐释美国教师职业向一门专业的发展演化。其中，专业知识包括专业知识技能、专业培训学校、高学位或凭证，社团组织包括教育协会、教师社团、教学服务理念和社会经济地位，权力限度包括教育管理权和教学自主权的争夺等。这不仅可以从不同的侧面展现教师专业化进程，而且可以更为深入、系统地揭示这一进程。这三个维度在教师专业化进程中还是层层推进的关系：随着全职教师接受培训的系统化、知识学历的增长，教师逐渐意识到结社对自身发展的必要性；通过接受培训和组建社团，教师的专业身份认同感得到不断增强，教师社会经济地位（如福利待遇等）得到提升；在追求自身专业定位的过程中，教师逐渐意识到参与教育教学政策制定、拥有教育话语权的重要性。构成教师专业化的三个方面——知识、社团和权力，既具有共时性，又存在历时性。

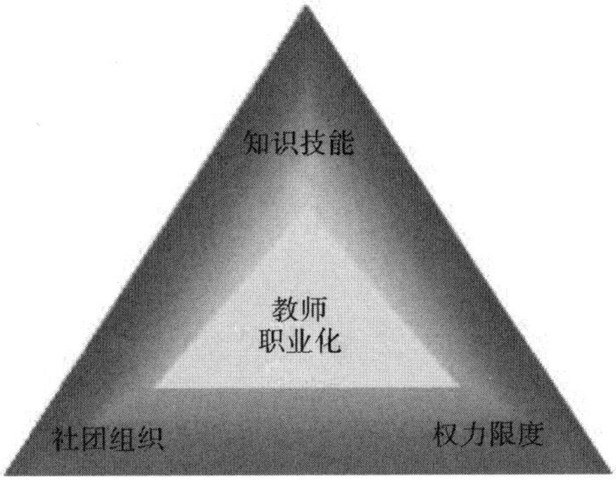


图导-4　教师专业化的三个维度

从上述三个维度去探讨教师专业化亦是符合这一时期美国教师职业演化的逻辑的。1865—1916 年是美国教师专业化的奠基时期，内战后的美国在政治、经济、文化、教育上发生了重大的变革，不断地影响和塑造着教师职业——伴随公共学校教育制度的发展完善，教师人数的快速增加，性别结构急速改变，教师职业的内涵和外延亦发生显著的变化。至 1916 年，美国教师专业初具雏形，以美国教师联合会为代表的教师组织率先从全国层面采用工会“集体谈判”策略，标志着教师专业化进入一个新的发展阶段。如果用专业社会学的概念进行分析的话，这个变化过程的本质就是教师专业化。因此，通过借用专业社会学理论，可以更好地构建本书的阐释框架。

在阐释教师专业化的进程中，本书将在关注教师教育、教师资格、教师认证策略等外部机制的同时，强调教师专业知识、教师专业群体及其活动等教师职业内部元素；在关注到教师职业外在因素的同时，尝试关注教师专业的内部因素——从业者的动机和诉求，从而丰富学界关于教师的历史研究。

在上述解读的基础上，本书最后将总结这一时期教师专业化取得的进展和具有的历史特点，分析教师专业化存在的问题和导致这些问题的原因，以及教师较律师、医生等专业所具有的特殊性、复杂性和曲折性。

鉴于美国的教育发展具有地方性特色，教师职业演化亦存在差异性，全书将更为注重将教师职业视为一个整体来进行呈现，反映出内外部因素是如何推动或阻碍教师专业化进展的。也就是说，本书更为关注教师职业的前沿性发展，那些具有滞后性、地方性和传统性的发展特征仅在必要之处予以提及。由于芝加哥、纽约这两大城市的学校教师群体在争取教育管理权上具有先锋性和典型性，故而本书选取了这两个城市的教师活动来反映19世纪末20世纪初教师争取学校管理权的努力。

**（二）研究方法**

本书属于历史研究的范畴，应基于翔实的史料，尽量依照史料的逻辑来呈现和阐释1865—1916年美国教师专业化进程的实然状态。因此，本书将在历史与逻辑统一方法的基础上，尽可能地占有一手史料，运用历史研究法和文本分析法来呈现和阐释这一时期美国教师专业化的进程。

首先，为了尽可能客观地呈现教师发展的历史传统与革新，本书将尽可能地占有教师传记、教师手稿、教师所做的报告、学生回忆等史料文献。这类文献可以在很大程度上管窥教师所处的社会环境、面临的问题及其内心活动，更为真实地反映教师职业群体在教师专业化进程中的反思和心态。

教师职业群体作为教育领域的草根群体，其一手史料的收集并非易事，因此教师的自传小说、手稿，以及一些描绘到教师的小说等素材也将在本书中尝试使用①，从而更为形象地展现教师职业状况。虽然小说的描写存在一定的渲染性，但正如奥利维尔·聪茨（Olivier Zunz）所述，如果能从新的视角去反映世界的话，那么每种记录形式都是反映现实的合理信息源。② 与此同时，涉及教师的众多小说事实上也存在诸多共通之处，并得到了亚瑟·佛夫（Arthur Foff）的分析验证。如小说中刻画的教师多为英语教师，名字过时，在学校内外都不受尊重等，反映出人们对教师职业的惯性认识，并且这种认识往往超越了个体、时空的限制，具有概括性、一般性特征。③ 这些认识之所以能广泛传播，在很大程度是因为它向人们提供了一种轻松简单的机制来认识自己的体验。当人们越少对一些固定思维看法进行思考反思时，这种固定看法则越是广为流传。正如沃尔特·李普曼（Walter Lippmann）所述，人们往往倾向于从所处社会文化既有的固定看法里进行挑选、理解。④ 因此，运用关于教师的小说等文献可以在很大程度上反映出教师所处的社会环境、面临的问题和怀有的心境等。

其次，全国性调查（如人口普查等）、地方性调查、城市学校董事

---

① 多萝西·约斯特·迪根(Dorothy Yost Deegan)在《美国小说中的单身女性的思维定式》中指出，小说中呈现的社会大众态度要比其他形式的作品中所呈现的大众态度具有更高的层次的认可度。从一定程度上说，小说是最好的社会数据材料来源之一，不仅具有一般概括性，而且超然于现实生活之外。不过，从另一方面来说，小说中所隐含的弦外之音和使用的移情手法往往带有一定的私人性特征。此外，小说作为一种大众交流的媒介工具，相较于其他大众艺术，如电视等形式来说具有很大的优势，亦具有书面语(尤指语言、绘画、电影等其他表达形式)的持久性特征。See Dorothy Yost Degan, *The Stereotype of the Single Woman in American Novels: A Social Study with Implications for the Education of Women* (New York: Kings' Crown Press, 1951), p. 7.

② See Olivier Zunz(ed.), *Reliving the Past: The Worlds of Social History* (Chapel Hill, NC: University of North Carolina Press, 1985).

③ See Arthur Foff, "Scholars and Scapegoats," *English Journal* 47, (1958): 120.

④ See Walter Lippmann, *Public Opinion* (New York: Macmillan, 1922), pp. 80-82.

会的会议记录、城市督学年度报告、部分师范学校的记录①等也将在本书中大量使用。这类文献一方面可以广泛地反映教师职业群体的特征，如教师性别、种族、家庭背景等所赋予的教师职业特色，从而弥补使用第一类史料中存在的个体教师代表性不足等问题；另一方面，诸如芝加哥、纽约等地的调查报告可以在一定程度上反映出教师领军人物在教师专业化进程中的所作所为。

最后，专业期刊、新闻报道、第三方的观察记录，以及诸如埃尔斯布里等人关于教师的研究等也将是本书参考的重要文献。时人的报道、评论，以及后人的研究都有助于本书更为客观地阐释 1865—1916 年的教师职业演化进程。

在占有上述丰富史料的基础上，本书通过借用专业社会学的“专业化”概念，解读 1865—1916 年教师职业在知识、社团和权力上的发展变革。具体而言，本书将采用宏观解读和微观分析相结合的方式来阐释这一时期的教师职业向专业的演进：宏观上将着重分析在公共学校变革中教师专业知识、社团和权力的整体性发展变化；微观上将采用案例分析的方式，考察以保罗·H. 汉纳斯（Paul H. Hanus）和艾拉·F. 扬（Ella F. Young）等为代表的教师专业化典型人物，以及芝加哥、纽约这两大城市的教师职业群体在争取教育话语权上所做出的努力。

① 该类信息的使用存在以下几个问题：第一，自从 1839 年马萨诸塞州建立起第一所师范学校以来，美国的师范学校不断地建立起来，大部分位于东北部地区，所以其在全美的代表性可能会受到影响；第二，一直以来，进入师范学校入读的师范生仅仅在教师群体中占据一部分的比例，直到 20 世纪教学资格不断地提升之前，大部分的教师都勉强地从中学毕业且很少接受教学方法方面的培训。其中一个重要的原因是，很多教师难以支付得起长时间接受教育的费用，师范学校的学生可能更多地来自中上阶层，故而影响其代表性。

# 第一章　教师专业化的序幕

教师职业的地位着实崇高，其地位在世俗社会中仅次于母亲。不过为什么那么少人从事这项职业呢？为什么人们忽视或鄙视教师呢？[①]

——本杰明·拉什（Benjamin Rush）

美国在开展公共学校运动（Common School Movement）之前，鲜有从事教师工作的专职人员，教师大多由牧师兼任，有时学校临时聘用年轻男性开展短期性教学，主要职责是维持学校（school keeping）的正常运转。内战结束后，公共学校制度在全国得到广泛建立，随之而来的教师数量的增加、教师职能的变化、教师培训的增多等，都在很大程度上开启了美国教师专业化的进程。与此同时，提升并保障学校教学的诉求不断地增强，教师的职能也逐渐地向学校教学（school teaching）转变。在这个过程中，教师的称谓也由传统的“男教师”（schoolmaster）、“女教师”（schoolmarm）[②]，逐渐地变更为具有现代意义的“教师”（schoolteacher）；教师专业化也在内外力的交互作用下不断地提上日程。

---

① Benjamin Rush, "The Occupation of the Teacher," in *The Selected Writings of Benjamin Rush*, ed. D. D. Runes(New York: Philosophical Library, Inc., 1947), p. 114.

② 或称女教师为“schoolmistress”“school dame”。

## 第一节　教师职业的传统从业者

公共学校运动之前，美国教师在很大程度上是一份临时性的兼职工作，不具有全职工作的特征。这一时期从事教师工作的大多是年轻男性，他们往往将教师工作视为通向更高职位的敲门砖或垫脚石。这在很大程度上造成了教师流动性大、离职率高，所具备的知识、教学技能水平参差不齐；各个地区也需要依据需求不断地寻找合适的教师前来任教，使得不同时期、不同地区的教师呈现出不同的特征。

### 一、殖民地时期的"牧师教师"

北美殖民地时期，各个地区发展不平衡，各地的学校发展情况、教师水平也不甚相同。在新英格兰地区，寻求宗教和文化纯正的清教徒来到北美之后便迅速地建立起了教堂、学校。学校的教师往往由牧师兼任，学校开展教育的目的是教导孩子远离邪恶，并向世界证明基督教社会是一个神圣有序的"山巅之城"。随着新英格兰殖民地的发展，乡镇规模不断扩大，规范学校、教师的举措不断地颁布出来。1647年，马萨诸塞湾率先颁布《老骗子撒旦法》（*The Old Deluder Satan Law*），规范学校建设和教师工作。随后，新英格兰殖民地及北美中部殖民地纷纷效仿，颁布类似的教育法，在很大程度上推动了专门学校、教师的出现。①

随着北美殖民地人口的增长，以城镇为中心的传统宗教共同体、

---

① 参见劳伦斯·A. 克雷明《美国教育史1：殖民地时期的历程（1607—1783）》，周玉军等译，北京师范大学出版社，2003，第169页。See Eric R. Eberling, "Massachusetts Education Laws of 1642, 1647 and 1648," in *Historical Dictionary of American Education*, ed. Richard J. Altenbaugh (Westport, Connecticut: Greenwood Press, 1999), pp. 225-226.

教堂-学校教育模式从 17 世纪末逐渐瓦解，逐渐扩张形成多个分散的定居点，进而随着对宗教服务的诉求而形成多个教区。各个教区逐渐发展出独立的学校，以便当地儿童接受教育。这一时期的教师数量在一定程度上有所增长，但教师总数仍然较少，教师分布较为零散。

殖民地时期教师受到的监管较为松散，并不需要应对所谓的教学计划、诊断性测试、考勤记录、教学技术等方面的考核。教师在教学上具有很大的自主权，自行制定教学科目的标准，甚至还需要负责管理学校。一般来说，不同地区的教师常常要负责全天长达 6—8 个小时不等的多个科目的教学工作，在很大程度上具有“全能性”特征。如 1756 年 7 月 12 日《纽约信使报》(*New York Mercury*) 上刊登的一则“招生广告”显示：詹姆斯·法利尔 (James Farrill) 在自己新创办的学校里教授读、写、算、小数运算、航海、记账、调查、标度测量等。1766 年，来自费城的威廉·桑 (William Thorne) 也在《宾夕法尼亚公报》(*Pennsylvania Gazette*) 上刊登：“(我) 可以教授读、算、几何、三角学、航海、测量、调查、评估、会计。”① 一般而言，只要是教师能够熟悉所教的这些科目，就被人们认为具备了教学资格；只要具有管理厨房的技能水平并可以使用大大的羽毛笔写字，就被认为具备了教学技能。②

殖民地时期的教师聘用条件因各地发展贫富水平、对教育重视程度、教师供应情况等方面的差异而有所不同。各地聘用的教师道德品

---

① John H. Crippen, "Character of the School Master in Colonial Period" (PhD diss., Teachers College, Columbia University, 1907). See Thomas Woody, *Early Quaker Education in Pennsylvania* (New York: Teachers College, Columbia University, 1920), pp. 223-224; Robert Francis Seybolt, *Some Schoolmasters of Colonial New York* (Albany: University of the State of New York, 1921); Robert Francis Seybolt, *The Public Schools of Colonial Boston, 1635-1775* (Cambridge: Harvard University Press, 1935).

② See Christopher J. Lucas, *Teacher Education in America: Reform Agendas for the Twenty-First Century* (New York: St. Martin's Press, 1999), p. 6.

质、学校管理能力及学识水平等也在很大程度上受到这些因素的影响。应聘教师只需负责教师招聘的行政委员或当地学校董事会（school board）① 等部门证明其道德良好，或通过一项普通知识测试即可。教师资格认证也不需要高等院校的学历，抑或是推荐信、专业知识技能证明。在一些供小于求的地区，选聘教师并非易事，行政委员偶尔可能还需要去临镇寻找教师，甚至写信到国外去寻找教师，更不用说聘用到一位令人满意的教师了。

新英格兰地区常常通过常规的城镇议会来甄选聘用教师，在正式聘用文法学校教师的事务上还需要征求当地牧师的同意。1712 年 3 月，这种招聘教师的方式在马萨诸塞湾以立法的形式通过②；随后这种方式在新英格兰其他地区也逐渐执行起来，如 1723 年的梅德菲尔德（Medfield）要求任用证书要征得牧师签字通过③，具体程序见图 1-1。除新英格兰地区外，其他地区的教师聘用要求相对来说较不统一，或在一定程度上受到当地行政长官、宗教的影响，或依赖海外机构推荐，或取决于教师通过不断的尝试来赢得更多学生的认可。

---

① 各地使用名称不甚相同，如马萨诸塞等地使用学校委员会（school committee），波士顿于 1721 年率先建立学校委员会，这是北美第一个学校董事会。相较而言，学校董事会和教育董事会（board of education）更为常用。

② See Province of the Massachusetts Bay, *The Acts and Resolves, Public or Private, of the Province of the Massachusetts Bay: To Which Are Prefixed the Charters of the Province, with Historical and Explanatory Notes, and an Appendix* (Boston: Wright and Potter, 1869), pp. 681-682.

③ See Waiter H. Small, *Early New England Schools* (Boston: Ginn and Company, 1914), pp. 41-42.

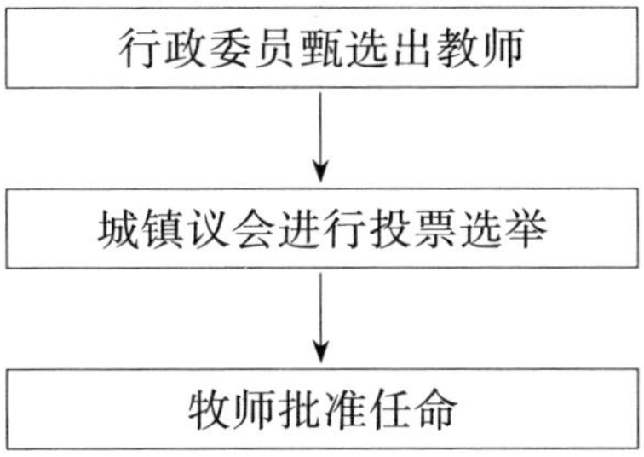


图 1-1　殖民地时期新英格兰地区教师聘用程序

在新尼德兰（New Netherland）地区，拉丁学校的等级越高，其教师聘用受到城市长官的影响就越大，受到教会的影响就越小。初等学校教师由地方行政长官聘用，但常常受到宗教的影响。纽约地区的英语学校教师主要是由海外地区福音传播协会（Society for the Propagation of the Gospel in Foreign Parts）来任用资助。协会聘用教师的要求简明并由位于英国的总务办公室进行一定的监督。虽然福音传播协会不能对教师进行面试，但在很大程度上影响了所任用教师具有的特性。申请人接受三名协会成员的审核，向他们展示自己具备教授读、写、英国国教教义问答，以及协会要求的内容的能力。位于英国的总务办公室最终决定是否正式聘用教师。费城地区主要通过地方会议甄选教师，贵格会制定并分发教师任用标准。身在英国的约翰·福瑟吉尔（John Fothergill）和约翰·亨特（John Hunt）在一定程度上充当了贵格会的教师聘用代理，推荐了许多优秀的教师。①

在宾夕法尼亚的乡村地区，教师任命制度则较为松散。教师能否开展教学在很大程度上依赖于其知名度，如果教师不受学生欢迎，那

① See William H. Kilpatrick, *The Dutch Schools of New Netherland and Colonial New York* (Washington D. C.: Government Printing Office, 1912), p. 104; Walter W. Kemp, *The Support of Schools in Colonial New York by the Society for the Propagation of the Gospel in Foreign Parts* (New York: Bureau of Publications, Teachers College, Columbia University, 1913), pp. 59-60.

么他就要搬迁到其他地区或更换职业，即乡村地区主要是通过不断检验教师的受欢迎程度来甄选教师。马里兰地区的教师主要由学校访问员（school visitors）负责甄选并制定聘用标准。更为南部的殖民地往往聘用家庭教师，教师的选用在很大程度上是单个家庭的私人事务，官方不会采取任何干涉措施。南方的教会也会关心教师对宗教的态度，但并未产生明显的影响。

虽然各个殖民地没有统一的教师招聘标准，但大都要求教师具有坚定的信仰。新英格兰的牧师会严格审查候选人的信仰，南部的教会往往与欧洲母国教会有紧密的联系，因此教师证书是由欧洲母国的宗教会议或主教颁发。教师必须明晰教派之间的界限，否则将被剥夺教学权，这在很大程度上也体现出教学的宗教性。学校在很大程度上会为了招聘新的牧师，重视维护教会的成员。

殖民地时期的教育和宗教关系紧密，这与世俗和宗教生活并不存在明显的区分具有很大的关系。诸如马里兰、弗吉尼亚、特拉华、新英格兰地区的教师往往便是当地的牧师，或者说牧师同时兼任教师的职能。这些教师拥有牧师身份，在很大程度上提升了他们的社会认可度和社会地位，缓解或掩盖了教师工作薪资微薄、社会地位低的问题。① 教师从业者的双重身份，以及人们对宗教道德的重视等因素一致推动了教师所开展的教学具有“福音”性质——学习能力差的学生将会受到惩罚，教师通过提升学生的道德感来激发学生提高学习能力。有鉴于此，殖民地时期，大部分教师都具有正直、善良等特征，当然也不乏少数醉酒、诽谤他人、亵渎神灵、犯罪逃逸、施暴等行为不甚检点的教师存在。② 从 1644—1757 年马萨诸塞州戴德镇（Dedham，

① See Willard S. Elsbree, *The American Teacher: Evolution of a Profession in a Democracy*(New York: American Book Company, 1939), pp. 62-63.

② See Willard S. Elsbree, *The American Teacher: Evolution of a Profession in a Democracy*(New York: American Book Company, 1939), pp. 17-31.

Massachusetts）的记录来看，前来执教的 66 名教师中，仅有 4 名教师受到不同形式的批评指责，而其他教师则因其良好品质或教学能力等受到不同程度的褒扬。①

此外，在与教师签署的契约上，教育当局会不同程度地要求教师全心全意地教授那些愿意学习阅读、写作和算数的学生和学徒，尽可能地让学生掌握他们所能掌握的一切知识。殖民地早期，教师在学校主要教授的是教义问答和《圣经》（*Bible*），以使学生了解自我救赎的知识和教义。一方面，殖民地学校的教师先后使用《角帖书》（*The Hornbook*）、《圣经》与《新英格兰初级读本》（*The New England Primer*）等开展教义教学；另一方面，教师们通过听写或抄写讲义的形式开展算数和写作教学。早期在阅读学校授课的具有一定学识的教师因为收入低、地位不高的缘故不得不退出，取而代之的是处于冬闲中的学院学生、当地人、巡回教师和夏时寻求一定收入的主妇。

相较而言，拉丁文法学校的教师是殖民地时期水平最高的教师群体，不仅具备渊博的学识、坚定的信仰，且善于执教。在较小的乡镇之中，文法学校的教师除了负责教授拉丁语、希腊语之外，还常常要向一些较为年幼的孩子教一些读、写、算等科目。中部教区学校的教师教学水平也比较高，通过教会的严格筛选聘用，这些教师往往可以取得良好的教学成果。而那些在中部和南部殖民地的私人学校或慈善学校中执教的教师则可能是殖民地时期教学水平最差的。这类学校中的许多教师都是水平欠佳的巡回教师，或是贫穷的白人契约奴。②

北美殖民地教师水平的差异在很大程度上反映出教师职业从业人

---

① See John H. Crippen, "Character of the School Master in Colonial Period" (PhD diss., Teachers College, Columbia University, 1907).

② See Ellwood P. Cubberley, *Public Education in the United States: A Study and Interpretation of American Educational History* (Boston: Houghton Mifflin Company, 1947), pp. 51-55.

员身份复杂，他们有的是牧师，有的是接受学院教育的学生，有的可能是仅会读、写、算的农民、调查员，甚至是契约奴等。这些教师鲜有接受过专门的教师培训，选择执教往往是为了传授教义、维护宗教的发展，或仅仅将执教视为增加闲时收入的兼职工作。那些接受过良好教育的教师更多的是将教学作为维持生计、职业晋升的过渡阶段的工作，他们随后或转型为牧师，或接受更高层次的教育，或去欧洲游学。①

17 世纪，北美殖民地在不断地移植母国的宗教道德传统、教育惯习中安定下来。18 世纪，北美殖民地人口的增长、教育权威部门的发展变化，在很大程度上重塑了学校教育、教师的发展。从 1700 年至独立战争爆发（1775 年），北美殖民地人口由约 25 万增长到 200 多万。各地乡镇职能制度也在这个过程中不断地发展完善起来。随着 18 世纪后半期宗教宽容的发展、宗教狂热的褪去，政教合一的城镇逐渐瓦解，新兴的世俗利益逐渐取代宗教道德，成为人们谈论的焦点。清教大一统的新英格兰地区一方面继续维护城镇学校的发展，另一方面又建立起较为分散、层次较低的学校，如由阅读学校和写作学校合并而来的"3R"学校和主妇学校等。圣公会在中部殖民地的统治地位瓦解，初等教育逐渐由私人、慈善团体或教会来承担。南部殖民地则因社会阶层分化而缺少统一性的教育机构。在中等教育方面，至 18 世纪末，新英格兰等地区以学习使用知识为主的文实学校开始取代拉丁文法学校，成为中等教育发展的主要类型；中部城市的英语文法学校则采用更为

---

① See Rosetta Marantz Cohen and Samuel Scheer(eds.), *The Work of Teachers in America: A Social History Through Stories*(Mahwah, N. J.: Lawrence Erlbaum Associates, 1997), p. 10.

现代化的课程。①

在这个过程中，以新英格兰为代表的城镇议会在学校教育上的参与度越来越高，逐渐负责颁发初级学校教师资格证书（文法学校教师资格证书由教会颁发）。城镇征税的规范制度化，使得税收逐渐发展成为兴办、管理学校的重要经费来源；学校董事会逐渐获得选举权和教师任命权，不断地推动学区制在北美殖民地，尤其是新英格兰地区的确立。② 学校董事会和教育税收制度的建立在很大程度上推动了独立战争后美国新型学校和教师的出现。

## 二、建国初期的"临时教师"

美国共和早期，教育受到战争重创，诸多教会学校、乡村学校等停办，教育和学校因在宪法中并未被提及而成为各州或人民的事务。至 1800 年共有 16 个州加入联邦，其中仅有 7 个州在宪法中提及教育事务：马萨诸塞州、新罕布什尔州、佛蒙特州和缅因州在州宪法中倡导传播知识和美德，保护与鼓励学校团体；特拉华和佐治亚州在其第一部宪法中简要地提及了建立学校；北卡罗来纳州和宾夕法尼亚州则直接提及建立收费低廉的学校。③ 与此同时，各州对教师也进行了一定的规范要求。其中佛蒙特州在 1827 年颁布的学校法中要求建设学校建筑

---

① See Ellwood P. Cubberley (ed.), *Readings in Public Education: A Collection of Sources and Readings to Illustrate the History of Educational Practice and Progress in the United States* (Boston: Houghton Mifflin Company, 1934), pp. 82-87.

② See Ellwood P. Cubberley, *Public Education in the United States: A Study and Interpretation of American Educational History* (Boston: Houghton Mifflin Company, 1947), pp. 36-45.

③ See Ellwood P. Cubberley, *Public Education in the United States: A Study and Interpretation of American Educational History* (Boston: Houghton Mifflin Company, 1947), p. 95.

的同时，也提出颁发教师资格证书，开启了学校监管的模式。新罕布什尔州在 1789 年颁布的第一部通用学校法中规定征收税收，并要求颁发教师资格证书。马萨诸塞州（1820 年前含缅因地区）在其第一部通用学校法中规定所有教师都要获得资格证书，其中文法学校的教师则应该是学院毕业生或获得牧师认可且熟练掌握拉丁语。康涅狄格州早在 1714 年时便要求对学校、教师开展监管，并在建国后延续这一规定。1814 年纽约州立法规定教师通过测试才能执教。①

虽然在建国后国父们认识到教育、教师在培养共和国公民方面的重要性，但美国人口的复杂性和地方性特征等均在很大程度上限制了学校、教师的发展；各州颁布的学校教育法与其实际的贯彻落实之间亦存在严重的滞后性。绝大多数的美国人都散居在农场、小乡镇：1790 年，乡村地区拥有 2500 人的居住区占全国的 95%，1830 年时占全国的 91%。美国乡村地区的学校主要是当地社区资助、管理的学区学校（District Schools），其在很大程度上能满足乡村地区白人的初等教育需求。城市地区的学校则因为人口的复杂多样而更为丰富多元：很多福音宣传协会、慈善机构纷纷仿效英国的慈善学校捐助协会（English Charity School Subscription Societies），成立城市学校协会、幼童学校协会等，向穷人提供免费教育，开办的教育机构主要有慈善学校（Charity Schools）、免费学校（Free Schools）、星期日学校（Sunday Schools）、幼儿学校（Infant Schools）及寄宿学校（Boarding Schools）等；同时，针对不同层次的需求开设的独立付费学校也纷纷建立。从地域分布上看，东北部和中西部主要以学区学校为主，其由当地社区组建、管理，依靠财产税、燃料费、学费和州政府的资助维持日常运行；南部主要以巡回教师选择地点、决定学费标准或由一群

---

① See Ellwood P. Cubberley, *Public Education in the United States: A Study and Interpretation of American Educational History* (Boston: Houghton Mifflin Company, 1947), p. 98.

孩子的父母雇佣教师到社区的“闲时学校”开展教学活动。[①]

直到 19 世纪末大量的城市学校建立之前，乡村学区在美国学校占据绝对主导地位。乡村学区的学校条件大多十分简陋，单室学校成为这一时期学校的主要形式。边疆地区的校舍则更为简陋，往往是用原木搭建教室，原木学校（Log School）往往也是边疆社区建立的首个公共性质的建筑。总体来说，教师们的任职环境很难和体面产生联系。

1828 年，7 岁左右的奥利弗·约翰逊（Oliver Johnson）生活在印第安纳（Indiana）中部的边疆地区，开始与 9 岁大的姐姐路易莎·约翰逊（Louisa Johnson）一起来回穿梭树林上学。所读的学校是他爷爷与邻里乡亲商量、在邻里较为中心的位置建立起来的原木学校。他回忆，几乎所有的教师都是单身男性，我们称其为“老师”。这些教师并不像那些有家室的男人寻找土地或永久性居住地，而更像是流动的群体。当时，教学不是女人的工作，也根本没有女教师。女性除了挤牛奶外，其他的活儿都由男性承担。当时聘用老师的唯一途径就是等待——如果在乡村理事们打算招聘教师的时候，恰好有人过来寻找教学工作的话，那么理事就会告知应聘者去草拟一份关于他聘用的条款，并在邻里四处找到足够多的人签字，以满足他获得聘任的要求。

教师的聘期一般是 3 个月，待遇是一份微薄的薪酬和学生家庭轮流供给的食宿。薪酬主要源于学生的学费——每个学生交 50—70 美分的学费；有的家庭往往因为需要劳动力而只给长子报半个学期，所交学费便也减少一半；有一小部分人则因为距离太远的问题，只能在天气好的时候来回穿梭树林上学，所以也只能报半个学期。奥利弗指出，受聘教师的水平参差不齐，有些受过良好教育的教师后来成为神职工作人员；有的男教师则不如一些大孩子有眼光和远见，好像是在其他

① See Carl F. Kaestle, *Pillars of the Republic: Common Schools and American Society, 1780-1860* (New York: Hill and Wang, 1983), p. 13.

事情上一事无成才来教书的。①

不同类型的学校发展水平参差不齐也使得城市中的学校教育并非全然充满浪漫色彩。爱德华·埃弗里特·黑尔（Edward Everett Hale）出生于波士顿，在回忆年幼时听说的公共学校（Common School）时指出，学校的教师都是教学水平低下的男性，谈及他们之处常常会提及牛皮鞭抽打等惩罚性教学行为。② 黑尔的父亲是一名新闻报纸编辑，拥有一家印刷厂，家境的优越性及父母重视教育使他可以获得更好的受教育机会，免受公共学校中严厉的体罚教育。

虽然大部分教师在教学中保留大量的传统特征，但建国早期的教学仍然在很多方面发生了改变。1806 年，兰卡斯特制（Lancasterian System）或称导生制（Monitorial System）引入纽约，在免费学校协会（Free School Society）开办的学校中运行。一方面通过使用这种教学方式，一位教师可以在导生的帮助下，对大量的孩子开展教学，从而减少费用开支；另一方面，辅助教师的导生也在一定程度上习得教学的方式，进而起到培训教师的功能。在宾夕法尼亚州，兰卡斯特制在一些饱含热情的教育领军人物的领导下得以有效地开展起来。③ 与此同时，一些关于教师培训的机构也零散地开办运行起来。

---

① See Oliver Johnson and Howard Johnson, *A Home in the Woods : Oliver Johnson's Reminiscences of Early Marion County* (Indianapolis: Indiana Historical Society Publications, 1951), pp. 175-176.

② See Edward Everett Hale, *A New England Boyhood* (New York: The Cassell Publishing Co., 1893), pp. 22-24, 82.

③ See First School District of the State of Pennsylvania, *Fifth Annual Report of the Controllers of the Public Schools of the First School District of the State of Pennsylvania : With Their Accounts* (Philadelphia: Printed by Order of the Board of Control. William Fry, Printers., 1823), p. 8; First School District of the State of Pennsylvania, *Eleventh Annual Report of the Controllers of the Public Schools of the First School District of the State of Pennsylvania : With Their Accounts* (Philadelphia: Printed by Order of the Board of Control. Garden & Thompson, Printers., 1829), p. 6.

整体而言，新英格兰地区的教师水平较高，大量教师接受过良好教育，但他们很少将教师视为终身职业，尽管税收资助的学校在一定程度上保障了教师职业的稳定性。在未有公共经费资助的地区，以及教师收入不甚稳定的地区，教师的离职率更高。教师们往往将从教视为通向更好职位、更高社会地位的垫脚石，从而追求获得更高的社会经济地位。

在教师自身年龄小、执教经验少、能力水平有限，以及所在区域的经济发展情况的交互作用下，教师的薪资也受到很大的限制。教师的微薄薪资与牧师、律师等专业人员，甚至是匠工的待遇都不能相提并论。这些年轻的教师大都拿着微薄的薪水，挣扎在贫困线的边缘，升迁、提升的希望渺茫。为了提高收入，很多教师在冬日教学结束后便去另谋新职。

19 世纪出版的一些涉及教师的文学作品也在一定程度上反映出此时教师所处的窘境。“美国文学之父”华盛顿·欧文（Washington Irving）笔下的教师伊卡博德·克莱恩（Ichabod Crane）[①] 迷信、贫穷、瘦削。新英兰地区诗人约翰·格林里夫·惠蒂埃（John Greenleaf Whittier）记载的学区学校男教师则为了生计而寄宿在作者家中。[②] 美国著名诗人奥利弗·温德尔·霍姆斯（Oliver Wendell Holmes）极具讽刺性地将公共学校男教师描述为营养不良、瘦骨嶙峋、两肩一高一低、膝盖外翻、胡须稀少、眼神暗淡无光、瞳孔放大，也没什么钱来选择婚姻伴侣。[③] 这些骨瘦如柴、衣衫褴褛、憔悴暗淡、行为古怪的教师毫无魅力和吸引力可言。

---

① 《睡谷传说》（*The Legend of Sleepy Hollow*，1820 年出版）中的主人公。

② 长篇叙述诗歌《大雪封门：一首冬日田园牧歌》（“Snow-bound: A Winter Idyl”，1866 年出版）中出现的教师。

③ See Oliver Wendell Holmes, *Elsie Venner : A Romance of Destiny* (Boston: Ticknor and Fields, 1861), p. 39.

相较而言，在一直都较为重视教育的新英格兰地区，教师的社会地位较高，形象较佳。美国著名小说《汤姆叔叔的小屋》的作者哈丽叶特·比切·斯托（Harriet Beecher Stowe）在《古镇乡民》中指出，旧时英格兰地区的马萨诸塞湾上层有地方行政长官和牧师，与这二者比肩，获得社区尊重的人是男教师，因为教育是政府的主要旨趣所在。[①]

虽然建国前后女性担任教师的数量不多，但各地都不乏女教师执教。美国革命后，如何培养共和国公民成为保障国家安全的重大问题，女性在承担家务之外逐渐被赋予担任起培养共和国公民的责任。这使得女性拥有更多接受教育的机会，除了学习读、写、算之外，还开始学习许多之前仅限于男性学习的地理、天文、历史等科目。艾玛·哈特·威拉德（Emma Hart Willard）开办特洛伊女子学校（Troy Female Seminary，1821 年创办[②]）的目的便是培养女性成为具有责任心的母亲和教师。接受过教育的女性也逐渐地成为慈善学校、地方教育当局雇佣教师的一个选择。虽然女教师们从教的时间只有短短几年，但教学作为首个向女性开放的职业，还是吸引了大量的具有智识觉悟的年轻女性。[③] 新英格兰地区主妇学校（Dame School）中有负责读、写、算基础性教学的女教师，宾夕法尼亚地区贵格会社区及南部殖民地休闲学校等也有女教师的身影。由于女教师所教的学生年龄较小，故其社会认可度并不高。同时，许多女教师仅仅从教数年便回归家庭生活，相夫教子，亦难以在社会上产生持续的影响。

---

① See Harriet Beecher Stowe, *Old-town Folks*, Vol. 1 (Leipzig: Bernard Tauchnitz, 1869), p. 270; Harriet Beecher Stowe, *Old-town Folks*, Vol. 2 (Leipzig: Bernard Tauchnitz, 1869), p. 121.

② 1814 年便已出现。

③ See Mary Beth Norton, *Liberty's Daughters: The Revolutionary Experience of American Women, 1750-1800* (Boston: Little, Brown & Company, 1980), p. 293.

殖民地时期和共和早期，学校仅在冬季农闲或夏季才需要具备不同程度学识的人来承担教学工作，这是一项季节性的短期工作，而非全职性工作，因此在很大程度上导致该职业从业人员流动性较大。此时社会上并没有对教师开展专门培训的意识，偶尔有几处学校零散地开展教师培训。随着培养共和公民的理念得到不断认可，公共教育思想得到不断传播落实，传统教师已难再满足公共学校的发展诉求，人们对新型专业化教师的诉求不断涌现。

## 第二节　公共学校运动与教师职业培训的诉求

19 世纪 30 年代以来公共学校运动的开展，初等学校数量的日益增长，为负责教学的教师奠定了客观的机构制度基础，使得教师职业逐渐从临时性发展为全职性特征。学校教育的组织性特征要求并影响着教师职业向专业的演化。从教人员的受教育水平不断地受到规范，并被提出更高的要求；教师的教学角色愈发受到重视；从教人员的称谓也逐渐变更为“教师”一词。在这个过程中，教师培训机构应运而生，通过对教师专业知识、技能的培训，在很大程度上规范了教师职业的知识范畴。

### 一、公共学校运动与提升师资水平意识的觉醒

美国公共学校的理念、实践由来已久，最早可以追溯至北美殖民地时期，马萨诸塞湾于 1647 年颁布的《老骗子撒旦法》。该法要求公共资助开办学校，标志着公共学校的出现。19 世纪二三十年代，美国公共学校运动酝酿爆发，并在接下来的几十年里迅速地推动公共学校在全美范围内建立普及。美国著名教育史学家埃尔伍德・P. 克伯莱（Ellwood P. Cubberley）指出，1825—1850 年见证了建立税收资助、公

共指导管理、非教派公共学校的斗争史：1825 年时，公共学校对于政治家、改革者来说还很遥远；1850 年时，公共学校几乎在北部各州已变成现实。[①] 在公共学校运动的推动下，税收资助运行的学校、师生数量都得到了不断增长。如何组建稳定的教师团队以保障教育质量，是包括公共学校倡导者在内的领军人物都亟须解决的问题。

随着公共学校制度的确立，儿童受教育时间逐渐固定下来，学校实际开设的时长由原来带有不确定性的农闲时间不断地增长至 3 个月或更久。学年的延长与报酬的微薄难以挽留住男性教师。传统上将教学作为兼职工作、通过兼任其他工作提高收入和社会经济地位的男性教师纷纷撤离执教讲坛。[②] 女教师在道德、性格上的优越性，以及其受教育水平的增长逐渐得到了公共学校倡导者的青睐。女教师的称谓也不再是传统的带有一定偏见色彩的“schoolmarm”，而是与男性一样被称为“teacher”；人们在必要的时候用男教师（male teacher）和女教师（female teacher）来进行区分。

鉴于公共学校运动后建立的主要是初等学校，受教育者年龄较小，许多倡导者认为女性在照看和教育这些年幼的孩子上更具有优越性，且不用支付更高的薪酬。在较早开办税收资助公共学校的马萨诸塞州，相较于男教师数量的缓慢增长，女教师数量可谓持续骤增。1837—1845 年，男教师数量增长了 225，增幅为 9.5%；女教师数量则增长了 1109，增幅为 30.9%，从占教师总数比例的 60.2%增至 64.4%（详见表 1-1）。

---

① See Ellwood P. Cubberley, *Public Education in the United States: A Study and Interpretation of American Educational History* (Boston: Houghton Mifflin Company, 1919), p. 119.

② See John L. Rury, “Who Became Teachers? The Social Characteristics of Teachers in American History,” in *American Teachers: Histories of a Profession at Work*, ed. Donald Warren (New York: Macmillan Publishing Company, 1989), pp. 9-48.

表 1-1 1837—1845 年马萨诸塞州公立学校教师数量统计表

| 年份 | 男教师数量 | 女教师数量 |
|---|---|---|
| 1837 | 2370 | 3591 |
| 1838—1839 | 2411 | 3825 |
| 1839—1840 | 2378 | 3928 |
| 1840—1841 | 2491 | 4112 |
| 1841—1842 | 2500 | 4282 |
| 1842—1843 | 2414 | 4301 |
| 1843—1844 | 2529 | 4581 |
| 1844—1845 | 2595 | 4700 |

资料来源：Horace Mann, *Nineth Annual Report of the Board of Education*, *Together with the Nineth Annual Report of the Secretary of the Board* (Boston: Dutton and Wentworth, State Printers, 1846), p. 35.

对于女教师数量的增加，贺拉斯·曼（Horace Mann）曾在其《第四份学校董事会秘书年度报告》中陈述道："对于年幼的孩子来说，女教师毫无疑问要比男教师更好。女教师温和、善良，与孩子的稚嫩更为契合；女教师在生活中更为安分守己，不像男性那样辞职、筹谋未来的荣誉或报酬；作为一个群体，女教师也并不像男性那样期望从父母的管控中释放出来……"① 在其《第九份学校董事会秘书年度报告》中，贺拉斯·曼指出，10 岁或 12 岁以下的孩子可以用更为温和的方式开展教学，女教师比男教师更能有效地管理他们。我在 6 年或 8 年前曾建议聘用女教师，并遭到诸多学校董事会的拒绝；而今，学校委员会

① Horace Mann, *Fourth Annual Report of the Board of Education*, *Together with the Fourth Annual Report of the Secretary of the Board* (Boston: Dutton and Wentworth, State Printers, 1841), pp. 45-46.

一个接一个地转向聘用女教师，反对的声音也逐渐消失。①

事实上，除贺拉斯·曼外，亨利·巴纳德（Henry Barnard）、詹姆斯·卡特（James Carter）、凯瑟琳·比彻（Catherine Beecher）等公共学校倡导者也都曾称赞女教师是道德楷模，天生就有养育的能力，与生俱来的关心、爱护等母爱特质在很大程度上更适合教育初等学校的孩子。这种观点在一定程度上是建国早期“共和母亲”理念的延续，同时也体现出公共学校运动的倡导者希冀通过具有美德的女教师向学生传达美国新教共和理念，进而维护美国社会的稳定。

在公共学校倡导者的推动和教师自主选择等多方面因素的交互作用下，越来越多的女教师走上教学工作岗位。与马萨诸塞州相似，许多州的公共学校教师都呈现出女性化的发展特征。1849 年，佛蒙特州的女教师数量占全州教师数量的 68%，1850 年又增至近 70%，这令该州督学在年度报告中表示吃惊，难以相信。② 1846 年，康涅狄格州的学校教师队伍有 56%的女教师（含暑期学校教师）；1857 年，女教师的比例达到 71%左右。③ 诸如罗得岛州、缅因州、新罕布什尔州等也呈现出类似的发展趋势——不断地在公共学校较低年级雇佣女教师。相较于新英格兰地区教师女性化发展迅速而言，宾夕法尼亚州女教师的增长速度相对缓慢：1834 年，女教师所占比例为 28%，1856 年增至 36%。以俄亥俄州为代表的中西部地区女教师的增速也较为缓慢，1837—

① See Horace Mann, *Nineth Annual Report of the Board of Education, Together with the Nineth Annual Report of the Secretary of the Board* (Boston: Dutton and Wentworth, State Printers, 1846), p. 34.

② See Horace Eaton, *Fifth Annual Report of the State Superintendent of Common Schools, Made to the Legislature of Vermont, October, 1850* (Middlebury: Justus Cobb, Register Office, 1850), p. 20.

③ See Bernard C. Steiner, *Bureau of Education Circular of Information No. 2: The History of Education in Connecticut* (Washington D. C.: Government Printing Office, 1893), p. 34.

1850年女教师数量占教师总数基本维持在40%左右（除1842年的23%外），至1858年增至近49%。[1] 一般而言，与男教师频繁离职不同，女性在婚前大都持续待在教学岗位上。教师职业从业人员队伍的相对稳定性在一定程度上缓解了公共学校负责人疲于招聘教师的窘况。

解决了师资来源的问题后，如何提升教师水平以保障学校教育质量，则又是一项公共学校倡导者们亟须解决的问题。早在1840年，贺拉斯·曼在担任马萨诸塞州教育董事会秘书时发布的《第四份报告》中便明确阐述了对称职教师寄予的希望和要求：第一，了解所教科目；第二，掌握教学艺术，具有文学修养且热爱教学；第三，具备成功管理运行学校的能力；第四，具备高尚的道德品质，教授学生善行。这就意味着，教师应该具有丰富的相关学科知识，向青少年传授知识，同时追求卓越的目标，对青少年品德的形成和文化素养的提高等产生积极的影响。他还指出，教师自身存在一些问题影响学校教育的效果：第一，未依法遵循学校委员会的测试要求便开始学校教学；第二，未经授权便推介委员会未列入书单的著作；第三，公开漠视委员会对学校分类和运行的指导、规定。这不仅体现出教师们自身缺乏良好的教育教学原则，肆意违反州相关法律，还反映出他们并不符合法定职权进行言传身教。[2]

许多具有忧患意识的公民认识到真正美国式的、民主的公共学校依赖于教室中执教的教师。这些公民主要由牧师和一部分律师、医生组成，被人们称为“教育之友”（Friends of Education）。作为专业人员，他们试图向教师传授自己所在专业的模式标准，希冀推动教师专

---

① See William T. Coggeshall, “System of Common Schools in Ohio,” *American Journal of Education* 6, No. 2, (1859): 548.

② See Horace Mann, *Fourth Annual Report of the Board of Education, Together with the Fourth Annual Report of the Secretary of the Board* (Boston: Dutton and Wentworth, State Printers, 1841), pp. 48-60.

业化——设置新目标、建立新的机构制度。至 19 世纪 30 年代末，教育之友的努力引起了大众的广泛关注，并成功地吸引很多认同贺拉斯·曼等人教师专业化理念的年轻人走上教师岗位。只不过，随之而来的经济危机①打断了教育之友对教师、教育工作的参与；经济建设也消解了他们向年轻教师传授其专业标准的愿望。教育之友在教师专业化的进程中逐渐销声匿迹。②

1830 年于波士顿成立的美国教学学会（American Institute of Instruction）等组织也尝试以开办讲座等形式推动教师专业技能的提升。这种自愿机构或组织在具有灵活性的同时，也带有松散易解散的性质。

通过教育领军人物、教育社团和教育当局等多方不断努力，越来越多的教师培训机构在多重因素的交织下应运而生，希冀在缓解师资短缺问题的同时，提升教师职业素养。至 19 世纪中期，教师培训的主要机构有如下几个，第一，文实学校。1834 年纽约州议会通过决议，在全州 8 个学区中各选一所文实学校开设师范部，由公共税收资助培养教师；其他各州也纷纷效仿，使得文实学校成为培养教师的机构之一。第二，师范学校。马萨诸塞州主要资助师范学校开展短期课程资格培训；西部各州的师范学校开设的课程时间更长，包含学术课程和专业课程，以培养未来从事教育的教师和管理者。第三，教师学会。主要在乡村地区由地方学校董事会资助开办，意在提升在职教师的知识、教学论水平，培训时长短则 3—6 天，长则 2—3 周。这种培训方式在西部更受欢迎。第四，独立性组织。如在纽约市等大城市学区，由具有大量经验的教师领导独立组织，开展教师培训；诸如美国教学学会等

---

① 19 世纪美国第一次经济危机发生于 1857 年，主要根源是迅速且超大规模的铁路建设。

② See Paul H. Mattingly, *The Classless Profession: American Schoolmen in the Nineteenth Century*(New York: New York University Press, 1975), pp. preface xi-xii.

团体组织也尝试以讲座等形式拓展教师的学识技能。

内战前，文实学校、师范学校和教师学会成为美国培养教师的主要机构。其中，教师学会作为一项重要创举，在很多地方赢得了教师的广泛参与。1849 年，缅因州有 36%的教师参加了学会培训；1859 年，威斯康星州开始资助教师学会的培训活动，推动全州 14 个城市约 1500 名教师参与培训，占该州教师人数的 20%；同一时期密歇根州则大约有 15%的教师参加了教师学会培训。① 康涅狄格州公共学校督学戴维・N. 坎普（David N. Camp）曾在 19 世纪 40 年代于自己帮助建立的教师学会上指出，学会开展的培训往往持续 4 天，白天教师们主要参加示范课和讨论课堂教学技巧，晚上教师们参与客座演讲、探讨教育时弊等。②

许多知名学者、教师、作家、科学家四处奔走，开展讲座讨论，以提升在职教师读、写、算、地理等公共学校科目知识技能。③ 教师学会培训活动的灵活性，在很大程度上迎合了正处于开发期、人口流动性强的中西部地区的需求。后期诸多州对教师学会的资助扶持亦推动了在职教师培训的开展。1859 年，巴纳德称赞道，教师学会是一个最广泛、稳定、无可非议的“复兴教育机构”。④ 事实上，将教师学会描述为“复兴教育机构”，清晰地反映出负责人在这项职业活动中采取的诸多措施的性质。与早期宗教复兴类似，教师学会在不同的乡镇巡回

① See Carl F. Kaestle, *Pillars of the Republic: Common Schools and American Society, 1780-1860* (New York: Hill and Wang, 1983), p. 129.

② See David N. Camp, *Recollections of a Long and Active Life* (New Britain, Connecticut, 1917), p. 27.

③ See Burk A. Hinsdale, *Monographs on Education in the United States: The Training of Teachers* (Albany, N. Y.: J. B. Lyon Company, 1900), pp. 27-28.

④ See Henry Barnard, "Report to the Regents of Normal Schools on the Teachers' Institutes, Held in Wisconsin in 1859," in *Papers for the Teacher*, Vol. 1, ed. Henry Barnard (Madison: James Ross, State Printer, 1860), p. 12.

开展一系列的会议；提前推广宣传，以免和具有相似目的的乡镇活动发生冲突；在公共学校放假期间开展或在大学毕业典礼期间开展以吸引那些有意向进入教育领域的人。[①]

19 世纪中期，州立师范学校的理念逐渐传播推广开来，且州立师范学校发展成为 19 世纪后期专门培养教师的主导性机构。从最初提出之时，师范学校便被号召纳入公共税收资助的范畴，以保障培养合格的教师。虽然起步艰难，但在贺拉斯·曼等人的不断努力推动下，师范学校不断建立并获得各州认可，成为系统培养专业教师的重要基地。

## 二、师范学校的建立与教师培训的专门化

在公共学校运动之前，开展教师培训的机构很少。最早一批尝试开展教师预备课程的文实学校和学院有北卡罗来纳州的锡安山文实学校（Zion Parnassus Academy，North Carolina，1785 年建）、宾夕法尼亚州的西城寄宿学校（Westtown Boarding School，1799 年建）、拿撒勒馆（Nazareth Hall，1807 年建）和华盛顿学院（Washington College，1831 年建）。[②]

人们对教师培训关注较少或漠不关心，这在很大程度上是因为大多数人认为教师地位低下，在必要的时候教师易于被迅速取代，并不期望教师具有超凡的能力和做出不同凡响的贡献。在学校委员会的成员看来，任何人都能教点东西……因此学校改革者不得不说服那些持怀疑态度的人，使其认识到教师需要接受专门的培训，社区将通过公

① See Paul H. Mattingly, *The Classless Profession: American Schoolmen in the Nineteenth Century*(New York: New York University Press, 1975), p. 67.

② See Christopher J. Lucas, *Teacher Education in America: Reform Agendas for the Twenty-First Century*(New York: St. Martin's Press, 1999), p. 16.

共学校从教师培训中获益。①

公共学校运动之后，为了保障公共学校的发展，通过公共资助开办公立师范学校，以系统地培养专业教师的理念不断地发展起来。1826年，詹姆斯·G. 卡特尔（James G. Carter）便倡导各州资助建立培养公共学校教师的机构，并将这些机构发展成为免费学校系统的一个重要组成部分。他认为，这些机构必须同时具备文学性和科学性——所教授的科目本质上应具有自己独特的文化特征和新型科学特征，即关于未成年人心灵发展的科学、针对未成年人不同的发展阶段传授知识的科学。借由此，我们可以建立起裁决教师资格的统一、明智且独立的机构。②

师范学校的理念在引进普鲁士教师培训制度的推动下得到进一步发展。1829年，亨利·E. 德怀特（Henry E. Dwight）在《德国北部之行》中指出，普鲁士的教师只有在受训且获得资格证书后才能执教。为了对教师开展预科教育，每个省都建立了一个或多个政府资助的中等学校（seminary），从而更好地统一全国教育教学制度，同时也阻止任何不合格的教师混入教学队伍。在为期两三年的教育培训中，教师候选人得以习得教育、管理孩子的最佳方法，以及所教科目的内容。课程学习结束后便接受测试，测试合格后才能获得教师资格证书；证书上显示他们受到的洗礼及其道德品质，并由其之前做礼拜的教堂的牧师签字；证书呈递政府部门或中介机构后，教师候选人便立即列入教师名单。德怀特还指出，如果美国能建立起类似的中等学校并提高教师报酬的话，或许就可以劝服教师们将教学作为终身职业，学校教

---

① See Jurgen Herbst, *And Sadly Teach : Teacher Education And Professionalization in American Culture* (Madison, Wis. : University of Wisconsin Press, 1989), p. 21.

② See James G. Carter, *Essays upon Popular Education Containing a Particular Examination of the Schools of Massachusetts and an Outline of an Institution for the Education of Teachers* (Boston: Bowles & Dearborn, 1826), pp. 47-49.

学将会迅速地发展成为一个独具特色的专业工作，许多才华横溢的年轻人将会视教学为未来可选的职业。①

类似地，1831 年，在威廉·钱宁·伍德布里奇（William Channing Woodbridge）② 主编的《美国教育与教学年鉴》中，一篇译自德国教育杂志的文章提供了关于普鲁士中等学校的丰富信息：普鲁士的教师们像牧师一样终身从事教学工作，定居后便很少搬迁。他们常常是 24 岁左右走上执教讲坛，平均执教 33 年左右。每个培训教师的中等学校都有附属示范学校（model schools），用以帮助他们在实际的教室场景中体验教学。③

1831 年，法国巴黎大学的哲学教授维克多·库赞（Victor Cousin）受法国公共教育和宗教事务部长（minister of public instruction and ecclesiastical affairs）委托，对普鲁士和其他德意志邦国的学校进行研究。库赞对乡村学校教师的培训、聘用、晋升和处罚进行了详细的描述，为那些赞赏德意志教师制度的教育者提供了学习模仿的范本。库赞指出，若无优良的教师，再好的教育计划都难以实施。其中，普鲁士 1819 年颁布的法律指出："如果教师要无愧于其天职的话，则应该是虔诚、谨慎的，且深受其天职的尊严、神圣感动。他应该深谙自己对所教年级的职责；具备传播知识的能力，塑造儿童的心灵；坚决忠诚国家，尽职尽责，友好和明智地与学生父母、同胞交流；努力激励学生、家长、同胞对学校怀有浓厚的兴趣，并确保他们支持并资助学校。"④

---

① See Henry E. Dwight, *Travels in the North of Germany in the Years 1825 and 1826* (New York: G. & C. & H. Carvill, 1829), pp. 246-253.

② 伍德布里奇在同一时期也比较热衷于推广裴斯泰洛奇教学法。

③ See "Seminaries for Teachers in Prussia," *American Annals of Education and Instruction* 1, No. 6(1831): 253-257.

④ Victor Cousin, *Report on the State of Public Instruction in Prussia*, trans. Sarah Austin(London: E. Wilson, 1834), pp. 62-82.

此外，普鲁士还规定，将初级师范学校的学校规模控制在 60 人或 70 人以下，将学校设置在乡镇地区，从而使学生免于浪费时间、精力等，或养成一些不良的习惯。在教师的聘用上，普鲁士的普遍规则是：任何一个年龄成熟、具备无可指责的道德和虔诚之心的人，若能理解自己希冀入职的工作职责并予以充分证明，那么他便适合担任公共学校教师。[①] 可以看出，普鲁士对教师的首要标准是正直的品格和纯净的内心。库赞也指出，普鲁士的师范学校中带有规训的特征，而规训对那些来自社会底层且未褪去粗鲁性的年轻人来说是必要的，可以使其不断地坚守职责。[②]

在上述参观调查研究的推动下，马萨诸塞州辉格党于 1837 年率先在美国宣传建立州立师范学校，并得到美国教学学会的支持。美国教学学会曾认识到文实学校、大学的毕业生走上公共学校教师职业岗位的可能性不大，并倡导将（男性）教师培养成“公民式教师”（citizen-teacher），使他们不仅欣然接受这项周期性职业，且以此为美德。[③] 与之相对地，贺拉斯·曼则认为美国教学学会的方案行不通，男性在教师群体中占主导的希望也很渺茫。他认为基于德国模式建立公共资助的师范学校，以培养一支全职性的专业教师队伍是可行之举。与此同时，贺拉斯·曼一方面通过学院、教师学会、公开会议和大会平台推广公共学校；另一方面通过创办《公共学校杂志》（*Common School Journal*，1839 年创刊），刊登大量关于公共教育的文章，向教师传播相关教育讯息并影响教育、社会领域的舆论。

---

① See Victor Cousin, *Report on the State of Public Instruction in Prussia*, trans. Sarah Austin(London: E. Wilson, 1834), pp. 62-63, 67.

② See Victor Cousin, *Report on the State of Public Instruction in Prussia*, trans. Sarah Austin(London: E. Wilson, 1834), p. 206.

③ See George B. Emerson et al., "Memorial of the American Institute of Instruction to the Legislature of Massachusetts on Normal Schools, Submitted January, 1837," *American Journal of Education* 16, (Mar. 1866): 93-96.

随后不久，马萨诸塞州便在列克星敦（Lexington，1839 年，仅面向女性）、巴里（Barre，1839 年）、布里奇沃特（Bridgewater，1840 年）建立了全美前三所州立师范学校，内战前又在塞勒姆（Salem，1854 年，仅面向女性）建立了一所。① 这些州立师范学校建立的目的是通过透彻、连贯、科学的课程向教师传授一种标准规范，并配备实习学习以系统地培训出公立（初等）学校教师。以列克星敦师范学校为例，其开展的训练主要有公共学校相关科目、教学艺术、学校管理科学及示范学校实践理论。它的教育层次虽然比普通文法学校高一些，但所教授的内容也大多相当于初等学校高年级水平。其学制为一年，在学生自愿的情况下也可以延长至两年。② 列克星敦师范学校校长赛勒斯·W. 皮尔斯（Cyrus W. Peirce）曾失望地指出，这些学生的学识水平非常有限，迫使师范学校不得不开设一些初等学校的科目以作弥补；许多学生进入师范学校入读的目的并非是走上教师岗位，而是借此获得更高层次的教育或晋升到其他具有更高的社会经济地位的职业。

与当时普遍基于传统的人性观，向学生传授严格的权威以维护社

---

① 内战前建立州立师范学校的其他 8 个州和地区分别是：纽约奥尔巴尼（Albany，New York，1844 年）、伊利诺伊布卢明顿（Bloomington，Illinois，1847 年）、康涅狄格新不列颠（New Britain，Connecticut，1850 年）、密歇根州伊普西兰蒂（Ypsilanti，Michigan，1853 年）、罗得岛普罗维登斯（Providence，Rode Island，1854 年）、新泽西特伦顿（Trenton，New Jersey，1855 年）、宾夕法尼亚米勒斯维尔（Millersville，Pennsylvania，1859 年）、明尼苏达威诺纳（Winona，Minnesota，1860 年）。

② See Cyrus Peirce and Mary Swift, *The First State Normal School in America* (Cambridge: Harvard University Press, 1926); State Normal School (Lexington, Mass.), *Records of the First Class of the First State Normal School in America: Established at Lexington, Massachusetts, 1839* (Boston: Printed for The Class, 1903); Charles C. Sherrod, "The Contribution of the Normal Schools and Teachers' Colleges," *Peabody Journal of Education* 17, No. 2 (1939): 102-104; United States Bureau of Education, *Report of the Commissioner of Education, for the Year 1898-1899* (Washington D. C.: Government Printing Office, 1900), p. 2267.

会秩序的理念不同，贺拉斯·曼在《第七份报告》中表示更欣赏普鲁士学校课堂上融洽的师生关系模式——教师运用的教学方式更好，产生的效果也更好。他建议美国也可以复制普鲁士的课堂教学模式，强调自律和自我管理，给予师生更多尊重和关怀，通过理解和仁慈获得服从和尊重。①

美国在内战前共建立了十二所州立师范学校，师范学校的缓慢发展并没有像贺拉斯·曼设想的那样迅速地解决师资短缺问题和提升师资水平。相较而言，针对在职教师培训的教师学会在内战前得到了广泛的发展，但由于其在职性特征和短期培训性特征，使其很难对教师进行系统性的职业培训。这些专门致力于培训教师的机构所做的努力都反映出社会对新型教师的诉求，教师需要具备与所教科目相关的知识技能，缺乏专业知识技能的教师难以满足并保障公共学校发展的需要。可见，美国教师职业知识技能在很大程度上是伴随公共学校运动发展而来的，保障公共学校的良好发展与运行，要求提升师资水平，赋予教师专业化的责任。

## 第三节　教师专业化的诉求

随着公共学校制度的广泛建立，教师群体的不断扩大，教师职业存在的问题日趋凸显：大量未接受过培训的教师踏上教学岗位，导致公共学校的教育质量堪忧；教师薪资水平低下，难以吸引称职的教师；薪水微薄的教师难以获得有效的培训，以提升其专业能力。在人们亟须找到方案解决这一相悖的问题之时，美国专业主义的兴起，律师、医生等行业迅速地实现专业化，为教师职业向专业的发展演化提供了

---

① See Horace Mann, *Seventh Annual Report of the Board of Education, Together with the Seventh Annual Report of the Secretary of the Board* (Boston: Dutton and Wentworth, State Printers, 1844), pp. 70-83.

可循的路径。

## 一、教师职业的困境

19世纪初，教师在读、写、算教学中，常常要求学生像学习福音书一样去接受教材知识，不予以质疑、分析。同时，教学中较为强调权威性、正确性，规训学生具有规则意识，抑制学生的主体性。① 1820年，年幼的罗伯特·杜德利（Robert Dudley）和同学们一起学习A、B、C，但并不理解所学内容的含义。他们并排坐在矮小的凳子上，努力地把眼睛盯在破旧的读本或拼读课本上……被教师随机叫到回答问题的学生则像受到惊吓一般蹒跚地走过去，爬到讲台上，畏缩地站在教师旁边。

教师要求“打开课本”，然后学生打开课本。

教师：这个字母是什么？

（学生迟疑不答。）

教师：是A，A，A，A！告诉我这个字母是什么？

学生畏畏缩缩地重复道：A。

教师：回答正确，记住它是A。那么现在来看下一个字母是什么？

（学生又是迟疑不回答。）

教师：我告诉过你的，这是B。看，它是B，B，B！现在告诉我这个字母念什么？

学生鼓起勇气地回答：B。

---

① See Barbara Finkelstein, “The Moral Dimensions of Pedagogy: The Teaching Behavior in Popular Primary Schools in 19th Century America,” *American Studies* 15, No. 2(1974): 83.

教师：正确。不要忘了，这个是 A，这个是 B。回座位吧，好好学习这两个字母，直到记住为止。[1]

19 世纪 30 年代，有的教师开始尝试在学习知识前做一定的学习导入。如马萨诸塞州的一位教师为了让学生做一定的准备，在学习杰迪代亚·摩西（Jedidiah Morse）[2] 编写的《地理》前，向学生展示一些一英寸左右长的普通物体，并与学生就所展示的物体的材质、大小进行简短对话等。教师通过展示和讲解让学生了解一英寸究竟有多长[3]，只不过，学生最后还是难逃鹦鹉学舌地记诵所学知识的模式。

由于公共学校教育预算低、教师水平有限，故教师的薪水也比较低，仅有少数富裕的地区可能会支付较高的薪水来留住有学识经验的教师。1798 年，在康涅狄格州的乡镇执教的一位称职的女教师每周可

---

① Robert Dudley, *In My Youth* (Indianapolis: The Bobbs-Merrill Company Publishers, 1914), pp. 336-337; William Augustus Mowry, *Recollections of a New England Educator, 1838-1908: Reminiscences-Biographical, Pedagogical, Historical* (New York: Silver, Burdett and Company, 1908), pp. 51-53; Rufus Matthew Jones, *A Small-Town Boy* (New York: The Macmillan Company, 1941), p. 75; Seymour D. Carpenter, *Genealogical Notes of the Carpenter Family, Including the Autobiography, and Personal Reminiscences of Dr. Seymour D. Carpenter* (Springfield, Ill.: Illinois State Journal Company, 1907), p. 77; James William Turner, *Half a Century in the School Room or Personal Memoirs of Jas. W. Turner* (Carrier Mills, Ill.: Turner Publishing Company, 1920); Rebeca Latimer Felton, *Country Life in Georgia in the Days of My Youth* (Atlanta, Ga.: Index Printing Co., 1919), p. 59; John George Clinkscales, *On the Old Plantation: Reminiscences of His Childhood* (Spartanburg, S. C.: Band and White, 1916), p. 81.

② 美国著名的“地理学之父”，所编著的书成为美国学生学习地理的主要教材。

③ See William Andrus Alcott, *Confessions of a Schoolmaster* (Andover: Gould, Newman and Saxton, 1839), pp. 240-241.

获得 67 美分的薪水，并可享受免费食宿，而这在 1850 年之前都很常见。① 从沃伦·伦道夫·伯吉斯（Warren Randolph Burgess）的统计（见表 1-2）可以对教师的薪资情况窥见一斑。

表 1-2　1841—1865 年美国教师周薪资统计表

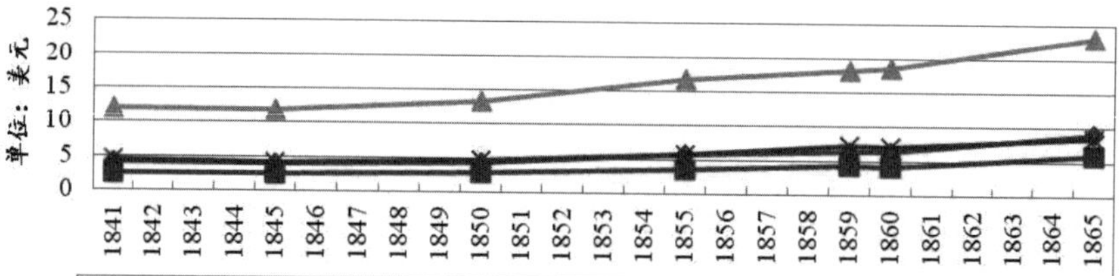


| | 1841 | 1845 | 1850 | 1855 | 1859 | 1860 | 1865 |
|---|---|---|---|---|---|---|---|
| 乡村男教师 | 4.15 | 3.87 | 4.25 | 5.77 | 6.42 | 6.28 | 9.09 |
| 乡村女教师 | 2.51 | 2.51 | 2.89 | 3.65 | 4.27 | 4.12 | 5.99 |
| 城市男教师 | 11.93 | 11.88 | 13.37 | 16.8 | 18.3 | 18.56 | 23.15 |
| 城市女教师 | 4.44 | 4.09 | 4.71 | 5.79 | 7.16 | 6.99 | 8.57 |

资料来源：Warren Randolph Burgess, *Trends of School Costs* (New York: Department of Education, Russell Sage Foundation, 1920), pp. 31-33. ②

从表 1-2 可见，第一，教师薪资的性别差异明显。不管是从乡村地区还是城市地区的角度来看，男教师的薪资都高于女教师。相较而言，乡村地区男女教师之间的薪资差距没有城市的大，这在一定程度上可能与该数据包含所有层次的教师薪资、城市地区的男教师主要担任管理者、中学教师居多且薪资较高有一定的关系。鉴于教师数量远远多于管理者数量，该数据又在很大程度上可以反映出教师的薪资状况。

早期倡导聘用女教师的改革者明确提出女教师可以节约大量的资

① See Bureau of Labor Statistics, U. S. Department of Labor, *History of Wages in the United States from Colonial Times to 1928* (Washington D. C.: Government Printing Office, 1929), p. 133.

② 数据包含多个州、县、城市公共学校年度报告中涉及的校长、管理人员及中小学教师的薪资。

金，支付其男教师二分之一或三分之一的薪水即可。当然，女教师并不是被动地接受所获薪资。1800—1850 年，诸如苏珊·奈（Susan Nye）等女教师离开北部纽约等地前往南方的原因是北卡罗来纳州支付的薪资较高，南部的文实学校比公共学校提供的机会更多、对女性教师的需求高，不仅可以帮助女教师缓解父母的经济压力，还能很好地满足这些寻求自立或自给自足的女性的需求。[①] 对长期以来囿于家庭角色、在劳动市场中处于不利地位的女性来说，教学工作无疑向她们抛出了橄榄枝。[②] 至 19 世纪 50 年代，教师的薪资已和女性传统所在的纺织等领域的薪资相当，甚至更高。许多纺织业的女性工人纷纷离职，选择去学校执教。同一时期，马萨诸塞州的女性教师数量增长了 80％。[③] 相较其他工作而言，女教师所具有的温文尔雅的形象、地域流动性等均对女性具有很大的吸引力。因此，女教师的薪酬较低在很大程度上是教学女性化的结果，而非原因。女性选择教师这一职业是为了追求更高的薪资、更有利的职场地位。

第二，城市教师的薪资比乡村教师的薪资高。同一性别相比，城市男教师的薪资远远高于乡村男教师的薪资，城市女教师的薪资也明显高于乡村女教师的薪资。如 1841 年，乡村女教师每周平均薪资是 2.50 美元，扣除住宿补助外，每周净薪资是 1.25 美元。相较乡村女教师的薪资来说，城市女教师薪资较为可观，每周收入 4.44 美元。城市

---

① See Kim Tolley and Nancy Beadie,"Socioeconomic Incentives to Teach in New York and North Carolina:Toward a More Complex Model of Teacher Labor Markets,1800-1850," *History of Education Quarterly* 46,No. 1(2006):36-72.

② See John L. Rury,"Gender,Salaries and Career:American Teachers,1900-1910," *Issues in Education* 4,No. 3(1986):216-218;Thomas Morain,"The Departure of Males from the Teaching Profession in Nineteenth Century Iowa,"*Civil War History* 26,No. 2(1980):161-170.

③ See Thomas Dublin,*Women at Work:The Transformation of Work and Community in Lowell,Massachusetts,1826-1860*(New York:Columbia University Press 1979),pp. 13,139.

女教师的薪资与乡村男教师的薪资大体持平，并在大多时候处于优势地位。即便如此，1841 年城市女教师的薪资（4.44 美元）也仅与普通劳工（4.86 美元）水平相当，远远低于木工等匠人（最低薪资为 8.16 美元）。①

第三，《圣路易斯教育董事会年度报告》中统计的城市教师薪资，一方面证实了伯吉斯的数据信息；另一方面也反映出教师职位层次不同，收入差异较大（详见表 1-3）。以费城文法学校和学区学校为例，其他女助理的起薪是每年 200 美元，为女校长起薪的三分之二、男校长起薪的四分之一。这在一定程度上也与女助理年龄小、执教经验少，而女校长和男校长受教育水平更高、经验更为丰富有很大的关系。

表 1-3　八大城市教师薪资统计表　（单位：美元）

| 城市（统计年份） | 文法学校和学区学校 | | | | | 中学 | | |
|---|---|---|---|---|---|---|---|---|
| | 男校长 | 男助理 | 女校长 | 第一女助理 | 其他女助理 | 校长 | 男助理 | 女助理 |
| 圣路易斯（1862 年） | 800—1000 | — | 400—550 | 400 | 325—375 | 1600 | 800—1000 | 500—700 |
| 芝加哥（1862 年） | 700—1200 | — | — | 400—500 | 250—400 | 1600 | 500—1000 | 500 |
| 辛辛那提（1862 年） | 1068—1152 | 717—807 | — | — | 240—540 | 1500 | 1080—1188 | 630—900 |
| 波士顿（1859 年） | 1600—2000 | 800—1600 | — | 500 | 300—450 | 2400—2800 | 1200—2000 | 500—600 |

① See Warren Randolph Burgess, *Trends of School Costs* (New York: Department of Education, Russell Sage Foundation, 1920), pp. 25, 49.

续表

| 城市（统计年份） | 文法学校和学区学校 | | | | | 中学 | | |
|---|---|---|---|---|---|---|---|---|
| | 男校长 | 男助理 | 女校长 | 第一女助理 | 其他女助理 | 校长 | 男助理 | 女助理 |
| 纽约（1860年） | — | — | — | — | — | 3000 | 1000—2500 | — |
| 费城（1858年） | 800—1200 | — | 300—600 | — | 200—300 | 2000 | 1200—1500 | — |
| 新奥尔良（1856年） | 1200 | 1000 | 1000 | 800 | 600 | 1800 | 1500 | 1000 |
| 旧金山（1860年） | 2000 | — | 800—1000 | 900—1000 | 850 | 2500 | 1000—2400 | 1250 |

资料来源：St. Louis Public Schools, *Seventh and Eighth Annual Report of the Superintendent and Secretary to the Board of St. Louis Public Schools, for the Year Ending August 1, 1860-1861, 1861-1862* (St. Louis: R. P. Studley and Co., Printers, 1862), p. 55. ①

教师职业的普遍低薪导致学校只能招聘到临时性、不合格的教师，大量的教师生活拮据，挣扎在贫困的生活边缘，鲜有富余的资金用于提升其知识技能。同时，他们也知道提高薪资需要长期的发展变化，

① 薪资区间表示不同年级的教师薪资，或入职薪资和工作两三年后的薪资。单室学校往往由主讲教师和助理教师维持，主讲教师负责考察助理教师；随着班级规模的扩大、分级制度的发展，主讲教师往往成为校长，承担更多的行政职务，监督管理学校里的其他教师，越来越少地开展班级教学。不过在较小的社区，校长还是要在一定程度上承担高年级的教学工作。这从辛辛那提 1858 年的公共学校年度报告也可窥见一斑。See Common School of Cincinnati, *Twenty-Nineth Annual Report, for the School Year Ending June 30, 1858, and Various Supplementary Documents, Exhibiting the Condition of the Schools* (Cincinnati: B. Frankland, Book and Job Printers, 1858), p. 35.

而让一个称职的教师每年只从教 3—4 个月也是不合逻辑的。[①] 1849 年，威斯康星州的学校每个学年的平均长度是 71 天；1856 年增长至 99 天；1860 年增至 136 天，达到内战前最多天数；1861 年则降至 109 天；随后于 1865 年回升至 134.5 天。[②] 相较而言，1865 年，马萨诸塞州、纽约州、内华达州及加利福尼亚州的学校则分别以每年运行 7.8、7.36、7.4、7.36 个月成为学年较长的学校。[③]

在为数不多接受过教师培训的教师中，男教师因追求薪酬、社会经济地位而频繁离职，女教师则以美德、母爱、薪资低、婚前持续任教而逐渐成为教师的主力军。事实上，大部分女教师因为家庭因素而难以从根本上保障执教的稳定性。这就意味着教师职业需要源源不断地吸纳年龄小、执教经验较少的从业者，进而在很大程度上限制了教师职业总体的执教水平及学校的教学质量的提升。19 世纪的教师们在美国这片倡导普及教育的土地上“享有”尤为低微的地位，常常像克莱恩和女学究那样被捉弄戏谑，或许只有克莱恩和一些没用的老姑娘才会倾尽一生待在教学工作岗位上。[④]

究其原因，教师执教水平的低下与其家庭背景、所处的社会阶层也不无关系。19 世纪 30 年代以后（尤其是 50 年代后），师范学校的学生背景在一定程度上可以反映出初等学校教师的状况。伯纳德和韦诺

---

① See Merle Eugene Curti, *The Making of an American Community : A Case Study of Democracy in a Frontier County*(Stanford, California. : Stanford University Press, 1959), pp. 387-388; Philip L. White, *Beekmantown , New York Forest Frontier to Farm Community* (Austin: University of Texas Press, 1979), pp. 237-238.

② See John G. Mcmynn, *Seventeenth Annual Report of the Superintendent of Public Instruction of the State of Wisconsin , for the Year Ending August 31, 1865* (Madison, Wis. : William J. Park, State Printer, 1866), p. 5.

③ 4 周计一个月。

④ See Robert Wiebe, *The Search for Order , 1877-1920* (New York: Hill and Wang, 1967), pp. 117-118.

基斯通过对 1859 年马萨诸塞州的师范学校的入学新生进行分析发现，43%的学生来自农民家庭，28.5%的学生来自工匠家庭，1.7%的学生来自非技能熟练型劳工家庭，约 12%的学生来自专业人员、商人或经理人家庭。而他们在对不同类型的师范学校学生的背景研究中发现，男女合校的学生中有 60%来自农民家庭，而女子师范学校的学生则只有 22.4%来自农民家庭。因此他们认为，来自农民家庭的师范生数量较多反映出教学对这一类希望离开乡村地区、抛开以家庭为中心的文化圈限制的年轻人（尤其是男性）来说具有很大的吸引力。随着农业经济的式微，教学专业领域对农民子女来说愈发具有吸引力。①

师范学校的女生较少来自农民家庭则反映出接受教育的女生家境更好，父母和女生都有主动接受教育的意识。如 1869 年，伊丽莎·库珀·布莱克（Eliza Cooper Blaker）的父亲去世后，她的母亲婉拒亲戚建议将 15 岁的伊丽莎送到棉纺织厂赚钱贴补家用的好意，而选择将她送入费城女子师范学校（Girls' Normal School of Philadelphia），为教学工作做准备。② 明尼苏达州的维诺纳师范学校（Winona Normal School）的许多女生的父母都接受过较好的教育，这些女生到师范学校的目的主要是未来接受一些较为前沿的教育，并为一门专业做准备以自力更生。③ 尽管传统的美国家庭认为女孩不是很好的教育投资对象，但越来越多作为纳税人的父母希望女儿可以像儿子一样实现个人价值、自立，这将对她们的未来生活大有裨益。同时，这也是随着学校教育不断地向女性开放，女性越来越多地参与到教育活动中，女教师越来

① See Richard Bernard and Maris A. Vinovskis, "The Female School Teacher in Antebellum Massachusetts," *Journal of Social History* 10, No. 3(Spring 1977): 332-345.

② See Emma Lou Thornbrough, *Eliza A. Blaker: Her Life and Work* (Indianapolis: Eliza A. Blaker Club and Indiana Historical Society, 1956), p. 5.

③ See George E. Bates, Jr., "Winona Normal School Student Profile, 1860-1900," *Journal of the Midwest History of Education Society* 7, (1979): 17.

越多的一个重要原因。

印第安纳州的女教师人数在1859年时占教师总数的20%，而在随后5年内突增到42%；俄亥俄州的女教师则从1862年的48%增长到1864年的59%[①]；新泽西州的女教师也在10年的时间里从1852年占据不到三分之一的比例，增长到超过男教师的数量。[②] 1870年的人口普查数据显示，美国公共学校的女教师已达到61.2%的比例。[③] 当年仅有13.1%的10岁及以上的女性在有偿岗位上工作，这远远低于同年女教师在教师数量上的优势。这意味着在带薪工作的女性中，有很大一部分人走上了公共学校教师岗位，使得教师成为女性进军专业领域的首个职业。这也说明女性在教师职业上取得的实质性的进步远比在其他职业上取得的进步要瞩目得多。

很多人将女教师的增多阐释为女性薪酬低、女性具有天然的母爱等。事实上，如果19世纪没有那么多接受过良好教育的女性，且女性工作机会有限的话，教师女性化可能也不会发展得那么迅速。因此劳工市场选择机制在很大程度上推动了女性走上教学岗位。[④]

此外，女性的生育数量降低、承担的家庭工作减少，也在很大程度上推动了她们走上教师岗位。历史学者卡尔·戴格勒（Carl Degler）将家庭人口的减少称为“美国历史上关于女性和家庭的唯一最为重要

① See Willard S. Elsbree, *The American Teacher: Evolution of a Profession in a Democracy* (New York: American Book Company, 1939), p. 206.

② 当年女教师数量为1108，男教师数量为1104。See New Jersey State Superintendent of Public Schools, *Annual Report of the Superintendent of Public Schools of the State of New Jersey, for the Year 1862* (Trenton, N. J.: DAVID NAAR, "True American" Office, 1863), p. 7.

③ See Department of Commerce and Labor, Bureau of the Census, *Historical Statistics of the United States, Colonial Times to 1970, Part I* (Washington D. C.: Government Printing Office, 1975), pp. 375-376.

④ See Susan B. Carter, "Occupational Segregation, Teacher Wages and American Economic Growth," *Journal of Economic History* 46, No. 2 (Jun. 1986): 373-383.

的事实”。[①] 如1788年之前，美国贵格派（American Quakers）妇女的平均生育期是17.4年；而内战过后的十几年里出生的女性，其平均生育期则降至11.3年。[②] 生育子女数量的骤减，不仅使女性得以有精力注意健康卫生，也使家中较大的女孩照顾弟弟妹妹的负担减轻。如1831年14岁的米利亚姆·戴维·科尔特（Miriam David Colt），冬天间或去学校读书学习，夏天则要帮助母亲照看家庭。她回忆自己在不能去上学时常常流眼泪，很羡慕那些有机会去文实学校读书的女孩，并希望自己的父亲（制革工人）也能支付其中学的食宿费、学费等。后来，米利亚姆通过教学、打扫旅馆房间资助自己进入文实学校，并实现了自己的梦想——成为一名学校教师。[③] 19世纪中期，波士顿学校委员会（Boston School Committee）为了让女生回家帮助母亲照顾家庭甚至还曾规定：不能给女生布置家庭作业。

工业化、城市化、房客的减少也在一定程度上减轻了女性在家中生产、加工食物的负担。同时，不断建立与发展的公共学校逐渐地成为普遍性的育儿机构。在这个过程中，女性拥有的自主时间越来越长，自我教育的意识也逐渐增强，进入学校接受教育的时间也逐渐增加，

---

① See Carl Degler, *At Odds: Women and the Family in America, from the Revolution to the Present* (New York: Oxford University Press, 1980), p. 181; Rudy Ray Seward, *The American Family: A Demographic History* (Beverly Hills, California: Sage Publications, 1978); Richard A. Easterlin, "Factors in the Decline of Farm Family Fertility in the United States: Some Preliminary Research Results," *Journal of American History* 63, No. 3(1976): 600-614.

② See Robert V. Wells, "Demographie Change and the Life Cycle of American Families," in *The Family in History: Interdisciplinary Essays*, eds. Theodore K. Rabb and Robert I. Rotberg(New York: Harper and Row, 1973), pp. 85-94; Nancy Osterud and John Fulton, "Family Limitation and Age of Marriage: Fertility Decline in Sturbridge, Massachusetts, 1730-1850," *Population Studies* 30, No. 3(1976): 483.

③ See Miriam David Colt, *Went to Kansas* (Ann Arbor, Michigan: University Microfilms, 1966), pp. 236-237.

从而使其逐渐具有教学的资质并获得对学校教育机构的身份认同感。①原先被迫在家中接受教育的女性也不断地走上执教讲台。② 女教师的美德、执教时间长等优点也常常在学校执行官、各州督学的年度报告中被提及。

顺利地走上教学岗位，并不意味着教师水平已然得到保障。在接受师范教育的教师中，有相当多的人来自农民、工匠家庭，这意味着他们虽然接受了一定的教育，但收入较低的中产家庭又限制了他们受教育的程度。与此同时，教师群体普遍存在年龄小、执教经验少、离职率高的现象，一方面限制了教师自身社会经济地位的提升；另一方面亦使学区民众、管理者感到忧虑，他们担心年幼的女教师难以很好地规训孩子、维持班级秩序等。教师问题不断地挑战着公共学校发展的脆弱神经。虽然地方当局在规范教师聘用上做出了一定的努力，但教师招聘程序和测试都较为简单。所谓的测试，主要是考核教师的个人品格、宗教价值观，而知识水平居次。

公共学校运动之后，各州、县政府在学校教育事务中的参与度逐渐提高。通过立法、设立教育行政官员（如督学）等途径，部分州开始将学校董事会的教师聘用权转移到督学等少数人的手中，并将教师资格认证和聘用权不断地集中。如纽约州督学、县督学、乡镇督学从1843年起便被赋予颁发教师资格证书的权利。③ 虽然乡镇督学或县督学

① See Ann H. Stromberg and Shirley Harkess(eds.),*Women Working : Theories and Facts in Perspective*(Palo Alto,California:Mayfield Publishing Co.,1978),p. 395;Martha Norby Fraundorf,"The Labor Force Participation of Turn-of-the-Century Married Women," *Journal of Economic History* 39,No 2(Jun. 1979):402. 根据美国劳工部门1901年对25 000个家庭的访谈调查发现，24%的家庭还存在付费房客的现象，有些研究比例显示更高。

② See Kathleen Lois Barry,"Social Origins of the Nineteenth Century American Feminist Movement"(PhD diss.,University of California at Berkeley,1982).

③ See William L. Sharp and James K. Walter,*The School Superintendent : The Profession and the Person (2nd edition)*(Lanham,Maryland:Scarecrow Education,2004),pp. 2-4.

的能力水平并不一定比传统的学校董事高，但教师任职资格的集中化在一定程度上推动了教师聘用程序的规范化，从而避免重复考评和颁发资格证书。1846 年，诸如波士顿、沃尔瑟姆、塞勒姆、波尔顿等地的教师测试也逐渐从口头测试向书面测试转变；教师资格证书也更为多样化，并具有更大范围的效力。① 至 19 世纪 60 年代后期，全美大部分州、地区管理委员会也都规定在教师聘用前进行测试。随着越来越多的州颁发教师资格证书，亦有诸多反对的声音出现，人们担心由州层面颁发教师资格证书会导致教师的道德水平得不到很好的考量，且当地的教育权受到干涉。② 由于州政府在划拨教育资金上的影响力有限，众多地方学校董事会在聘用教师上依然拥有很强的控制力，故而教师聘用具有地方性特征。

总体而言，美国内战结束后的教师职业发展现状是：每年有 40% 的教师是新上任的，职业规划期限为 3 年左右；整个教学学年仅仅有 3—7 个月；月薪不足 50 美元；每年都要接受测试且仅能从事一个学年的教学活动；大部分教师都是年轻的女性，打算从教几个学年；一半以上的教师都不到 22 岁。③ 可见，如何推动教师这一职业演化、发展为一个专业是一大难题。

## 二、教师专业化的借鉴与尝试

19 世纪初，美国医生、律师等职业与教师职业具有同等的社会地

---

① See Horace Mann, *Tenth Annual Report of the Board of Education, Together with the Tenth Annual Report of the Secretary of the Board* (Boston: Dutton and Wentworth, State Printers, 1850), p. 78.

② See Kimberley Tolley, *Transformations in Schooling: Historical and Comparative Perspectives* (New York: Macmillan, 2007), p. 91.

③ See Edgar B. Wesley, *NEA: The First Hundred Years* (New York: Harper & Brothers Publishers, 1957), p. 342.

位。医生、律师等职业通过提升从业者的知识技能、规范职业发展路径，在19世纪后期取得了明显的发展，获得了较高的专业地位。

在19世纪初的很长一段时间里，医学并不发达，医生也不是一个具有吸引力的职业；培训医生的学院也不多见，很多人都是以学徒的形式获得医学方面的培训的。这在很大程度上导致很多医生专业知识技能缺乏，诊断不出病因，亦不知道如何进行治疗。医生们每天疲于工作，所获收入微薄，大众的认可度亦不高。与此同时，缺乏卫生知识的大众，则迷信于偏方、秘方药。1847年，美国医学会（American Medical Association，简称“AMA”）在费城建立起来，意在通过全国性的专业医学平台，规范医学教育、培训和实践的统一标准，并发布世界上第一个全国性的医学道德规范（AMA Code of Medical Ethics），规范执业医师的行为。至19世纪60年代，美国医学界逐渐地发展起来，医学院的数量大幅增加，培养了大量的毕业生；许多学院毕业生走上执业医师岗位，大幅度地提升了专业医生群体的知识技能水平；医学领域不断地取得一些重大发现，外科手术的成功率也得到不断地提高，进而推动医生的社会认可度和社会地位得到大幅度的提升。①

律师职业也经历了类似医生专业化的发展变化。建国初期，律师参与起草、颁布联邦宪法，这在很大程度上提升了律师的社会地位。而在随后的几十年中，律师的地位并没有得到显著的提升，一部分是因为诸多有才能的律师离开律师岗位，走上从政之路；另一部分是因为大众往往将律师和监禁债务人联系起来——在担任债主法律顾问时，律师往往将那些在交易活动中不幸失利的农民、投机者和投资者等投入监狱。人们到处指责律师，将其比作强盗、骗子、煽动者、吸血鬼，

① See David R. Hyde and Payson Wolff, “The American Medical Association: Power, Purpose and Politics in Organized Medicine,” *Yale Law Journal* 63, No. 7(1954): 937-1022.

甚至是夸夸其谈、油嘴滑舌的流氓和政治无赖。[①] 不过随着1840—1860年律师职业的发展，律师职业再次吸引众多称职的个体加入其中，进而持续地提升了律师的整体素质和社会地位，推动了律师职业的发展壮大。[②]

以医生、律师等为代表的职业通过抓住美国时兴的专业主义潮流，较快地实现了专业化。正如布莱德斯坦因所述："至19世纪中期，美国关于使用时间、空间和话语的社会认知已经开始发生明显的变化。这种社会认知并非完全是思维性或想象性的，而是与人们如何看待自己的现实一致，并对人们的生活产生影响。美国中产阶层作为一个新的阶层，对自我表达、自身特有的理念及自我规训手段带着前所未有的热情。那些雄心勃勃的个体依据独特的职业纵向发展视角，推动了美国社会的构建。最为典型的中产阶层便是专业人员，他们通过服务社会提升自己的地位，通过不断地职业晋升来实现自己的理想抱负……专业主义是一种文化，是一套通过广泛学习获得的价值观和习惯性反应，中产阶层的个体通过此形成自己的情感需求、衡量自己的智商。专业主义文化虽然不是完全同质性的……但它为美国人提供了一套满意的生活选择典范。"[③] 医生、律师的专业化便是专业主义文化的最好例证，令诸多具有远见的教育领军人物看到了一条或许可以解决教师问题的路径。他们希冀通过复制医生、律师等职业的发展模式，去推动教师发展，保障教学水平。

为了规范教师开展教学，许多地区颁布的教学大纲往往都标明教

① See Harry J. Carman, *Social and Economic History of the United States Ⅰ: From Handicraft to Factory, 1500-1820* (Boston: D. G Heath and Company, 1930), p. 435.

② See Mark W. Granfors, *Professional Passages: Caste, Class and Education in the 19th Century Legal Profession* (Chicago: American Bar Foundation, 1987).

③ Burton J. Bledstein, *The Culture of Professionalism: The Middle Class and the Development of Higher Education in America* (New York: Norton, 1976), pp. preface ⅸ-ⅹ.

师在开展相关教学科目的教科书页目，以及要求规训学生何时可以动，何时应该站起来，何时又该将衣服挂起来，何时把头抬起来，何时应该点头等。如19世纪40年代，《纽约公共学校协会学校培训和教学系统手册》对学校通风、打扫等做了规定。随后又进行了拓展，专门以《图书手册》的方式对教学组织进行了规范：如果一本书比较陈旧或比较大，且容易损坏的话，那学生应该用左手和右手同时捧着书；阅读时，随着眼睛移动到右边页码的上端时，右手也要随着阅读进度而移动到右下角处。① 这种规范在纽约的城市学校教学中较为常见。同时，师范学校的建立也在推动教师培训的规范化，以期改善教师教学水平低下的状况。

1850年，《公共学校杂志》指出，提升公共学校教学水平所做的努力收效甚微。第一，师范学校招收了许多不成熟且不够格的学生，学校要弥补他们缺失的初等学校教育，导致学校难以践行其培养学生教学的艺术的首要目的；第二，一些师范学校不开设希腊语、拉丁语等前沿课程，这很荒唐；第三，师范生仅仅短期参与附属实习学校的实践教学，这不仅打断了附属实习学校的正常教学计划，而且收益甚微。杂志还指出，导生制通过年长的学生教导年幼的学生，可以不断地提升年长学生的学习能力和教学能力。②

面对大量知识技能水平较低的一线教师及师范生，诸如皮尔斯与乔治·艾默生（George Emerson）、托马斯·加劳德特（Thomas Gallaudet）、威廉·拉塞尔（William Russell）等早期倡导教师专业发展的领军人物可谓一筹莫展。这些接受过良好教育的师范学校倡导者

---

① See Public School Society of New York, *A Manual of the System of Discipline and Instruction for the Schools of the Public School Society of New York* (New York: Egbert, Hovey & King, Printers, 1845), pp. 31-32. 19世纪初导生制在美国盛行一时，从纽约推广到诸多地方，从小学扩展到部分中学。

② See Anonymous, "Notes," *The Common School Journal* 12, No. 8(1850): 116-117.

认为，师范学校应向学生开展教学艺术，以培养出具有专业知识技能的教师；在接受师范教育之前，学生应接受文实学校、学院教育等较高层次的学术训练，以作为教师培训的基础条件。① 因此，他们最初更为关注教师的道德、教学艺术、学校管理等问题。但现实情况完全打乱了他们所设想的培养方案，皮尔斯等人不得不根据师范生的水平，将教授基础性的学科知识、技能作为师范学校的主要工作。

纽约大学（New York University）的普通教育教授奥维尔·泰勒（Orville Taylor）在 1835 年提出，应该将教学发展成一个独特的专业；教师职业也应该像医生、牧师、律师一样受人尊敬且具有独立性，让教学成为一门专业，让教师联结起来，互相提升。②

事实上，公共学校运动及其随后创办的师范学校等教师培训机构、媒介，都在推动教师专业化、使教师成为致力于教学的职业人员上做出了一定的努力。教育杂志在宣传推广公共学校运动的改革项目的同时，亦在一定程度上推动了教育学理论、教学的传播，但大部分一线教师很少阅读这些杂志。在较为重视公共教育的马萨诸塞州，1855 年有四分之一的教师订阅了《马萨诸塞州教师杂志》（*Massachusetts Teacher*）；1863 年，俄亥俄州则有七分之一的教师阅读州刊。历史学者谢尔顿·戴维斯（Sheldon Davis）基于原数据估算指出，19 世纪 50 年代早期，全国约有 10%的教师阅读教育杂志，内战结束时这一数值大概上升至 20%。③ 阅读教育杂志的教师往往是业内较有影响力的教师，其在很大程度上代表着教师职业发展的前沿。诸如巴纳德主编的

---

① See Paul H. Mattingly, *The Classless Profession: American Schoolmen in the Nineteenth Century* (New York: New York University Press, 1975), pp. 135-143.

② See John Orville Taylor, *The District School: Or National Education (3rd edition)* (Philadelphia: Carey, Lea, and Blanchard, 1835), pp. 80-85.

③ See Sheldon E. Davis, *Department of Interior, Bureau of Education Bulletin 1919, No. 28: Educational Periodicals during the Nineteenth Century* (Washington D. C.: Government Printing Office, 1919), pp. 76-82.

《美国教育杂志》，在教育理论图书馆中被列为标准参考书，其中的内容常常被教育专业人员引用。①

卡尔·F.卡斯特尔（Carl F. Kaestle）研究认为，内战前的教育杂志、教师协会、学会、师范学校等首批推动教师专业化的机构大致影响了10%—20%的教师。这一部分教师往往在较为大型的乡镇学校执教数年且具有晋升的意愿。而其他大部分教师则往往并未触及新型的教师职业交流互动，或阅读教育杂志，抑或是学习新型的教学实践。②与此同时，公共学校运动的倡导者亦希望通过宣传并使用长期雇用条款、提高工资、改善师范学校师资培训状况、促进教师交流、规范招聘制度等形式来吸引教师加入并提升教师的社会经济地位。公共学校运动开启了美国教师专业化的进程，虽未形成气候，却为接下来教师职业从专业知识、社团及教育管理权这三个维度去推动教师专业化奠定了基础。

① See Richard Emmons Thursfield, *Henry Barnard's American Journal of Education* (Baltimore: The Johns Hopkins Press, 1945).

② See Carl F. Kaestle, *Pillars of the Republic: Common Schools and American Society, 1780-1860* (New York: Hill and Wang, 1983), p. 133.

# 第二章　教师专业知识系统的构建

教师教育对于学校发展至关重要。①

——贺拉斯·曼

随着美国内战的结束及工业革命的发展，各地形成了不同的经济发展特色：中西部逐渐形成了以农业、造船、船运为主的经济发展特色，东北部以纺织与制鞋等工厂生产为主，南部则以棉花、烟草、大米为主要经济支柱。虽然各地对教育的具体诉求有所差异，但在推动公共学校制度建设、规范教师发展上却具有一致性。学校数量和规模的扩张、学年的延长，以及教师职业意识的觉醒都要求提升教师的专业知识技能。1825 年第一项教师证书法令的颁布和 1839 年第一所师范学校的诞生，都是规范教师专业知识的重要标志，教师所接受的职业培训也愈发具有系统性，从而大大提升了教师群体的专业知识技能水平。教师专业知识的增进不仅有助于提升学校教育的质量，也在很大程度上推动了教师专业化的进程。

---

① Horace Mann, *First Annual Report of the Board of Education, Together with the First Annual Report of the Secretary of the Board* (Boston: Dutton and Wentworth, State Printers, 1838), p. 10.

## 第一节 师范学校与教师专业知识的初步探索

1839年马萨诸塞州建立了全美第一所州立师范学校，这在教师培训发展史上具有重要意义。为了确保公共学校教育更好地开展，不断发展壮大的师范学校不仅造就了一批接受过专门培训的教师群体，也推动了教师专业知识的增长，逐渐成为最主要且存在时间最长的一种教师培训机构。教育领军人物也愈发认识到师范学校开展的专业知识技能培训不仅有利于提升教师群体的职业素养，还有助于将那些不称职的教师逐渐地排除在教学殿堂之外。教师渐渐地发展成为一个需要接受一定培训才可以上岗的职业，教师个体应该具有的知识体系也得到一定的限定和规范。在面临教师培训重荷和寻求自身发展定位的重重困境下，以师范学校为代表的教师培训机构不断地调整、改组和转型，成为教师专业化进程中重要的一环。

### 一、师范学校与教师培训专业化探索

州立师范学校伴随着公共学校运动出现，并逐渐发展成为培养初等学校教师的主要机构。至1870年，全美共建立27所州立师范学校，遍布全国18个州（共37个州）。不过，就巨大的教师培训需求而言，师范学校的创办数量可谓九牛一毛。1870年，入读州立师范学校的学生有5884名，即便他们毕业后全部走上教师岗位，全美仍有97%的新任教师未接受过州立师范学校教育，且没有经验；通过城市师范学校、私立师范学校、师范班等途径接受过专项培训的教师数量约等于师范学校的学生数量，占3%的比例，这就意味着全国有94%的新任教师没

有进行专门的职业准备，对教师工作的重要性和责任了解甚少。[①] 可见，教师群体在总体接受师范学校专业知识技能培训上的缓慢进展严重影响了教师发展成为一个专业的进度。大量的教师缺乏专业知识储备，教师职业的专门培训任务艰巨，使得师范学校面临巨大的挑战。师范学校不仅需要在数量上有所增加，还需要在如何开展教师培训上探索发展，砥砺前行。

在师范学校创办的过程中，是学术性定位还是专业性定位成为一个重要问题，即究竟应该对教师开展学科培训还是进行专业教育教学培训。有人认为应该在师范学校教授初等学校科目，因为了解一个科目便可以对该科目开展教学；有人则认为应该在师范学校中开设那些严格意义上的教学方法和教育学方面的专业性课程，提升教师的专业性。全美第一所州立师范学校校长皮尔斯最初设想在师范学校中开展职业培训，后转向开设初等学校科目，便印证了这一问题。虽然这种转向是皮尔斯在考量现实情况下的不得已而为之，但它也从另一侧面反映出师范学校自身定位的不清晰。

为了更好地厘清师范学校的职能定位，早在1859年美国师范学校协会（American Normal School Association）召开的第一届大会上，人们便对相关问题进行了探讨。在周四上午关于师范学校领域的讨论环节，来自圣路易斯的E. C. 瓦恩斯（E. C. Wines）博士的论点成为19世纪后期师范学校的发展方向。瓦恩斯明确地指出，师范学校与神学院、医学院、军事学校一样是一所专业性学校机构，其目的并不仅仅是教授教学艺术，使学生成为执业者。所有专业性学校机构（含师范学校）开设的目的都是传授特定行当的知识技能，以及某种实用的生活艺术。专业学校的首要目标是传授职业技能，同时传授相关的专业知识，以

---

① See S. H. White, "The Means of Providing the Mass of Teachers with Professional Instruction" (Addresses and Journal of Proceedings of the American Normal Schools and the National Teachers' Association, at Cleveland, Ohio, Session of the Year 1870), p. 29.

对技能起到辅助作用。从严格意义上说，师范学校理论上是一所专业机构，首要目的是培养学生为未来的教学专业做好准备，其次是传授教学专业相关的广泛、全面的知识。[①] 至 19 世纪 90 年代，瓦恩斯的看法成为师范学校发展的主流观点。教师教育机构则不再担心几乎对每个科目都开展教学而受到指责的问题，且在教师培训中亦注重带有专业性特征。

在师范学校的教师培训专业化探索中，不乏师范学校推陈出新，尝试从不同于当时的教学手段来对教师进行培训，赋予教师职业以系统性、科学性特征。其中具有代表性的师范学校便是奥斯威戈初等教师培训学校（Oswego Primary Teachers' Training School，1861 年建于纽约州奥斯威戈市）和马萨诸塞州伍斯特州立师范学校（State Normal School at Worcester，或 Worcester Normal School，1874 年建）。二者分别以开展实物教学、实习和儿童研究而在推动教师职业发展上占有重要地位。

1861 年，奥斯威戈初等教师培训学校在爱德华·奥斯汀·谢尔顿（Edward Austin Sheldon）的领导下，基于佩斯泰洛奇儿童中心理念创办起来。学校意在培训公共学校教师实物教学法，这就是广为人知的"奥斯威戈计划"（Oswego Plan）。谢尔顿通过教师职前培训、在职教师培训、实习学校培训及教师教育者培训这四个环节，有效地推广了实物教学方法[②]，使得这个舶来品在短短的几年内便被美国初等学校广泛使用，直接影响着教师在学校中开展教学。

---

① See American Normal School Association, *American Normal Schools: Their Theory, Their Workings, and Their Results as Embodied in the Proceedings of the First Annual Convention of the American Normal School Association, Held at Trenton, New Jersey, August 19 and 20, 1859* (New York: A. S. Barnes & Burr, 1860), pp. 53-54.

② See Peter Rillero, "The Enlightenment Revolution: A Historical Study of Positive Change Through Science Teacher Education," *Journal of Science Teacher Education* 4, No. 2 (1993): 42.

1863年，谢尔顿在全国教师协会的年会上分享了“实物教学”。第一，实物教学的基础原则。要信奉人在道德、身体和智力方面是统一、和谐发展的；人类官能的演化及使用存在自然规律，感知官能的发展最早、最明显，未来学习都是建立在它的基础上的。“实物教学”具有实体性，即通过不断地使用可以触摸到的实物开展教学，但若仅认识到这一点，则具有局限性。第二，推动实物教学发展的过程中存在诸多困难，如教师忽视实物教学所蕴含的基础原则，倾向于学习实物教学提供的方法，等等。①

实物教学要求教师摆脱依赖传统教科书上课的模式，要更为积极主动地准备上课内容——提前规划好教学安排，选取教学实物，思考教学目的，组织学习信息等；在开展教学中，教师还要积极指导学生，不断地观察学生们是否理解教科书中的字词和讨论内容。这种教学方式在很大程度上利用了学生的感官知觉，代替了之前那种枯燥无味的知识讲授模式。奥斯威戈计划赋予教师比传统听讲、背诵的教学方式更多的责任。② 不过，由于未能理解实物教学的本质，很多教师在教学过程中不免存在机械地开展教学的状况。亦有人像谢尔顿担心的那样打着“实物教学”的旗号兜售图书，混淆视听。

虽然奥斯威戈计划缺乏一定的理论、实践依据，但它所强调的学生感知的重要性，在同时期的教师培训探索中产生了重大影响。首先，它在一定程度上降低了教科书的绝对权威性，使其居于次要地位；其次，它传播推广了裴斯泰洛奇教学理论，并推动建立起新的教学理论；最后，它在一定程度上推动了教育研究，使教师关注习得教学论的同

---

① See Edward Austin Sheldon, “Object Lessons, or the Method of Nature in Early Teaching” (National Teachers Association, Proceedings and Lectures of the Fourth Annual Meeting, held at Chicago, Illinois, August 5-7, 1863), pp. 93-102.

② See Willard S. Elsbree, *The American Teacher: Evolution of a Profession in a Democracy* (New York: American Book Company, 1939), pp. 395-397.

时，开始质疑一些已有的理论，逐渐形成专业旨趣。许多奥斯威戈初等教师培训学校毕业的学生前往全国各地开展师范教育工作或撰写相关教学文章、教科书、手册等，这在很大程度上推动了实物教学在美国师范学校的发展。考察一下19世纪60年代以来，奥斯威戈引入实物教学后几十年里的书籍、杂志和教育会议报告便可发现，人们广泛地接受了实物教学，并将其视为确定性的教学方式。[①] 事实上，奥斯威戈计划在美国教师培训中形成的席卷之势，恰恰反映出职业培训俨然成为一名教师或多或少不可避免的问题。

无独有偶，伍斯特州立师范学校推动师范生实习和开展一手的儿童研究也对教师专业知识技能的提升具有重要意义。一方面，伍斯特州立师范学校在美国较早地采用具有实习性质的实践培训。学校会选出一些较为优秀的学生在伍斯特公共学校担任教师助手，这些教师助手在学校教师的指导下帮助开展教学、进行班级管理等方面工作，偶尔代替教师上课等。为了更好地了解不同年龄段的孩子在成长过程中存在的问题，在为期6个月的实习中，实习生要分别到3个年级开展工作；每周有4天直接协助公共学校的教学工作，1天在师范学校咨询教师关于学徒制工作的问题，或在图书馆中阅读，或与其他师范学校的学生开展非正式的讨论等。此外，实习生还被要求对其活动、经验等撰写日记，并定期接受师范学校教员的检查。师范学校的教员对实习生进行考察，并在必要的时候对其实习工作提出建议、意见。与此同时，实习生亦可持续了解教师教学中存在的实际问题。[②] 通过实习，师范学校的实习生可以直接接触到实际教学生活，从而积累宝贵的教学

---

① See Vivian T. Thayer, *The Passing of the Recitation* (Boston: D. C. Heath and Co., 1928), pp. 7-9; Lois Coffey Mossman, *Changing Conceptions Relative to the Planning of Lessons* (New York: Teachers college, Columbia University, 1924), pp. 4-5.

② See Ellen M. Haskell (ed.), *Child Observations, 1st Series: Imitation and Allied Activities* (Boston: D. C. Heath & Co., 1896), pp. preface XX-XXii, passim.

实践经验。

与此同时，伍斯特州立师范学校还积极地推动师范生开展儿童研究。1893年，时任该校校长的E. 哈洛·拉塞尔（E. Harlow Russell）总结指出，学校通过应用G. 斯坦利·霍尔（G. Stanley Hall）[1] 建议的心理学教学方法，推动师范生观察儿童的反应并检验其他关于儿童研究的成果。师范生并不需要学习指定的心理学教材、研究人的心灵思维等，而是需要熟悉几种心理学材料以便在条件可行时对已有的心理学命题进行检验。与此同时，师范生应根据观察儿童获得的结论进行反思，概括总结心理学研究成果。[2]

伍斯特州立师范学校所采用的实习方式和儿童观察研究成果在很大程度上赋予教师职业以独特性、革新性。这使得教师培训获得丰富的实践基础和心理学科学基础，从而提升了教师的专业性特征，使教师获得了更为广泛的认可。与奥斯威戈计划在全美产生广泛的影响不同，伍斯特州立师范学校主要在东部地区产生了较大的影响。此外，还有许多独具特色的师范学校亦在当地产生了重要的影响力。这些师范学校的教师培训尝试一方面促使教师获得更为系统性的知识；另一方面使得教师教学更具有理论和实践基础，赋予教师专业化更多的发展空间。

## 二、师范学校学位证书的颁发与教师专业知识的认定

至1875年，全美有25个州建立州立师范学校。随后越来越多的师

① G. 斯坦利·霍尔（1844—1924）1887年创办《美国心理学杂志》（*American Journal of Psychology*），1892年担任美国心理学学会（American Psychological Association）第一任会长。

② See E. Harlow Russell, "The Study of Children at the State Normal School, Worcester, Mass.," *The Pedagogical Seminary* 2, No. 3(1892): 343-357.

范学校在全美各州拔地而起。为了使其教师培训更加具有专业性特征，师范学校逐渐地在课程、招生制度等方面尝试进行变革。

一方面，师范学校将课程内容进行扩充。师范学校逐渐将传统文实学校和新兴中学里开设的一部分学术性课程纳入课程之中，不再仅仅局限于早期开设的与初等学校同等水平的课程；教学理论等内容也比早期师范学校缺少普遍性教育理论、方法而言有所增加。另一方面，延长课程学习时间。早期的师范学校在课程长短上存在很大差异，如马萨诸塞州早期师范学校的课程意在向学生提供短期强化性的培训课程，类似于加长版的教师学会培训。相较而言，西部的师范学校则因为在很大程度上和学院具有紧密的关系，故开设的培训课程较长。至1870年，许多较为完善的师范学校大都已开设三年制课程。但其中许多开设三年制课程的师范学校因为大量学生短暂求学、中途辍学从事教学等缘故，第三年课程建设得并不完善。位于伊普西兰蒂（Ypsilanti）、诺默尔（Normal）、恩波利亚（Emporia）和白水（Whitewater）等地的州立师范学校是为数不多的几所具有完善的第三年培训课程的教师培训机构。①

与此同时，师范学校的招生条件也在不断地提升。虽然未接受过中等教育的人仍然是师范学校的主要组成部分，但中学文凭逐渐发展成为学校录取学生的一个条件。一般而言，招生条件越高，学校培训的时间就越短。师范学校在规范自身培训课程和师范生准入机制方面的尝试无疑从实际行动上限定了教师群体的范围，令教师群体具有一定的排他性特征。

1879年，伊利诺伊州立师范学校（Illinois State Normal School）的校长理查德·爱德华兹（Richard Edwards）曾在全国教育协会的年

---

① See Charles A. Harper, *A Century of Public Teacher Education: The Story of the State Teachers Colleges as They Evolved from the Normal Schools* (Washington D. C.: Hugh Birch-Horace Mann Fund for the American Association of Teachers Colleges, 1939), p. 109.

会上不无中肯地指出，尽管师范学校的发展存在诸多失败的地方，存在诸多自负、莽撞的一面，抑或是存在生搬硬套教学方法的现象，等等，但从它培养过的年轻男女身上却可以反映出，师范学校有效教导年轻人的水平要超出同类机构的平均水平。①

随着师范学校教师专业知识培训的开展，许多具有远见的师范学校领军人物逐渐地提出颁发教师学位证书，将教师学位证书与教师资格证书联系起来，突破各地不一的教师资格证书颁发标准，从而在一定程度上确保教师候选人的专业知识技能水平，以提升教师的专业地位。传统的教师资格证书主要通过临时性、业余性质的测试获得，只要教师离开所任职的区域或任期（一般为一年）结束，所获的教师资格证书便一文不值。这种年度测试虽然有利于剔除部分资质较差的教师，却也因为考官由律师、牙医、商人等外行组成而令教师不满，影响教师士气。早在 1869 年，约翰・D. 菲尔布里克（John D. Philbrick）便揭露了教师考试并未提升美国教师竞争力的事实。他描述了一场几年前在新英格兰地区进行的教师测试。

（面试）主席：你多大了？

应聘者：我刚在 5 月 27 日度过 18 岁生日。

主席：你最后就读于哪所学校？

应聘者：位于 S 的文实学校。

主席：你觉得自己能塑造我们那些大孩子的心灵吗？

应聘者：当然，我觉得自己可以。

主席：不错，我很满意。你很适合我们的学校。明天我会让

① See Dr. Edwards, "The Normal Schools of the United States: Their Past, Present and Future" (The Addresses and Journal of Proceedings of the National Education Association, Session of the Year 1876, in Baltimore, Maryland), pp. 48-56.

学生给你送聘用证书。①

这场测试于冬夜在一户受人尊敬的农民家中举行，接受面试的教师是一个已经踏入教学岗位两周的年轻人。这种获得聘用后再接受测试的考试程序已然暴露了教师聘用的缺陷。19 世纪 70—80 年代，越来越多州的督学倡导通过州立法机关对教师资格证书和聘用制度予以立法，使教师任职有规范性和连续性，减少各地在聘用教师上的自治、作弊和重复行为。尽管如此，教师测试、聘用程序仍难以守住教学的大门，且教师普遍缺乏专业知识，导致教师进入教学岗位的门槛较低。

为了规避教师测试的弊端，以及提升教师的专业地位，关于师范学校颁发教师学位的事在 19 世纪 70 年代被频频提及。1876 年，爱德华兹指出，师范学校应该向教师职业颁发专业学位证书。除非我们整个学位制度是错的，否则这个提议就没有必要争论。如果律师、医生、牧师专业因为具备学位证书而享有显耀的地位的话，那么同样具备高尚品质和卓越才能且获得成功的教师为什么不能通过同样的方式获得显耀的地位呢？1879 年，艾奥瓦州立师范学校（Iowa State Normal School）的校长 J. C. 吉尔克里斯特（J. C. Gilchrist）也表达了对教师学院颁发学位证书的认可。他指出，第一，专业学位证书制度可以使教师在社会上以“博学”之士而闻名遐迩；第二，明智的学位制度可以保障教师特权和薪酬，从而使教师在获得职业资格上具备有力的推动力；第三，教师学位制度将推动教育哲学和教育实践得到更好的发展；

① John D. Philbrick, "Examining and Certificating Teachers "(American Institute of Instruction, the Papers Head before the American Institute of Instruction, at Portsmouth, N. H., August 1869, with the Journal of Proceedings), pp. 111-114.

第四，学位制度将使教师更为持久地待在教学岗位上。①

越来越多的接受过教师培训的人晋升为教育领军人物，他们倡导提高教师学历，反对考试选拔教师。他们认为，考试过于强调科目知识，且常常会有人使用小伎俩扰乱教师选拔的合理性，不利于接受过师范学校专业培训的人走上教师岗位。教师专业化需要教师接受前沿的正规教育，提高教育要求成为诸多人的共识。② 1894 年，密歇根州本西县（Benzie County）的教育专员 Z. F. 麦吉（Z. F. McGee）也表达了对要求缺乏一线教学经验的年轻老师接受一些阅读教学权威著作等专业培训的赞许。因为很多不称职的教师通过考试取得了优异的成绩和排名。③

随着教师专业学位证书的优势得到不断的宣传推广，越来越多的州将其作为教师入职的重要途径。早在 1874 年，密苏里师范学校就被授予学位证书颁发权；1877 年，艾奥瓦州教育委员会也提议分别向三类课程颁发三类学位证书。至 1897 年，全美已有 28 个州将学位证书作为颁发教师资格证书的凭证。随着师范学校逐渐发展，其不断成为美国教师培训的垄断性机构，且在一定程度上确保教师的系统培训正常开展和专业知识水平不断提高，从而将一些不称职的教师拒之门外。

---

① See Charles A. Harper, *A Century of Public Teacher Education: The Story of the State Teachers Colleges as They Evolved from the Normal Schools* (Washington D. C.: Hugh Birch-Horace Mann Fund for the American Association of Teachers Colleges, 1939), p. 134.

② See William S. Learned et al., *The Professional Preparation of Teachers for American Public Schools: A Study Based upon an Examination of Tax-Supported Normal Schools in the State of Missouri* (New York: Carnegie Foundation for the Advancement of Teaching, 1920), pp. 95, 128-131, passim.

③ See Department of Public Instruction, State of Michigan, *Fifty-Eighth Annual Report of the Superintendent of Public Instruction of the State of Michigan, with Accompanying Documents, for the Year 1894* (Lansing, Mich.: W. S. George & Co., State Printers and Binders, 1895), p. 241.

## 三、师范学校的升级与教师专业知识培训的扩充

随着公立中学合法性地位的确立及公共学校制度的完善，师范学校等教师培训机构在师资培训上面临的挑战更为艰巨。19 世纪 80 年代，美国逐渐兴起了中学教师资格认证运动，从而不断地提升了中学教师的任职标准。1883 年，威斯康星州立法要求中学师资培训开设教学理论和艺术课程。[①] 虽然 19 世纪四五十年代马萨诸塞州威斯菲尔德等地建立的几所早期州立师范学校便意识到学生知识匮乏严重影响学校发展，并逐渐转向培养中学教师，强调教育科学培训，但此举仅仅帮助其吸引了基础较好的学生前来学习，提升了学校的学术发展水平，而未能弥补师范学校在培养中学教师上的缺陷。从 19 世纪 70 年代起，诸多师范学校开始不断地扩展课程内容，有意地增添了培养中学教师的功能，以期与中学的迅猛发展相契合。这从杰西·M. 潘本（Jessie M. Pangburn）的总结中便可窥见一斑。潘本总结道，1890 年师范学校的培训内容及学时大致是：教育史学习 13 周、教育科学学习 27 周、初等科目教学法学习 31 周、心理科学学习 20 周，以及观察开展 50 个学时、教学实习 131 个学时等。[②]

随着时间的推移，新英格兰地区师范学校的校长在 19 世纪末也意识到一个普遍存在的问题——学生流动到收入更高的城市学校或直接离开教学岗位，很多较为年长的学生仅仅将师范学校视为通向接受学院教育、专业性教育或更好职位的“垫脚石”。与此同时，大学和学院开设教师培训项目，以及诸如中北部地区大学与中学协会（The North

---

① See Jeff Wasserman, “Wisconsin Normal Schools and the Educational Hierarchy, 1860-1890,” *Journal of the Midwest History of Education Society* 7, (1979): 4.

② See Jessie M. Pangburn, *The Evolution of the American Teachers College* (New York: Bureau of Publications, Teachers College, Columbia University, 1932), p. 14.

Central Association of Colleges and Secondary Schools，1895 年成立）[①] 要求入会中学必须聘用大学或学院毕业生为教师等举措，导致师范学校不断地受到“排挤”，教师培训地位岌岌可危。[②] 因此，为了持续获得公众的支持和经济来源，以及更好地推动自我发展和应对学生的需求，师范学校纷纷尝试开设学院、专业性学校或大学性质的教育培训机构。也就是说，一方面结合学术和实践手段来开展专业性教育，以培养中学教师和专门科目教师；另一方面则在专业性教育的基础上，面向学校管理者和师范学校教员开展专业培训。[③] 在原先主要的培养对象——初等学校教师的培训上，师范学校不断地抽离，县、市培训学校或中学接手，成为培养初等学校教师的主要机构。因此即便到了 1895 年，美国一个典型的初等学校教师的受教育水平往往不及中学教师的受教育水平。[④]

进入 20 世纪，上述转向已经成为州立师范学校的主流发展趋势。学校课程在原有的基础上被不断地丰富完善，学校工作目标亦更为多样化：培养中学教师和管理者、向经验丰富的专业人员开设前沿性培训，以及开展教育研究，从而提升教师专业培训水平。在这个过程中，许多州立师范学校纷纷更名，升级为师范学院（Normal College），颁发教育学学士、硕士学位等。同时，大量的学术性课程被纳入师范学院的课程体系之中。纽约州奥尔巴尼州立师范学校（New York State Normal School at Albany）和密歇根州伊普西兰蒂州立师范学校

---

① 简称为中北部协会(North Central Association)。

② See Frederick E. Bolton,“The Preparation of High-School Teachers: What They Do Secure and What They Should Secure,”*The School Review* 15, No. 2(1907): 118.

③ See Jurgen Herbst,“Teacher Preparation in the Nineteenth Century: Institutions and Purposes,”in *American Teachers: Histories of a Profession at Work*, ed. Donald Warren (New York: Macmillan Publishing Company, 1989), pp. 231-232.

④ See Christopher J. Lucas, *Teacher Education in America: Reform Agendas for the Twenty-First Century*(New York: St. Martin's Press, 1999), p. 50.

(Michigan State Normal School at Ypsilanti) 等师范学校的转型升级便是例证。

作为密歇根州的第一所师范学校，伊普西兰蒂州立师范学校同时也是美国早期13块殖民地之外建立的第一所师范学校。1899年，密歇根州立师范学校构建出一套完整的四年制课程并更名为密歇根州立师范学院，成为全美第一所颁发四年制学位项目的教师培训学校。

师范学院的招生条件不断提高并标准化。早在1890年，纽约州奥尔巴尼师范学院便将中学毕业作为其录取学生的标准；1894年，马萨诸塞州的师范学院也如法炮制；同样地，伊普西兰蒂州立师范学院也将中学毕业生纳入招生条件，并在部分方面进行调整以招收更多免试学生。学院录取的学生有以下几个类别，第一，持有州督学颁发的一级证书的教师；第二，基于特殊条件获得二级证书的教师；第三，在一所公认的中学里接受两年或两年以上的教育（不含毕业生）；第四，从一所受到批准办学的中学毕业的学生。此外，身体健康、年龄至少16岁、道德品质良好、通过学区学校普通科目的考试等也常常成为师范学院录取学生的必要条件。①

针对不同需求的学生，伊普西兰蒂州立师范学院共开设5类课程：两年制普通学位课程、两年制专业（specialized）学位课程、四年制普通文凭课程、四年制专业文凭课程、面向学院毕业生的一年制课程。根据不同的课程类型，学校颁发的学历文凭亦不同，包括有效期为两年的证书、有效期为三年的证书、有效期为五年的证书、终生有效的证书、教育学学士学位、教育学硕士学位。从师范学院接受过教育的学生一般都进入以下机构或岗位任职：乡村学校、未分级的学校；公立和私立幼儿园；初等学校的基础性教学或低年级教学；分级学校中

---

① See Daniel Putnam, *A History of the Michigan State Normal School, (Now Normal College) at Ypsilanti, Michigan, 1849-1899* (Ypsilanti, Mich.: The Scharf Tag, Label & Box Co., 1899), p. 84.

的高年级；普通年级工作（general grade work）；专门性科目和部门；监管特定分支机构，如音乐和绘画；校长、督学和负责人等。[①] 可见，师范学院在规范学生录取标准、课程及证书颁发的同时，亦使学院开展的教育更具有层次性、差异性，从而满足不同条件、需求的学生的选择。至 1900 年，大部分师范学院都设置了多样化的选修课程，从而使得求学的学生可以根据自己的需求去选择未来从教的方向。

师范学院设置四年制课程，主要是为了培养中学教师和管理者。四年制课程的具体安排大致如下：第一年时间大多用来学习公共学校的科目内容，第二年和第三年部分时间则用来学习教学法、心理学、哲学、教育史与一些高层次的学术科目，第四年主要用于开展教学实践。

许多州也意识到师范学校在各州规范教师认证法上起到的作用。个别州也逐渐开始向师范学校的毕业生颁发一级教师证书，且终身有效；基于一定的师范学校学分情况颁发二级教师证书，时效为 5 年。从具体调查数据上看，各州师范学校的努力获得了一定的回馈：有的师范学校 94%或 96%的毕业生从事教学[②]，有的师范学校毕业生则走上其他工作岗位或接受更高层次的教育。当然，还有许多诸如伊利诺伊州、艾奥瓦州、密苏里州、印第安纳州、密歇根州等州和地区的大龄青少年在学区学校学习前沿课程、通过测试，并从县督学那里获得教师资格证书后便去执教。

1908 年，全国教育协会发布《关于中小学教师培养和任职资格重

---

① See Daniel Putnam, *A History of the Michigan State Normal School, (Now Normal College) at Ypsilanti, Michigan, 1849-1899* (Ypsilanti, Mich.: The Scharf Tag, Label & Box Co., 1899), p. 85.

② See Charles A. Harper, *A Century of Public Teacher Education: The Story of the State Teachers Colleges as They Evolved from the Normal Schools* (Washington D. C.: Hugh Birch-Horace Mann Fund for the American Association of Teachers Colleges, 1939), p. 112.

新划分政策的阐述委员会报告》，指出教师培养是学校和文明发展的重要因素，维护了师范学校在教师培养上的地位。第一，州立师范学校应该将中学毕业或同等学力作为录取标准条件之一；第二，师范学校向所有初等、中等学校培养教师；第三，初等学校教师培养 2 年，中等学校教师培养 4 年；第四，在师范学校建立组织良好的研究部门，以探讨解决影响教育和生活的问题；第五，虽然师范学校不是培训教师的唯一机构，但作为各州培训教师的主要机构，师范学校应该建立起教学的标准、确定理想的模式，以及培养那些意在成为教育领军人物的男女；第六，学院和大学不应该支配中学的学习科目，使中学成为其预备学校，进而导致中学不能完全地表达人民的意愿；第七，公共学校的课程不断拓展，师范学校的课程应该足够宽泛，从而满足所有阶段的教师培养的特殊需求。①

师范学校作为美国人民思想的产物、人民意愿的直接表达，向学院的转型升级一方面关乎教师专业培训，另一方面关乎学校保障自身地位。师范学校通过转型升级不仅可以获得合法的学位授予权，契合教师职业培训的需求，还可以免于受到学院、大学的胁迫离开培养高中教师和专任科目教师领域。通过转型，师范学院得以保持其“教师培训”的独特性，化解与普通大学、学院在教师培训上出现的危机。至 20 世纪初，师范学院已在美国各州普遍建立，逐渐形成以四年制为主的高等师范教育体系。至 1910 年，全美 42 个州（共 46 个州）建立起 180 所州立师范学校（学院），平均每个州有 4.3 所。越来越多的教师接受师范培训，进一步推动教师职业知识技能发展的系统性、独特性。

---

① See C. C. Van Liew, David Felmley and Z. X. Snyder, "Report of Committee on Statement of Policy Regrading the Preparation and Qualification of Teachers of Elementary and High Schools"(National Education Association, Journal of Proceedings and Addresses of the Forty-Sixth Annual Meeting, held at Cleveland, Ohio, June 29-July 3, 1908), p. 735.

## 第二节 大学教育学院与教师专业知识的深化

19世纪后期，随着公立中学地位的合法化，人们对专业教师的诉求愈发强烈，进一步提升教师专业知识水平的要求与日俱增。欧洲大陆的“新教育”运动与美国的进步教育运动，为教育科学和心理科学的发展提供了新的舞台，实验心理学、智力测验方法、社会科学统计方法等新型学科和研究方法出现，大学对教育研究的兴趣日趋增长，教育科学也逐渐分化出不同的专业体系，日趋丰富。随着教师培训要求的提升，教师培训中教育类课程大量开设，教师培训从2年延长到4年，并逐渐在高等教育获得一席之地。同时，20世纪初高等教育专业化运动又在很大程度上提升了教师培训的专业化地位，使其在部分高等教育机构和法学、医学等学科具备相同的地位。在这个过程中，教师培训的知识范畴不断地得到拓展，向纵深化方向发展。

### 一、公立中学的确立与教师培训的新挑战

以师范学校为代表，教师专业培训机构在系统性地提升教师专业知识水平、保障教师群体范围上的确做出了积极性的尝试与努力。但是由于学校的扩张、教师的离职等缘故，师范学校往往成为培养一线教师的廉价工厂。[①] 1874年，密歇根州最高法院对“斯图亚特等诉卡拉马祖案第一学区案”（*Charles E. Stuart and Others v. School District No. 1 of the Village of Kalamazoo and Others*，简称为“卡拉马祖

① See David F. Labaree, “The Lowly Status of Teachers in the United States,” in *Teacher Education in Industrialized Nations: Issues in Changing Social Contexts*, ed. Nobuo K. Shimahara and Ivan Z. Holowinsky (New York: Garland Publishing, Inc., 1995), pp. 54-55.

案”）做出判决，裁定公共出资开办中学具有合法性。同一时期多个州最高法院在受理公立中学合法性案件中参考或援引卡拉马祖案的观点，关于公立中学合法性的争论逐渐减少。密西西比河上游河谷的所有州受此影响，不断地建立起公立中学。卡拉马祖案的判决可以与马萨诸塞州 1827 年颁布的教育法相媲美，在推动公立中学发展史上具有里程碑意义。① 以密歇根州为例，早在卡拉马祖开学前一年（1857 年），密歇根州仅有 7 所中学；1860 年，中学数量增至 45 所；1870 年，增至 107 所；1880 年，增至 182 所；1890 年，增至 278 所；1900 年，增至 389 所。② 随着公立中学成为美国公共学校制度的重要组成部分，义务教育法也在各州不断颁布，又进一步推动了公共学校制度的完善。③

与此同时，在 19 世纪后期工业化、城市化及大量移民的冲击下，越来越多的孩子不断地从家庭作坊、工厂中解放出来，涌入校园。1894 年，在美国教育部长威廉·T. 哈里斯（William T. Harris）领导下，美国第一份较为全面的中学调查报告出炉（详见表 2-1），其清晰地反映了中学规模的增长。

---

① See Ellwood P. Cubberley, *Public Education in the United States: A Study and Interpretation of American Educational History (revised edition)* (Boston: Houghton Mifflin Company, 1947), pp. 263-264.

② See Daniel Putnam, *The Development of Primary and Secondary Public Education in Michigan, a Historical Sketch* (Ann Arbor: George Wahr Punlisher and Bookseller, 1904), pp. 93-94.

③ 马萨诸塞州、纽约州先后于 1852 年、1853 年颁布义务教育法。内战后至 19 世纪末，新增 31 个州颁布义务教育法。1918 年，密西西比州是美国大陆上最后一个颁布义务教育法的州。

表 2-1 中等教育师生数量、学校数量统计表

| 学年 | 公立中学 | | | 私立中学 | | | 总数 | | |
| --- | --- | --- | --- | --- | --- | --- | --- | --- | --- |
| | 学校 | 教师 | 学生 | 学校 | 教师 | 学生 | 学校 | 教师 | 学生 |
| 1889—1890 | 2526 | 9120 | 202963 | 1632 | 7209 | 94931 | 4158 | 16329 | 297894 |
| 1890—1891 | 2771 | 8270 | 211596 | 1714 | 6231 | 98400 | 4485 | 14501 | 309996 |
| 1891—1892 | 3035 | 9564 | 239556 | 1550 | 7093 | 100739 | 4585 | 16657 | 340295 |
| 1892—1893 | 2812 | 9489 | 232951 | 1434 | 6261 | 96147 | 4246 | 15750 | 329098 |
| 1893—1894 | 3964 | 12120 | 289274 | 1982 | 8009 | 118645 | 5946 | 20129 | 407919 |

资料来源：United States Bureau of Education, *Report of the Commissioner of Education ,1893-1894*(Washington D. C. :Government Printing Office, 1894), p. 33.

从表 2-1 可见，中学及其师生数量大体呈增长趋势。从 1889—1890 学年到 1893—1894 学年，公立中学每校平均拥有的教师数量是 3—3.6 人，私立中学则平均拥有 3.6—4.6 位教师；师生比上，公立中学平均为 1∶22.3—1∶25.6，私立中学则平均为 1∶13.4—1∶15.8，低于公立中学。从 1893—1894 学年公立中学教师的地理分布来看，48.2%的公立中学教师在中北部各州执教，32.2%的教师在东北部各州执教，14.8%的教师在南部执教，4.8%的教师在西部执教，具有很强的集中性。从性别分布上看，中学女教师（含公立、私立中学）占比 52.9%，除东北部地区女性教师比例高达 56.6%以外，其他地区的男女教师比例较为一致。与公立初等学校女教师数量占据绝对优势相比，中学女教师的数量优势并不太明显。[①] 这在一定程度上也反映出，大西洋北部地区因其殖民地时期以来的教育传统，在学校规模建设上

① See United States Bureau of Education, *Report of the Commissioner of Education for the Year 1893-1894*(Washington D. C. :Government Printing Office, 1894), pp. 65-95.

具有很大的优越性，尤其是在私立学校的发展规模上远远高于其他地区。

随着公共学校制度的完善，教师俨然已经发展成为一支庞大的职业群体，教师和学生分别在 1869—1900 年增长了 1.11 倍和 1.25 倍（详见表 2-2）。

表 2-2　公共学校师生数据统计表

| 项目 | 1869—1870 学年 | 1879—1880 学年 | 1889—1890 学年 | 1895—1896 学年 | 1899—1900 学年 |
|---|---|---|---|---|---|
| 5—18 岁总人口 | 12055443 | 15065767 | 18543201 | 20194310 | 21404322 |
| 入学人数 | 6871522 | 9867505 | 12722581 | 14498956 | 15465010 |
| 教师总数 | 200515 | 286593 | 363922 | 400296 | 422607 |
| 男教师人数 | 77529 | 122795 | 125525 | 130373 | 126144 |
| 女教师人数 | 122986 | 163798 | 238397 | 269923 | 296463 |

资料来源：United States Bureau of Education, *Report of the Commissioner of Education for the Year 1900-1901* (Washington D. C. : Government Printing Office, 1902), p. The Commissioner's Introduction xi.

表 2-2 清晰地反映出从 1869—1870 学年到 1899—1900 学年，男教师增加了 63%、女教师则增加了 141%。女教师所占教师比例从 1869—1870 学年的 61.3%增加到 1899—1900 学年的 70.2%，反映出女性化仍然是教师发展的一个重大趋势。这在一定程度上与学校分级、教学更加整齐划一不无关系，而且学生年龄层单一更易于教师管理，使得教师职位向女性敞开更宽阔的大门。①

① See Myra H. Strober and Audri Gordon Lanford, "The Feminization of Public School Teaching: Cross Sectional Analysis, 1850-1880," *Signs : Journal of Women in Culture and Society* 11, No. 2 (Winter 1986): 218.

大量的教师涌入学校给教师培训带来了巨大的压力。一方面，教师离职率高导致资质水平较高的教师流失。美国的教师不像普鲁士教师那样将终身从事教学职业看作一种特权或有效的回报，而是将教学视为一种临时职业。其中男性不断地追求晋升或离职到其他社会经济地位更高的职业岗位，女性则借以获得更好的婚姻。① 另一方面，学校、学生数量的增长需要不断地补充教师。以 1896—1897 学年为例，美国有 403 333 位教师（大多为初等学校教师），而在次年的美国教育部长报告中却发现只有 8188 人从州立师范学校毕业，3067 人从私立师范学校毕业。② 每年因学校扩张、教师离职等缘故需要纳入 5 万名新教师，这就意味着其中仅有 22.5%的教师毕业于师范学校。即便在开办师范学校历史较久的马萨诸塞州，1897—1898 学年也仅有 38.5%的教师接受过正规师范学校教育，33.5%的教师毕业于师范学校③，其他教师则只有少数接受过学院教育或中学基础教育，而大部分教师并未接受过系统的教师培训，导致教师资质堪忧。至 1900 年，全美建立了 130 所州立师范学校，以及同等数量的私立师范学校。④

---

① See Jurgen Herbst, "Teacher Preparation in the Nineteenth Century: Institutions and Purposes," in *American Teachers: Histories of a Profession at Work*, ed. Donald Warren (New York: Macmillan Publishing Company, 1989), pp. 231-231.

② See Nicholas M. Butler, *Education in the United States* (New York: American BookCompany, 1910), pp. 376-377.

③ See Willard S. Elsbree, *The American Teacher: Evolution of a Profession in a Democracy* (New York: American Book Company, 1939), p. 314.

④ See Christopher J. Lucas, *Teacher Education in America: Reform Agendas for the Twenty-First Century* (New York: St. Martin's Press, 1999), pp. 27-28; M. A. Newell, "Contributions to the History of Normal Schools in the United States," in *Report of the Commissioner of Education for the Year 1898-1899*, ed. United States Bureau of Education (Washington D. C.: Government Printing Office, 1900), pp. 2263-2470; Willard S. Elsbree, *The American Teacher: Evolution of a Profession in a Democracy* (New York: American Book Company, 1939), p. 312.

在现实的教师培训需求面前，师范学校数量的增长可谓相形见绌。因此，在越来越多的教师接受专业培训的同时，仍然有大量的未接受过系统培训的教师在教室中执教，延续使用惩罚、规训等传统的教学方式。长期以来，人们将严厉的教师视为好教师，将体罚等同于好的学校教育。“笨人帽”（dunce caps）、“懒人角”（lazy-boy corners）等都是学校常常使用的惩罚措施。[①] 董事会也会要求教师对学生扇耳光、抽鞭子——任何能让学生学习的方式都可以使用，并提醒教师“不要让学生打你”。[②] 如果教师在惩罚上有所畏缩的话，家长们则会感到很担忧、心神不宁。美国“镀金时代”著名作家马克·吐温（Mark Twain）笔下密西西比河畔的汤姆·索亚（Tom Sawyer）[③] 等频频被教师鞭打惩罚便是例证。如果学生学习成绩欠佳或下降的话，则会不断地降到低年级，直至被勒令退学或被划入未分级教室（往往在地下室，或置于独立学校之中）。[④] 19 世纪 70 年代，行为不端、未学好指定课程的学

---

① See Warren Burton, *The District School as it Was* (Boston: Carter, Hendee, 1833), p. 40; William Cooper Howells, *Recollections of Life in Ohio from 1813 to 1840* (Gainesville: Scholars' Facsimiles and Reprints, 1963); Decatur F. Morrow, *Then and Now : Reminiscences and Historical Romance* (Macon: The J. W. Burke Company, 1926), p. 227; Thomas Hamilton, *Men and Manners in America* (Philadelphia: Carey, Lea & Blanchard, 1833), pp. 52-57; William Bentley Fowle, "Boston Monitorial Schools," *American Journal of Education* 1, No. 1 (Mar. 1826): 160-166; Eli M. Rapp, "The Eight Cornered Schoolhouse at Sinking Spring," *Transactions of Historical Society of Berks County : Pennsylvania* Ⅱ, (1907): 222.

② See James Mickel Williams, *Our Rural Heritage : The Social Psychology of Rural Development* (New York: Alfred A. Knopf, 1925), p. 155.

③ 《汤姆·索亚历险记》（*The Adventures of Tom Sawyer*，1876 年发表）中的主人公。

④ See William Lyon Phelps, *Autobiography , with Letters* (New York: Oxford University Press, 1939), p. 100; Department of Public Instruction, City of Chicago, *Twenty-Third Annual Report of Chicago Board of Education , for the Year Ending July 31, 1877* (Chicago: Geo. H. Titus & Co. , Book and Job Printers, 1877), pp. 24-25.

生都会受到惩罚。[①] 1892 年，约瑟夫·迈尔·赖斯（Joseph Mayer Rice）也通过调查发现，纽约市的教师满怀激情地要求学生顺从、服从，在学生背诵时频频要求学生站直了，不要弯膝，不要靠着墙。[②] 教师习惯于以一种没有争议的方式将基础知识传授给学生：教师是知识的权威者，规训学生，将学生的智识、道德视为一体，而不对学生的能力加以区分。

很多教师虽然采用当时较为新式的教学方式，却充满机械教学的痕迹。如在波士顿一所为人称道的文法学校中，教师采用感官教学的方式来开展教学。

> 教师：我们用哪些感官来学习地理呢？
>
> 学生：三个感官，看、听和触摸。
>
> 教师告诉学生翻到北美地图那一页，并从东部沿岸的各个海角开始学习。学生们找到那页后便指着“费尔韦尔角”（Cape Farewell，或译为“告别角”）。老师说“开始”后，学生们就异口同声地大声说：“费尔韦尔角”。然后再一一用手指着其他海角并念出海角的名字。通过这种形式，教师认为学生使用了触觉。学生们把北美东部海岸的海角从北向南一一念完后，教师要求学生们合上书本复述。学生们便在封面上一一往下挪动手指，再一一念出各个海角的名字。
>
> 教师：现在你们用到了多少种感官？

---

① See Paul H. Hanus, *Adventuring in Education* (Cambridge, Mass.: Harvard University Press, 1937), p. 27.

② See Joseph Mayer Rice, *The Public-School System of the United States* (New York: The Century Co., 1893), p. 98.

学生：两种感官，触摸和听。①

复述多遍后，学生们又用同样的方法学习了海湾和整个国家版图。这种教学方式无异于打着感官教学的幌子，本质上却沿用传统的背诵方式。这在很大程度上印证了芬克尔斯坦对19世纪美国教师主要有三种类型的总结，第一是“知识的监工”（intellectual overseer），教师负责布置作业并惩罚学生，使学生背诵；第二是“训练员”（drillmaster），教师引导学生大声复述学习材料，而不加以解释；第三是“文化的阐释者”（interpreter of culture），教师阐释各个概念并解释学习材料，而这类教师并不常见。②

上述问题在很大程度上反映出19世纪美国教师缺乏专业知识技能，生搬硬套地开展教学的事实。但从另一个角度来看，教师有意识地采用一些教学方法或借助一定的材料工具来辅助教学的尝试，又体现出教师在系统性或非系统性的培训中达到教学规范性、统一性的特征，这与19世纪之前教师主要依据自身能力和当地需求开展的杂糅、各色不一的教学迥异。虽然师范学校开展的教师专业培训未能从整体上改变美国教师职业的发展困境，但它开启了教师专业知识的制度化探索。随着公立中学的普遍建立，公立学校对专业教师的诉求更为迫切，大学也加入教师专业知识技能培训的队伍，与师范学校一道应对挑战，探索推动教师职业的专业化进程。

---

① Joseph Mayer Rice, *The Public-School System of the United States* (New York: The Century Co., 1893), pp. 139-142.

② See Barbara Joan Finkelstein, "Governing the Young: Teacher Behavior in American Primary Schools, 1820-1880, a Documentary History" (PhD diss., Columbia University, 1970); Barbara Finkelstein, "The Moral Dimensions of Pedagogy: The Teaching Behavior in Popular Primary Schools in 19th Century America," *American Studies* 15, No. 2 (1974): 82.

## 二、大学教育学院的建立与教师专业知识的拓展

早在 1865 年，哈佛学院的院长托马斯·希尔（Thomas Hill，1862—1868 年担任校长）在推动学院转型为大学时便提出在大学创办学院的想法。一方面，他认为在每所院校中仅仅任命一位教学法教授的举措是不明智的，因为本科课程已经过于繁多，学生们没有足够的时间来公正地对待教学法这门学科；另一方面，他提议在大学中建立一所师范学院，并由该学院面向文学学士开设一门专门课程，从而有助于提高教师的教学水平，并提升教学这一崇高专业的地位。[①] 虽然希尔校长的理念具有前瞻性，但美国大学和学院直到 19 世纪末才勃发对教师培训的热情，认识到在公立中学迅速扩张和对专业教师需求与日俱增的情况下，开展教师培训是一条加强大学与中学合作的路径。

1879 年，密歇根大学创建了全美第一个教育科学与艺术教席（chair of the science and art of teaching），威廉·哈罗德·佩恩（William Harold Payne）成为美国历史上首个全职性教育学教授。随后在 19 世纪末，诸如威斯康星大学、哈佛大学等大学便不断地引进教育学专业、设立教育学教席等，进而在教师专业培训中占有一席之地。许多较小的教学论系（departments of pedagogy）开始扩展为教育学院和教育研究院，成为重要的领军力量。

事实上，在创立初期，教育系并不享有令人尊敬的学术地位，反而在一定程度上受到传统的学术研究同行的歧视。正如查尔斯·W. 埃利奥特（Charles W. Eliot）所说："哈佛大学的教职工与英格兰、美国

---

① See Thomas Hill, "Remarks on the Study of Didactics in Colleges," *American Journal of Education* 15, No. 13(1865): 179.

的大多数教师一样，对所谓的教育学并不感兴趣，也不大有信心。”① 但在教育领军人物的努力下，学院和大学通过不断的努力，逐渐发展成为培养教育者、教师的重要机构。如以威廉·哈罗德·佩恩为代表的教育学者也在不断地探索师资培训之路，一方面尝试摆脱师范学校仅仅注重教学方法的传统，创建教育专业及其培养方案和专业用语；另一方面则积极地撰写教育学著作，如《科学教学与教学艺术》《教师的教育》②，提高教师的理论知识素养。

1890 年，全美 400 所高校中已有 114 所开设教师培训课程，注册学生达 3414 名，诸如学校管理、教育心理学、教育社会学等课程不断地开设发展起来。1891 年，已有 255 年历史的老牌大学哈佛大学（Harvard University）将教育与哲学结合设立教育学部门（Division of Education）；新建 6 年的斯坦福大学（Stanford University）也设立教育历史与艺术系。1892 年，在加利福尼亚大学伯克利分校（University of California，Berkeley）成立教育系时，全美已有 32 所高校创立了与教育学相关的院系或部门，每个院系或部门聘用至少一名全职的教育学教授。③ 这些在 19 世纪就开始承担中学教师培训任务的少数大学，在教育理论发展的大潮中，将教师培训与医生、律师等专业人员的培训等同起来，在很大程度上提升了教师的专业地位。至 1900 年，密歇根大学的科学教学与教学艺术教授伯克·A. 欣斯代尔（Burk A. Hinsdale）总结美国开展教师培训的机构有师范学校和学院、教师培训

---

① United States Bureau of Education, *Report of the Commissioner of Education for the Year 1890-1891* (Washington D. C. : Government Printing Office, 1894), p. 1076.

② See William Harold Payne, *Syllabus of a Course of Lectures on the Science and Art of Teaching* (Adrian, Michigan: C. Humphrey, 1879); William Harold Payne, *The Education of Teachers* (Richmond: B. F. Johnson Publishing Co., 1901).

③ See James W. Fraser, *Preparing America's Teachers: A History* (New York: Teachers College Press, 2007), p. 140.

课、教师学会、暑期学校、大学推广课、大学阅读圈、高等院校教育学教授席位、教师学院。①

高等院校开展教育学，成为20世纪教师专业培训的重大发展特征。大学和学院在很大程度上推动了教育理论的深入研究，并将这些研究成果运用到教师培训中，使得教师得以有机会接触和学习到更多的教育理论知识和技能，形塑教师专业知识的独特性。以哥伦比亚大学教师学院为例，为了更好地培养公共学校教师，以及开设前沿性课程并提供合适的资格认证，教师学院不断地丰富自身的课程设置，仅用一年的时间便将1897—1898学年开设的69门课程增加至1898—1899学年的129门（详见表2-3）。

表2-3 教师学院1897—1898学年至1898—1899学年开设课程

| 学科 | 课程数量 | |
|---|---|---|
| | 1897—1898学年 | 1898—1899学年 |
| 教育学 | 10 | 26 |
| 人类学 | — | 2 |
| 艺术 | 8 | 14 |
| 生物 | 2 | 11 |
| 家政艺术 | 7 | 7 |
| 家政科学 | 5 | 5 |
| 经济与社会科学 | — | 5 |
| 英语 | 3 | 6 |
| 地理地质学 | 2 | 6 |
| 希腊语和拉丁语 | — | 2 |

① See Burk A. Hinsdale, *Monographs on Education in the United States: The Training of Teachers* (Albany, N. Y.: J. B. Lyon Company, 1900), p. 3.

续表

| 学科 | 课程数量 | |
| --- | --- | --- |
| | 1897—1898 学年 | 1898—1899 学年 |
| 历史 | 3 | 6 |
| 幼儿教育 | 6 | 8 |
| 手工培训 | 12 | 10 |
| 数学 | 3 | 1 |
| 音乐与声音训练 | 4 | 4 |
| 哲学与道德 | — | 5 |
| 物理科学 | 3 | 4 |
| 心理学 | 1 | 7 |
| 总计 | 69 | 129 |

资料来源：James Earl Russel, *Report of the Dean*, *1897-1898*, *for the Academic Year Ending June 30*, *1898* (New York: Teachers College, Columbia University, 1898), p. 18.

从表 2-3 清晰可见，教师学院开设的课程覆盖教师培训的基础性课程（教育学、历史、哲学与道德、心理学、经济与社会科学、人类学）、科目课程（生物、英语、数学、地理地质学等）和技能性课程（家政艺术、家政科学、艺术、音乐与声音训练）。这种课程设置使得教师培训更具有系统性、学术性，同时又结合实习学校的教学经历兼顾实践性。

1908 年，亨利·苏赛罗（Henry Suzzallo）通过对 1906—1907 学年 31 所教育学院教师协会（Society of College Teachers of Education）成员院校的考察发现，高等教育机构对教师培训开设的课程形成了以教育史开展最为广泛、选修的人数最多的发展规模（详见表 2-4）。

表 2-4 31 所院校教育课程开设统计表

| 课程名称 | 开课院校数量 | 学生注册学习人数 | 课程名称 | 开课院校数量 | 学生注册学习人数 |
| --- | --- | --- | --- | --- | --- |
| 教育史 | 27 | 1996 | 学校监督 | 8 | 240 |
| 中等教育 | 20 | 619 | 学校制度 | 8 | 130 |
| 教育原理 | 16 | 1134 | 当代教育 | 6 | 185 |
| 教育心理学 | 15 | 1049 | 教育经典 | 6 | 118 |
| 教育哲学 | 14 | 525 | 教学实践 | 5 | 52 |
| 教育理论 | 12 | 590 | 心智发展 | 4 | 150 |
| 通用方法 | 12 | 629 | 遗传心理学 | 4 | 105 |
| 儿童研究 | 11 | 480 | 学校卫生 | 4 | 101 |
| 学校运行[a] | 10 | 588 | 学校法 | 3 | 87 |
| 学校管理[b] | 10 | 330 | 期刊报告会 | 3 | 47 |
| 专用方法 | 9 | 1007 | 观察 | 2 | 25 |
| 初等教育 | 9 | 449 | 注：a school management;<br>b school administration | | |

资料来源：Henry Suzzallo, "The Professional Use of the History of Education," in *the History of Education as a Professional Subject*, eds. William H. Burnham and Henry Suzzallo (New York: Teachers College, Columbia University, 1908), pp. 34-35.

大学开展教师培训一方面可以获得公众更为广泛的认可，公众会相信多元化的大学像综合中学一样更加有效、民主；另一方面使得教师培训在高等教育领域占领一席之地，教师们不仅经历了专业化的、大学水平的教学培训，还拥有了大学认可的学位学历。大学接纳一所独立的教师培训机构的态度对教师职业而言意义重大，对教师专业地位提升的贡献是无法衡量的。

借助大学的平台，一大批面向教师培训的经典教育学著作在20世纪初面世。教育史学家保罗·孟禄（Paul Monroe）先后出版了《教育史课本》（*A Text Book in the History of Education*，1905年版）及《教育百科全书》（*A Cyclopedia of Education*，1910—1913年版）等多部基础性教材、著作，奠定了教育史学科的发展基调和标准；桑代克深耕于心理学研究，将心理学和教育学联合起来，出版了三卷本的《教育心理学》（*Educational Psychology*，分别于1903年、1913年1914年出版），奠定了教育心理学的发展基础；杜威则在教育哲学领域笔耕不辍，出版了《民主主义与教育》（*Democracy and Education*，1916年版）等书籍，为建设新教育提出了明确的目的和方法，奠定了现代教育的重要理论基础。这些前沿性研究和出版的成果著作不仅丰富了教师专业知识培训素材，保障了专业课程的有效开展，也在很大程度上解决了19世纪末至20世纪初因教育学著作、资料匮乏而阻碍教师专业化培训的问题，奠定了教师培训专业化的理论知识和方法基础，成为美国教师专业培训思想和实践中一股不可忽视的力量。

### 三、教师专业知识培训层次的提升与规范化

随着接受师范学校或学院、普通学院和大学培训的教师人数增加，公立学校中教师的学历也逐渐得到提升。这从俄亥俄州代顿市（Dayton，Ohio）1896年发布的教育委员会报告中一所普通中学的教师受教育情况统计可以看出。当年，代顿市斯蒂尔中学（Steele High School）校长马尔科姆·布斯（Malcolm Booth）在向该市督学做报告时指出，所有教师都完成了中学教育，其中有44%的教师从学院毕业，

15%的教师接受过师范学校或师范学院的培训。[①] 教师的教龄也有所增加，如英语教师查尔斯·卢斯（Charles Loos）于1869年从西弗吉尼亚州的贝瑟尼学院（Bethany College）毕业，且已在斯蒂尔中学任教8年，是学校高薪教职员工中的一位（年薪1500美元）。法语、德语教师玛丽·德斯特（Marie Durst）也在斯蒂尔中学任教8年之久。1890年于哈佛大学获得博士学位的物理和植物学教师奥古斯特·福斯特（August Foerste）也已从教6年。

这些接受过高层次教育的教师在教学过程中擅长使用新的教学理论、方法。19世纪末，在查尔斯·德·加莫（Charles De Garmo）、C. C. 范·利维（C. C. Van Liew）和埃尔默·布朗（Elmer Brown）等人的推广和改良下，赫尔巴特五步教学法[②]因其简单、明确、易于投入使用等优势，在1890—1905年对教学实践的影响远远超过其他心理学发现和哲学产物，使井然有序的教学设计理念长期成为美国教育的固定特征。[③] 与奥斯威戈实物教学希冀教师积极主动地投入每个学习步骤类似，赫尔巴特教学法也要求教师积极主动地规划教学过程、保持学生的注意力、审慎地布置作业等。诸如卢斯等教师在教授小说的课堂上便采用了当时影响广泛的赫尔巴特教学法：提前准备好所学内容的大

---

① See Dayton Board of Education, *Annual Report of the Board of Education, of the City of Dayton, Ohio, for the School Year Ending Aug. 31, 1896* (Dayton, Ohio: The Dayton Blank Book and Printing Company, 1896), pp. 13-77, 250-274.

② 赫尔巴特教学过程：明了—联想—系统—方法四个阶段。经过德国的图伊斯孔·齐勒尔（Tuiskon Ziller）和威廉·赖因（Wilhelm Rein）的修订，发展出“五步教学法”：第一，准备（Preparation），提前预热，使学生唤起对新知识的兴趣；第二，展示（Presentation），讲授新的材料信息；第三，比较与抽象（Comparison and Abstraction），建立起新旧知识的联系；第四，总结和下定义（Generation and Definition）；第五，应用（Application），将习得的知识加以运用。

③ See Willard S. Elsbree, *The American Teacher: Evolution of a Profession in a Democracy* (New York: American Book Company, 1939), pp. 406-407; Joel H. Spring, *The American School, 1642-2004* (Boston: McGraw-Hill, 2005), pp. 271-273.

纲，并指出所学内容与之前所学内容之间的联系；讨论小说中的人物性格，分析他们是如何影响其他人物性格的，以及是如何影响整体情节的，等等。①

在赫尔巴特运动的影响下，同化、感知、相关性、集中性、文化时代、兴趣理论等逐渐也成为师范学校等教师培训机构的格言。其在很大程度上挑战了传统的毫无生气的照本宣科、机械训练、抽象的背诵等教学方式，且这些教学方式逐渐地让位于“兴趣理论”，教师围绕知识的内涵组织课程，并将一些重要材料纳入课程。② 如福斯特在开展科学教学中通过利用教学设备，有效地吸引了学生的学习兴趣和注意力：教师在仪器上展示大部分教材上相关的实验；学生们记录实验过程，并详细地描述这个实验。福斯特还呼吁学校购买更多的教学设备，使学生们得以有机会亲自开展实验；制造电动门铃、防盗铃等物体，使学生们所学知识得到实践运用，从而收获更好的教学效果。③

随着越来越多的教师接受系统的教师培训，越来越多的州、地方在采用传统的教师测试之外，将教师专业培训作为教师任职的重要条件，这在很大程度上又推动了教师培训的规范化。在诸如印第安纳州、威斯康星州等制定州立教师资格政策较为缓慢的地方，基于教师候选人的测试成绩和接受系统的教师培训成为 20 世纪初教师资格证书颁发的并行政策。同一时期，地区认证协会（Regional Accrediting Association）

---

① See Dayton Board of Education, *Annual Report of the Board of Education, of the City of Dayton, Ohio, for the School Year Ending Aug. 31, 1896* (Dayton, Ohio: The Dayton Blank Book and Printing Company, 1896), pp. 58-60.

② See Charles A. Harper, *A Century of Public Teacher Education: The Story of the State Teachers Colleges as They Evolved from the Normal Schools* (Washington D. C.: Hugh Birch-Horace Mann Fund for the American Association of Teachers Colleges, 1939), p. 125.

③ See Dayton Board of Education, *Annual Report of the Board of Education, of the City of Dayton, Ohio, for the School Year Ending Aug. 31, 1896* (Dayton, Ohio: The Dayton Blank Book and Printing Company, 1896), pp. 63-66.

及全国教育协会主张把中小学师资要求提高至大学教育水平，接受学院或大学教育培训逐渐成为教师走上执教讲台的一条重要途径。印第安纳州 1895 年时便规定获得教师资格的条件之一是学习教育科学，至 1911 年又将印第安纳州学校法、教育心理学、实验心理学和儿童研究、教育史、欧美学校制度、教学原理等教育内容纳入教师专业知识范围。在师范学院和大学等系统的师资培训的影响下，许多测试也越来越多地涉及专门的教育问题，如教育论、学校管理、教育史、教育哲学等。①

根据威廉·R. 杰克逊教授在 1903 年调查收集的信息可以窥见，各州为了保障教师资质水平，要求申请教师资格证书的准教师学习名目繁多的知识，其中不乏大学和师范学院开设的科目。所有州都要求学习阅读、拼写、写作、生理学和卫生学、算术、地理、美国历史和文法，大部分州要求学习代数、几何、通史、公民学、物理学、教学理论和艺术、文学、植物学，许多州要求学习簿记、学校法、作文、修辞学、动物学、教育学、心理学、自然地理学、地质学、教育史、绘画，11 个州要求学习化学，10 个州要求学习拉丁语和学校管理，9 个州要求学习教学方法，7 个州要求学习三角学，6 个州要求学习音乐、农业、论文，5 个州要求学习天文学、政治经济学。总体来说，中北部地区各州平均要求的学习科目最多，达到 25 门；大西洋北部和西部地区以平均要求学习 21 门科目居次；中南部地区各州平均要求学习 18 门科目；大西洋南部地区各州平均要求学习 15 门科目。各州几乎一致性

---

① See Harlan Updegraff, *Teachers' Certificates Issued under General State Laws and Regulations*(Washington D. C.: Government Printing Office, 1910), passim; Committee on Normal Schools, "Report of the Committee on Normal Schools"(National Education Association, Journal of Proceedings and Addresses of the Thirty-eighth Annual Meeting, held at Los Angeles, California, July 11-14, 1899), pp. 836-903.

地要求申请者在各科上都取得较高的成绩。[①] 这在很大程度上反映出当时的美国为了确保教师的工作能力，在其专业知识技能上提出了较为广泛、具体的要求。

随着教育学学位证书的颁发，越来越多的州和地区又将学位证书视为获取教师资格证书、从事教师职业的重要条件之一。1873 年，师范学校颁发的学历证书开始被视为教师的“专业执照”，部分州将其作为颁发教师资格证书的依据。至 1897 年，28 个州接受师范学校文凭，将其作为颁发从教资格的一个依据。1905 年，经过漫长的等待，奥尔巴尼师范学院和伊普西兰蒂州立师范学院正式颁发教育学学士学位[②]，教师职业的专业性得以再次提升。同年，加利福尼亚州甚至规定获得中学教师资格证的条件之一是在教育专业的研究生层次有一年以上的学习经历。至一战期间，基于学历颁发教师资格证书已经成为全美的通用规则。[③] 随着各州对教师专业知识能力的重视和规范，教师资格证书颁发权也不断地得到集中。[④]

1894 年全美共计 3 个州建立了全州性的教师资格证书体系（详见

---

① See William R. Jackson, “Chapter Ⅹ: The Present Status of the Certification of Teachers in the United States,” in *Report of the Commissioner of Education for the Year 1903*, ed. United States Bureau of Education(Washington D. C. : Government Printing Office, 1905), pp. 463-519.

② See Charles A. Harper, *A Century of Public Teacher Education : The Story of the State Teachers Colleges as They Evolved from the Normal Schools*(Washington D. C. : Hugh Birch-Horace Mann Fund for the American Association of Teachers Colleges, 1939), pp. 136-137.

③ See Michael W. Sedlak, “Let Us Go and Buy a School Master: Historical Perspectives on the Hiring of Teachers in the United States, 1750-1980,” in *American Teachers : Histories of a Profession at Work*, ed. Donald Warren(New York: Macmillan Publishing Company, 1989), p. 266.

④ See Frederick E. Bolton, “The Preparation of High-School Teachers: What They Do Secure and What They Should Secure,” *The School Review* 15, No. 2(1907): 98.

表 2-5)。进入 20 世纪后，越来越多的州立教师资格证书颁发体系建立发展起来。这又从政策上保障了教师职业的准入标准，在集中统一教师任职标准的同时，亦界定了教师从业人员的知识、培训水平，进而使那些接受过系统性职业培训、获得教育学学位的教师处于愈发有利的地位。

表 2-5 教师资格证书授予权限统计表

| 年份 | 州立体系（印发所有证书） | 州管理制度（州规范、监管测试；各县印发一些证书） | 半州立体系（由州政府设立规范；各县印发证书） | 州-县体系（二者都印发证书；县级至少管控一项证书的考评） | 县立体系（各县印发所有证书） |
| --- | --- | --- | --- | --- | --- |
| 1894 年 | 3 | 1 | 17 | 18 | 4 |
| 1911 年 | 15 | 2 | 18 | 7 | 1 |
| 1919 年 | 26 | 7 | 10 | 3 | 0 |

资料来源：Katherine M. Cook, *Bulletin 1927, No. 19: State Laws and Regulations Governing Teachers' Certificates* (Washington D. C.: Bureau of Education, 1927), p. 19.

不过，需要指出的是，接受专业知识培训的教师人数增多与大量涌入教师职业的教师数量可谓相形见绌，难以从整体上改变美国教师职业缺乏专业知识培训的现状。事实上，大学在推动教育学理论发展的过程中，更倾向于培养教育研究者、教师教育工作者，而未能像其宣称的那样培养大量的中学师资力量。这就导致大量中学教师从中学毕业后直接走上教学岗位，与 19 世纪大量的初等学校毕业生直接走上教学岗位别无二致。伊利诺伊州立师范学校——诺默尔分校校长戴维·费尔梅里（David Felmley）指出，学院和大学宣称拥有独有的中学教师培养权，但实际上并没有培养出充足的师资力量。许多学院认为，任何人了解一门科目便可以教授这门科目，因此对教学论仍然嗤之以鼻；学院和大学在教学艺术方面也未有任何作为。这也导致大部分学院毕业生走上中学教师岗位时，除了回想学院教授的教学实践外，别无他物可以指导他们教学。① 虽然费尔梅里在一定程度上是为了凸显师范学院在中学教师培训上的必要性地位，但他的批判亦在很大程度上反映出普通学院和大学在培养中学教师上的困境。而师范学校对教师展开系统培训的重要性依然不能忽视。

1910 年 9 月，盖-维勒・沙利斯（Guy-Wheeler Shallies）通过收集研究 1908 年 6 月纽约市 75 所中学的 735 名中学毕业生的去留情况发现：中学毕业生进入学院深造的人数最多，紧随其后的分别是进入师范学校接受教师培训的人数和走上教师岗位执教的人数，这三类学生人数达毕业生总数的 67%（详见表 2-6）。

表 2-6　1908 年纽约州中学毕业生去向分布（基于 75 所中学的 735 名学生）

| 入读学校类型或进入的职业领域 | 人数 | 所占百分比 |
|---|---|---|
| 学院 | 247 | 34% |
| 师范学校 | 122 | 17% |
| 专业学校 | 40 | 5% |
| 教师 | 117 | 16% |
| 商业领域 | 86 | 12% |
| 行业 | 62 | 8% |
| 回家 | 41 | 6% |

① See C. C. Van Liew, David Felmley and Z. X. Snyder, "Report of Committee on Statement of Policy Regrading the Preparation and Qualification of Teachers of Elementary and High Schools"(National Education Association, Journal of Proceedings and Addresses of the Forty-sixth Annual Meeting, held at Cleveland, Ohio, June 29-July 3, 1908), p. 735-737.

资料来源：Guy-Wheeler Shallies,"The Distribution of High-School Graduates after Leaving School,"*The School Review* 21,No. 2(1913):81-91. ①

沙利斯根据分数将学生分为低分（60—78 分）、高分（84 分及以上）和中间（79—83 分）三组，并指出，238 名高分组学生中，近 43%的学生入读学院（高等教育机构），明显高于入读学院人数在全部 735 名学生中占据的 34%的比例；近 19%的中学毕业生走上教师岗位，居于其次；近 16%的学生进入师范学校，居第三。

类似地，在 1914 年堪萨斯州 47 所中学的毕业生中，有 29%的毕业生直接走上执教讲坛，占毕业生比例最大；6%的毕业生进入师范学校接受教师培训。可以说从 19 世纪后期中学大规模发展以来，许多州的中学师范课程都为中学师资培训贡献了重要的力量，缓解了中学师资需求。只不过，随着 20 世纪不断出台教育法规范教师任职，中学师资培训愈发处于不利的地位。②

根据考夫曼的调查研究发现，大量的教师仍然来自并不富裕的中产家庭（农民家庭为主）。③ 作为接受教育水平的决定性因素，教师的家庭背景限制了其受教育水平，使其难以进入如律师、医生等专业标准较高的领域，而教学工作所具有的专业性和低门槛又在很大程度上满足了他们进入专业领域的愿望，并为其奠定未来职业发展的基础。与此同时，教学所要求的受教育水平及体面的仪表等，也在很大程度

① 沙利斯向 10 所州立师范学校咨询了 1910 级学生的情况，并获得这级学生的姓名和他们在 1908 年中学毕业时的学校名称。随后沙利斯向这些中学发出申请，询问其 1908 级毕业生的学习成绩、去留等情况（其中有 20 人去向不明）。

② See Frank A. Manny,*United States Bureau of Education 1914 Bulletin No. 47: City Training Schools for Teachers*(Washington D. C. :Government Printing Office,1915).

③ See Lotus Delta Coffman,*The Social Composition of the Teaching Population*(New York:Teachers College Press,1911),p. 73.

上限制了体力劳动者子女的进入。① 从公共学校运动以来，教师的来源都没有发生显著性变化，这在一定程度上解释了教师培训普遍门槛低、专业教师频频短缺的原因。

1907—1911 年，罗密耶特·史蒂文斯（Romiet Stevens）通过跟踪观察纽约市及其周边地区的英语、历史、数学、外国语和科学等 10 门课，并试听了 100 节被校长认为上乘的课程发现，学生们平均每天要面临教师提出的问题多达 395 个，需要不断地回答。教师提问时间占课堂时间的 64％，学生发言时间占课堂时间的 36％。② 这种快速问答的教学形式导致学生犹如行尸走肉一般跟随教师的节奏背诵、复述，而教师本质上也就是训练员。

优秀教师普遍短缺的问题在 1914 年迪卡尔布州立师范学校（DeKalb，Illinois）校长约翰·W. 库克（John W. Cook）的演讲中也被提及。考虑到教师一般任期是 6 年，每年有 8 万多名新教师走上公立初等学校的教职岗位，每年从公立师范学校毕业的学生约有 2 万名，这意味着一年里就有 6 万名未接受过培训的教师入职。这些未受过培训的教师在合理的监督下需要 2 年的时间才能得心应手地教学。不言自明，学校最为迫切地需要接受过良好培训的专业教师。而我们需要不断地建立教师专业培训学校，直到培养出一支真正的教学专业人员群体。③

可见，面对庞大的专业教师诉求，大学和学院介入教师培训并未从总体上缓解专业教师的短缺问题。大学和学院的录取竞争性强、学

① See Dan C. Lortie, *Schoolteacher : A Sociological Study* (Chicago: University of Chicago Press, 1975), pp. 6-13.

② See Romiett Stevens, *The Question as a Measure of Efficiency in Instruction* (New York: Teachers College, Columbia University, 1912), pp. 11, 15-17.

③ See John W. Cook, "The Needs of the Public Schools: Professionally Prepared Teachers" (National Education Association of the United States, Journal of Proceedings and Addresses of the Fifty-second Annual Meeting, held at St. Paul, Minnesota, July 4-11, 1914), pp. 113-115.

制长、支出大等因素使其具有很强的排外性，接受过大学或学院教育的人事实上很少去中学任教，而是选择担任教育管理者或选择其他专业地位更高的岗位。① 高等院校开设的教育学院系在更大程度上是深化了教育理论，扩展了教师接受专业培训的边界，使得教师可以在专业知识培训中拥有更多的选择，层层提升和深化——从初等学校、中学，到师范学校或学院，再到学院、大学。

## 第三节　专业知识水平的提升与教师寻求专业发展

随着各州和地区规范教师培训、提升任教资格的举措日益增多，参与培训的教师在应对从业要求和寻求晋升的合力作用下不断地觉醒，缓慢地进行自我专业化，希望保障并提升自己的职业地位。有志于从事教育职业（含中小学教师和大学教授），尤其是进入教师职业（中小学教师）领域的人数也在不断增加，这在很大程度上改变了美国的社会职业结构。根据 1900 年美国第十二次人口普查的职业统计可以发现，在总数为 1 264 536 人的专业人员中，（中小学）教师达 439 522 人，占全部专业人员的 35%，远远超过医生（内、外科医生 132 225 人，牙医 29 704 人）、律师（114 703 人）、牧师（111 942 人）这几个老牌的专业人员数量。② 1870 年至 1920 年，教师从业人员从 127 000 人增长为 795 000 人，教师从业人员数量稳居专业服务人员的第一位。③

---

① See Thomas Morain, "The Departure of Males from the Teaching Profession in Nineteenth-Century Iowa," *Civil War History* 26, No. 2(Jun. 1980): 161-170.

② 不含夏威夷等非美国大陆地区的数据。See United States Department of Commerce and Labor, Bureau of the Census, *Special Reports: Occupations at the Twelfth Census* (Washington D. C.: Government Printing Office, 1904), p. 7.

③ See Ralph G. Hurlin, *Recent Trends in the United States: Report of the President's Research Committee on Social Trends*, Vol. Ⅰ(New York: McGraw-Hill Book Co., 1933), p. 281.

与此同时，越来越多的教师不断地通过接受更高层次的教育培训来寻求自身在职场中的有利地位，一方面提升自己的职位，改善所处环境，成为单科教师，获得自治和尊重等；另一方面提升自己的教育理论水平，探索更好的教学方式，进而获得更高的专业认可度和满足感。以保罗·H.汉纳斯（Paul H. Hanus）、安吉洛·帕特里（Angelo Patri）、凯瑟琳·坎普（Katherine Camp）、奥斯瓦尔德·施洛科（Oswald Schlockow）等为代表的公共学校教师便是通过不断地提升自己的教育水平、扩增专业知识，才获得了更高的专业地位。

## 一、专业知识培训的深化与教师职业晋升

在20世纪初，从师范学校毕业后担任初等学校教师，以及大学毕业后担任中学教师是比较有代表性的教师职业发展模式。[①] 鉴于初等学校和中学的待遇存在相当大的差距，通过接受更高层次的教育来提升所教的学校教育层次是这一时期教师们寻求职业地位晋升的重要途径。在美国20世纪初公共学校变革中较为活跃的哈佛大学教育系主任保罗·H.汉纳斯，便是通过不断地求学提升自己职业地位的成功典型。

1855年，汉纳斯出生于普鲁士，并于4岁时随家人移民到美国威斯康星州。1871年，他入读州立师范学校——普拉特维尔分校（State Normal School at Platteville）的预备部，并于一年后正式入读。不过，1873年，他未毕业便前往纽约市的一家制药公司从事文员工作；一年后又回到普拉特维尔，担任五年级教师。在短暂的执教一个学期后，他便注册入读密歇根大学的科学课程，并于1878年获得理学学士学位。与此同时，他还获得两份工作邀请：一份丹佛中学科学与数学教职，

---

① See Anonymous, "The Confessions of a Successful Teacher," *World's Work* 19, No. 1(Nov. 1909): 12221.

年薪为 950 美元；一份是艾奥瓦乡村中学德语教职，年薪为 780 美元。汉纳斯选择了前者，并于次年担任科罗拉多大学（当时只是一所小型学院，具有一个大型大学预备部）的数学教员，年薪增长至 1200 美元。1879 年年底，由于未获得升迁和加薪，汉纳斯从科罗拉多大学辞职，并在友人的帮助下于丹佛购买了一家药店。在经营药店不久后，他又卖掉了药店的股份，于 1881 年回到科罗拉多大学，担任数学教授，并获得加薪的待遇。1886 年，他离开科罗拉多大学，并在丹佛一所新建的中学里担任校长。他刚上任时，这所中学位于一所初等学校的楼上，仅有 35 名学生、2 名任课教师。至 1890 年汉纳斯离开时，这所中学的学生数量已经增长到 150 人，教师也增加至 4 人，学校的课程也发展成为四年制。他离开后前往位于格里利的科罗拉多州立师范学校（Colorado State Normal School in Greeley），是当时教职工中唯一接受过大学教育的人。次年，汉纳斯受到查尔斯 · W. 埃利奥特的赏识，并受聘于哈佛大学担任教育系主任，年薪为 2000 美元。汉纳斯在哈佛大学一直任职到 1921 年退休，其间还见证了哈佛大学成立教育研究院（Harvard Graduate School of Education）。①

可以说，汉纳斯从教师晋升至管理者，再提升至大学院系负责人的职业发展路径，很好地诠释了当时具有雄心的教师通过不断地接受更高层次的教育晋升至更高教育层次的更高职位，从而获得更高的社会经济地位的成功模式。而相较于汉纳斯之流的顺利晋升，大部分的教师则并未获得明显的晋升或在已有的职位上原地踏步。如身为女教师的玛格丽特 · 福格尔桑（Margaret Fogelsong）② 就没有汉纳斯那么幸运，其教学道路可谓一波三折。

---

① See Paul H. Hanus, *Adventuring in Education* (Cambridge, MA: Harvard University Press, 1937), passim.

② 后结婚更名为玛格丽特 · 福格尔桑 · 英格拉姆（Margaret Fogelsong Ingram）。为保持一贯性，本书将沿用玛格丽特 · 福格尔桑。

1885年出生的福格尔桑在密苏里州的中学毕业后便拿到了一个学期的教师聘用合同，进入一所乡村单室学校执教，每周领7美元的薪水。夏天，她便参加各种教师学会开办的讲座课程。为了获取永久的教师资格证书，她注册入读了柯克斯维尔州立师范学校（State Normal School at Kirksville），并在读书期间继续担任单室学校和分级初等学校的教师。从师范学校毕业后，她便成为蒙大拿州一个小镇的中学校长和唯一的教师，薪资得到大幅度提升，涨至80美元。不过，好景不长，一年后，学校董事会便决定聘用一位男性取代她，她在无奈之下只能去教一个二三年级合班的班级，而且每月的薪资也少了5美元。后来，在学生反对新校长上任时，学校董事会又再次找到她，询问她是否愿意继续担任校长之职，她生气地回绝了。

经过这一段不愉快的经历后，她决定去接受大学教育，以确保自己能获得中学教师的职位。随后，她便在暑假期间进入芝加哥大学学习，并在学习期间获得一份较好的工作：在蒙大拿州博兹曼（Bozeman，Montana）一个较大的乡镇担任七年级和八年级学生的教师。在博兹曼执教期间，她试图使用规训的教学方式，但遭到了督学的反对。一气之下，她再次收拾行囊，踏上返回芝加哥的路，大有一去不复返的气势。

短短几年的时间，福格尔桑便辗转四个教学职位，"教"无定所。对于这种"颠沛流离"的教学工作经历，她曾自我剖析："我在拿到柯克斯维尔州立师范学校的证书后，便期待成为一个成功的教师，但发现自己是一个居无定所的教师。我一直都在接受更高层次的教育，但奇怪的是，我越是努力去获得教育的崇高地位，教育要求就越高，并且超出我的能力范围。"① 可见，为了获得更高的职业地位，她在不断

① Margaret Fogelsong Ingram, *Toward an Education* (New York: Comet Press, 1954), p. 271.

地提升自己接受教育的层次；在提升教育层次的过程中，她对自己职位的期望也在增加。结果便是，福格尔桑总是难以获得自己所期望的职业地位。

在绝望之中，她甚至考虑过去从事新闻职业，甚至还学习了通函信件方面的课程。犹豫之中，她接受了肯塔基州一所州立师范学校附属实习学校的工作，负责监管五年级和六年级。但好景不长，福格尔桑在经历薪资骤降后，再一次回到芝加哥。她反复地审视这个她从事了十几年的教师职业，不仅薪资低微，且饱尝性别歧视之苦。她从教十几年，平均每年收入 430 美元，只有节衣缩食才能勉强维持暑期的生活支出。① 最让她痛恨不已的是在她刚踏入教师岗位时受到了性别歧视。她总结道："有太多资质良好的男性离开教师工作岗位，也有太多资质很差的督学在岗，严重地依赖优秀的教师，往往都是女教师；资质很差的督学仅仅因为自己是男性，而拿到了更多的薪水，他们邀功、发号施令。……私底下利用裙带关系，任人唯亲，苛求女教师像传教士一样奉献自我。"②

1912 年，福格尔桑从芝加哥大学毕业后便暗下决定：抵制任何依靠男性的工作，并拒绝月薪低于 100 美元的工作。只不过事与愿违，在当时男性主导职业市场的条件下，她并未能寻到自己理想的工作。苦于无果之中，她便跑去担任教材出版商的销售人员。随后不久，她再次返回教师岗位，受聘为德克萨斯州马沙尔市（Marshall，Texas）一所中学的英语系部主任。暑假期间，福格尔桑坚持去芝加哥大学继续学习，并于 1914 年获得教育学硕士学位。1920 年，她受聘到南达科他州斯皮尔菲什（Spearfish，South Dakota）的州立师范学校担任英语部

① See Margaret Fogelsong Ingram, *Toward an Education* (New York: Comet Press, 1954), p. 284.

② Margaret Fogelsong Ingram, *Toward an Education* (New York: Comet Press, 1954), p. 289.

主任。4 年后，她又去哥伦比亚大学教师学院注册学习，在获得博士学位后，前往隶属于纽约公共学校系统的牙买加培训学校（Jamaica Training School）担任职前教师的英语教学工作。

福格尔桑的教师职业发展过程在很大程度上是她不断提升自我教育层次的过程。借助专业知识技能培训和受教育程度的提升，她得以不断地提升自己的教师职业地位。但是，在当时“反对女性有偿工作的社会偏见”[①] 环境之下，福格尔桑很难如愿获得自己心仪的职位，职业发展道路充满曲折坎坷。不可否认，从历史的维度上看，女性在教师职场中通过不断努力，不断担任中小学教师、校长、管理者等职位，所取得的职业晋升是值得称赞的。在千万名具有开拓精神的女性前辈的努力下，女性进入教学的道路已然成为坦途，进而又推动着更多的女性去寻求使其能获得独立自主的职业发展道路。

在女教师专业化的过程中，教师职业在人们心中的形象也发生了很大改变。一方面，文学作品中女性教师的形象逐渐增多。亚瑟·佛夫（Arthur Foff）对 1900—1950 年出版的涉及教师的 62 本小说作品（随机涉及一些 19 世纪出版的作品，其中最早的作品出版于 1854 年）进行分析发现，其中共出现了 183 位中小学教师，女教师出现的次数是男教师出现次数的两倍，这在一定程度上反映出女教师成为教师形象的典范。[②] 另一方面，女教师由原先的落魄、困窘的形象转变成温暖、独立的形象。1869 年毕业于霍山女子学院（Mount Holyoke Female Seminary）、在布鲁克林一所女子中学任教 33 年的伊莎贝拉·D. 戈丁（Isabella D. Godding）对教学工作充满美好的回忆：身边的女性教师都是愉快的，所教的学生也都是有趣的女孩子。纽约可供选择的科目应

---

① M. W. Whitney,“Scientific Study and Work for Women,”*Education* 3,No. 1(Sept. 1882):64.

② See Arthur Foff,“Scholars and Scapegoats,”*The English Journal* 47,No. 3(1958):120.

有尽有，如自然、音乐、科学、艺术等，周末还可以在普莱茅斯教堂（Plymouth Church）里聆听亨利·沃德·比彻（Henry Ward Beecher）或莱曼·阿伯特（Lyman Abbott）的演讲。[①] 迈拉·凯莉（Myra Kelly）的自传小说中的主人公亦是一个温暖的女教师，常常从经济上帮助那些有需要的孩子，温柔地抚摸孩子，和善地提出问题。[②]

1914 年，纽约市华盛顿欧文中学（Washington Irving High School）的一名教师也指出，女性的自食其力使 50 年前的小说中常常出现的形象——“贫困的女性”或“年迈的未婚女性”在其富有的亲戚家寄宿，蹑手蹑脚，附和着那些提供食物的主人，或为了讨生计而嫁人——逐渐消失并退出历史舞台。传统社会中的那种依附关系对于作为“受惠者”的女性和“施惠者”的男性来说都是不好的。[③] 可见，无论是从旁观者的视角，还是从教师自己的角度，都对教师职业给予了比以往更高的认可。这从很大程度上反映出随着专业培训的不断深化和任职规范的不断改进，教师专业化也在不断向前推进。

## 二、专业培训与教学反思

与汉纳斯、福格尔桑通过不断地接受专业知识技能培训来寻求职业晋升不同，安吉洛·帕特里（Angelo Patri）持续提升自我教育的层

---

① See Arthur Charles Cole, *A Hundred Years of Mount Holyoke College: The Evolution of an Educational Ideal* (New Haven: Yale University Press, 1940); Geraldine J. Clifford, “ ‘Daughters into Teachers’: Educational and Demographic Influences on the Transformation of Teaching into ‘Women’s Work’ in America,” *History of Education Review* 12, No. 1 (1983): 15-28.

② See Myra Kelly, *Little Citizens: The Humours of School Life* (New York: Grosset & Dunlap Publishers, 1904), pp. 158, 202, passim.

③ See Edith M. Tuttle, “Vocational Education for Girls,” *Education* 34, No. 7 (Mar. 1914): 454.

次更多是出于教学反思，解答自己的教学困惑。帕特里的职业发展，在很大程度上不仅契合了当时社会要求教师提升知识技能的诉求，也反映出帕特里对教师职业的认同。

作为纽约市一名意大利裔美国人，帕特里 11 岁时进入城市学校学习，并先后在纽约市的公共学校中担任教师和管理者。1898 年，21 岁的帕特里开始走上教学岗位，所执教的学校校长是曾经教过他的小学老师。当时，校长把他领到教室门口说了一句“这就是你要教的班级”后便离开了。帕特里进入教室后才了解到，教室里坐满了 8—15 岁不等的 66 名学生，他们每天坐在教室里扰乱前来教学的教师，甚至把教师赶出去。第一天教学结束后，帕特里还发现有几个散漫的学生放学后会在学校里晃来晃去，其中一名因破坏纪律被留下来的学生还问他明天是否还来教学。这名学生在获得肯定的回答后便跟帕特里汇报说，有的教师来教学一天就离开了，有的教师也就来两天。

帕特里作为一名新入职的教师，并没有因所教班级的状况差而却步。他首先分析了自己所处的环境，认为自己虽然对教育学、心理学、教学等知之甚少，但规训是自己的强项。作为当时最基本的教学理念，规训的方法便是教师要求学生做事，完全地掌控住学生；作为评判教师工作的标准，规训也是帕特里执教所依赖的方法。在最初的教学工作中，帕特里循规蹈矩地执行规训原则，确保每一名学生都要为其错误的行为受到应有的惩罚。由于校长规定学生要有一定的出勤率，帕特里便跟踪那些逃课的学生到他们家里；由于校长规定学生要埋头苦干，帕特里还会向家长们反映学生们在学校的表现情况。

这种教学活动与当时普遍流行的教育理念是契合的。正如埃德蒙·戈尔·亚历山大·霍姆斯（Edmond Gore Alexander Holmes）所述，西方教育的一个显著特征就是：在不信任孩子本性的基础上，持续不断地、系统性地侵占孩子的自由；自由对孩子的健康成长来说又是不可或缺的。在这个过程中，教师自发地去阐释孩子的本性，而非以一种崇敬的态度去等待孩子身上隐藏的本性自然而然地展现。教师贸然地从成人的角度来解读孩子的需求、愿望、能力及其具有的发展可能性。教师向学生传达的意念是“我是你们的理想典范，你们要去塑造自己，否则我会按照自己塑造你们。我做什么，你们都要去学习做；我想什么，你们都要去想；我认可什么，你们也都要去认可；我所欣赏的，你们要去欣赏；我的目的是什么，你们也要以此为目的；我是什么样的人，你们也要去成为这样的人”。教师每天都忙于指导、支配学生，使学生从一开始就敬畏、服从教师；而学生的多面性、活力则受到了抑制。①

基于规训的传统教学方式，帕特里的教学工作取得了成效，仅在第一个月便成功地改善了学生缺席的情况。帕特里也得以从教导四年级提升为教导五年级。新上任的班级是最新组建的，50 名学生都是其他班级的教师并不想要的“后进生”，班级组建起来的目的是希望通过帕特里的有效教学而提高学生们的成绩。新组建的班级位于一个会议室的角落，一道卷帘门将学生关闭在教室里，他们有的翻桌子，有的扔一地的纸，有的打翻墨水弄脏新地板，有的大笑、大吼，有的则倒立在地上。② 规训对这些“反规训”的学生来说彻底失效了，惩罚、家访均无济于事。这些“坏孩子”几乎令所有人都深感无能为力、无可奈何。

穷途末路之时，帕特里尝试通过讲故事来吸引学生的注意力，进而要求学生好好表现。他讲述了之前从他父亲那里听到的故事：其父亲童年时期在意大利山区中生活，曾在半夜时分赶着驮着食物的马车，遇到一匹狼攻击一只羊，最终父亲逮住了狼并杀了它。学生很喜欢听

---

① See Edmond Gore Alexander Holmes, *The Tragedy of Education*（New York：E. P. Dutton & Company，1913），pp. 50-51.

② See Angelo Patri, *A Schoolmaster of the Great City*（New York：Macmillan，1917），p. 8.

帕特里讲这些故事，甚至大气都不敢喘。每天的课程都会以故事结束，因而学生对课程充满更多的期待。了解到学生的这点兴趣后，帕特里便和学生进行了“讨价还价”，告诉学生在好好表现并完成学校布置的作业的条件下可以听更多的故事。随着教学的推进，帕特里意识到学生与教师之间的张力主要是关于课程的斗争——学生不愿意学，教师坚持让学生学。通过讲故事的方式，帕特里得以修复规训的教学方式，并取得胜利。“我告诉学生们，不学习算术，就不讲故事；不安静下来，也不讲故事。其他班级的很多学生也要求转到我在的班级，因为他们都想听故事。每每我发现学生对什么感兴趣，我就会变换故事类型，如从探险故事转换到传统的英雄故事。”① 规训再次成为帕特里的座右铭。

从教一年后，帕特里发现自己所处的教学环境发生了明显的变化，教学方法成为全校的座右铭。学校里的每个教师都在学习如何教授算数、拼写、历史和地理，并形成各具特色、多种多样的教学方法，这令学监很困惑。为了扭转这种混乱的局面，一本教学手册应运而生，每一门科目的每个教学步骤都规划出来；学校每天开展的教学工作也都提前规划出来，以使教师们按照上面所述的顺序开展教学；校长和学监基于教学手册来监管各个班级的教学。虽然常常有教师讨论教学手册的弊端，认为教学手册对教师来说是一种外在的强加物，但只要未按手册规定开展教学，教师便会受到严厉的批评。帕特里指出，教学手册上规定的教学方法不仅在教学过程中没有设置任何停顿、不对学生进行提问，也不对教学内容予以评价，充满机械性，死气沉沉。其中历史教学便是一个例证：教师要求学生打开历史课本，按照段落顺序学习；两分钟后再让学生合上课本，问学生学到了什么。每个班

---

① Angelo Patri, *A Schoolmaster of the Great City* (New York: Macmillan, 1917), pp. 9-10.

都采用这种教学方式学习历史。拼写的教学方式也反映出较为严重的问题：教学手册规定学生每天学习 20 个词汇，根据校长的要求，为了训练学生的记忆力，学生所学的词汇要具有一定的难度；学完后，学生们要在第二天根据记忆将所学的词汇写下来，学生之间交换批改；拼写错误、遗漏单词及未及格的学生都要受到不同程度的惩罚，排名最末的几名学生则要在放学后继续复习前一天所学的单词，直到把拼写、词汇顺序都理顺。

为了解决词汇拼写顺序的问题，帕特里又辅助使用了一种较为简单有效的教学方法：他借助字典来辅助教学，每天按照字母的顺序，选择两个字母 a 开头的词汇、字母 b 开头的词汇，然后是 c、d、e 等，总之每天要学习的 20 个单词。这种按照字母顺序排列的单词表在很大程度上方便了学生背诵、复述单词，因此取得了比较好的教学效果，从而将学生和教师的压力减少到最小。

尽管在教学过程中教师们使用的教学方法花样百出，但始终没有教师敢擅作主张更改教学手册上规定的教学顺序。学监经常巡视，询问学生学习的情况，教师们对此也不会有所反抗。许多教师开始学习新的教学方法以辅助课堂教学，从而在投入较少的情况下达到学校所要求的满意的结果。久而久之，帕特里产生了质疑，不仅质疑新制定的教学方法手册，也不断地质疑自己为什么要按规定进行教学。[①] 他怀疑自己对学生的服务价值，苦恼于教学评价标准无常，且评价结果的好坏取决于自己和评判者的关系疏密。与此同时，学校里的规训、发号施令性的教学标准让他大伤脑筋，且总的来说成效并不大。帕特里迷失在教学的困惑之中，心情低沉。

作为一个具有反思意识的教师，他看到了城市学校中传统教学方

---

① See Angelo Patri, *A Schoolmaster of the Great City* (New York: Macmillan, 1917), pp. 11-13.

法、科目的种种弊端，并认为学校里设置的评分、奖惩措施是错误的，它们的存在令学生们常常处于不利的境地。他认为，学生必须行动起来，而非老老实实地坐在那里；学生必须犯错，而不是仅仅重复那些完美的规范；学生必须要做自己，而不是教师的小型复制品。学生个体的神圣性必须是教师不断涌动的激情来源。①

还来不及获得自己想要的答案，帕特里又陷入了新的教育变革之中。在他走上执教岗位的第三年，学校的教育氛围又发生了变化，很多教师开始讨论教育学（教育科学及其原则）的问题。大学教授也在讲授为什么教学、如何教学的问题。帕特里愈发觉得自己的教师知识素养不够，也愈发觉得自己需要新的理念和信念。因此，他决定去大学里深造，尽管他不确定自己心中的疑惑能否在大学里得到解决，使自己取得良好的收获。

在大学里接受一年的教育后，帕特里感觉收益甚微，没有找到自己想要的答案。第二年，他开始有所收获。通过对杜威“伦理原则”（Ethical Principles）的学习，帕特里学到很多新的教学术语；发现行为举止是人们的举止表现，与学习等无关，但行为举止（而非背诵课文的能力）是对学习的真正考验，也是文化的标识。此外，他还认识到儿童教育中的一个重大误区就是“为将来进行教育培训”的理念。纪律习惯是孩子自己的行动问题，而不是靠安静地服从形成的；判断是运用知识的问题，而不是文字游戏。社会共情是在紧密联系、互相帮助、共同工作、共同游戏及明智领导的共同作用下形成的。大笑、交流甚至是梦想都是学校生活的一部分。举止行为中应一直都考虑他人的感受，而不是与他人隔离或只想着自己。

通过进入大学接受教育，帕特里厘清了传统教育的问题所在，并

① See Angelo Patri, *A Schoolmaster of the Great City* (New York: Macmillan, 1917), p. 15.

认识到如何去对抗规训的理念，从而采用更为合理的方式开展教学。他尽力地将所学的教育理论知识运用到教学之中，使教学充满愉悦、自由：规训的法则让位于持续地关注；不断地挑战学生们的智识，观察学生们如何解决留给他们的问题，迫切地看着他们把学校里学到的内容运用到生活中去。①

对于帕特里运用教育理论开展教学的尝试，学监并不看好，并向他发出警告："这些东西理论上是正确的，但在实践中却是不正确的。"帕特里不以为然，依旧坚持以新的教学方法探寻教育学生的秘密。正当他开始对新的教学方法驾轻就熟之时，校长找到帕特里，告诉他他是在浪费时间，认为他不适合教师职业，并表示自己如果有孩子的话是不会让帕特里来教的。在与帕特里几番交涉且毫无结果之后，校长无奈地说："你为什么不按照我告诉你的方式教学生？"②

在帕特里看来，校长等人坚持的规训教学俨然是一种"主从理念"(master-slave idea)：将学生圈起来，要求学生做教师想让他们做的事情，否则学生就不会害怕、尊敬教师。而且，校长等人对待帕特里颐指气使的态度在很大程度上也挫伤了他教学的积极性。如果他们可以以诚相待、以合作的姿态探讨教学方式，并给予教师自我表达的空间的话，那么以帕特里为代表的教师则会以更高的热情投入教学。最后，在与校长抗衡无果的条件下，帕特里离开了自己执教的第一所学校，并进入一所秉持"教师服务学生"理念的学校，这所学校的校长是爱校爱生之人，喜欢在教室内外与学生交流。③

---

① See Angelo Patri, *A Schoolmaster of the Great City* (New York: Macmillan, 1917), p. 16.

② Angelo Patri, *A Schoolmaster of the Great City* (New York: Macmillan, 1917), p. 17.

③ See Angelo Patri, *A Schoolmaster of the Great City* (New York: Macmillan, 1917), p. 18.

作为19世纪末20世纪初具有反思性意识的教师，帕特里从刚踏上教学岗位采用传统的规训教学方式到反思传统教学方式的不当之处，再到进入大学获取知识、补充教育理论并予以实施的发展路径，体现出教师以教促学、以学促教，不断地思考自己的职业本质、提升自我专业发展的努力。与此同时，对校长等人所持有的传统教育理念的反抗，则体现出以帕特里为代表的教师希冀在教学活动中保留自主性，获得管理者等人的尊重。无论是获取足够多的知识以支撑教学活动及教学反思，还是在教学过程中持有自主性，都对教师的专业化至关重要、不可或缺。

## 三、教育理论水平的提升与教师教学自主

在19世纪末实现工业化后，美国社会各个方面都在急速发展变化着。如何培养适应社会快速发展、具有解决社会发展问题能力的人成为学校教育的重要问题。教师在兼顾社会变革和学生个性两方面因素下开展教学，成为进步主义教育变革的重要尝试。作为“一流的教师创办的一流学校”，1896年开设的杜威学校便是一个重要的进步学校的实验尝试。杜威学校的许多教师是杜威早先熟识、接受过高等教育的人员，如任教时间最长的凯瑟琳·坎普（Katherine Camp）①，为杜威学校深入开展实验探索奠定了重要的师资基础。

在杜威学校，教师在教学过程中是指导者，学习是教师的主要任务；对于学生来说，学习只是活动的副产品。② 教师们根据自身的经验、学生的兴趣开展丰富的课程，使用多样化的教学方式。教师们不

---

① 结婚后更名为凯瑟琳·坎普·梅休（Katherine Camp Mayhew）。为保持一贯性，本书将沿用凯瑟琳·坎普。

② See Katherine Camp Mayhew and Anna Camp Edwards, *The Dewey School* (New York: Appleton-Century, 1936), p. preface ⅵ.

断地发挥想象力，探究并指导学生活动；学生们也在已有的生活经验基础上，通过参与自己感兴趣的活动发展多方面的能力。[①] 教师不断地帮助学生选择材料、有序地开展活动，达到学生所期望的目的。教师在教学、学校管理中具有完全的自主性，教师的积极引领和探索为学校注入了源源不断的动力。恰如杜威所言："学校的开办、管理，学科的选择和实施，以及教学，实际上都是掌握在教师手里的；教育原则和方法是不断发展的，而非既定安排好的。"[②] 教师在这个过程中具有很强的职业认同感和满足感。安娜·坎普（Anna Camp）指出："在（杜威）学校的教学经历充满了冒险精神，影响着我今后的人生态度。"亦有教师指出："珍贵的学校岁月是我人生中最快乐的一段时光。"[③]

杜威学校取得卓有成效的实验成果在很大程度上与其较高的师资要求有很大的关系。杜威曾指出，一名合格的教师应具有如下条件，一是接受过良好、全面的教育，尤其要具有科学知识，可以应对低年级学生的科学问题；二是拥有与小朋友相处的丰富经验，至少可以自然、轻松、友好地对待他们；三是有实践和执行能力；四是思想开阔，具有制订总体规划、目标的专业知识技能。[④] 可见，教师具有专业知识（含儿童心理学相关内容）、专业能力和思维是杜威学校顺利开展的重要保障。教师可以在学校课程、教学、管理上拥有充分的表达空间，并保持工作热情。

纽约市一所文法学校的教师奥斯瓦尔德·施洛科（Oswald

---

① See Althea Harmer, "Textile Industries," *The Elementary School Record* 1, No. 3 (Apr. 1900): 79.

② John Dewey, *School and Society* (Chicago: The University of Chicago Press, 1907), pp. 115-116.

③ Ralph Tyler, "The Long-Term Impact of the Dewey School," *The Curriculum Journal*, No. 2 (1992): 5.

④ See A Letter from John Dewey to Frank Manny, March 16, 1896, *The Correspondence of John Dewey* (Carbondale: Southern Illinois University Press, 1999-2004).

Schlockow）先后在《纽约教师谈》发表的文章也反映出教师对教学的自主性反思、探索创新的尝试。如在针对当时流行的个体教学和班级教学争论上，施洛科认为，出于经济节约的原则，有必要采用将不同的个体结合成不同群组的形式来开展教学。社会环境迫切要求进行班级教学，但随性的分组教学又常常会导致浪费。因此，为了使教师教学效果达到最大化，班级教学需要满足一些条件。第一，班级中的个体需要具有同等的动力和能力，但也并不是要求学生们在身体素质、思想上完全统一。第二，有效的班级教学依赖于个体的数量。从理论上来说，只要我们分级合理，班级大小对教学效果并没有影响，但事实上，教师的精力有限，学生过多则会导致教学效果欠佳。诸如导生制的教学方式，除了经济节约外，所取得的效果并不理想。第三，班级的物质条件，如教室的空气流通条件、位置、大小、设备和光线等。除非考虑以上这些条件，否则合理的分级和小型班级的优势则会不复存在。①

次年，施洛科又对课堂教学是否应该采用“争论”的教学方式进行了探讨。他指出，建立公共学校要发挥出培养个体应对环境的功能，现实生活亦需要通过争论来说服他人，课堂教学应当采用适当的方式来开展“争论”教学。在具体的课堂实践上，他提出如下具体建议。

首先，在选择问题上，教师要关注学生生活中存在的问题，以使学生产生兴趣并有一定的认识。

其次，讨论的主题用句子表达出来，每个学生都可以讨论自己认为正确的观点。强迫学生去维护自己不认同的观点往往会导致学生失去兴趣，提出肤浅的观点。

再次，确定主题后，教师应鼓励全班学生自由讨论这一主题，然

---

① See Oswald Schlockow, "Individual Versus Class Instruction," *New York Teachers Monographs* 3, No. 1(Dec. 1900): 1-6.

后将讨论所得的观点列举到黑板上，最终按照逻辑顺序排列。

最后，他还列出两个争论性问题对自己的建议予以佐证（详见表2-7和表2-8）。

表 2-7　保护性关税对我们国家最有利

| 同意 | 不同意 |
|---|---|
| 1. 可以为国内产品创造市场，因而可以给工人阶层提供雇佣工作 | 1. 美国工人应该致力于那些超越其他民族国家的工业领域 |
| 2. 创造新的工业领域并推动其发展 | 2. 关税制造垄断并推动其发展 |
| 3. 收取外国人关税 | 3. 迫使美国人向某些产品支付更多资金 |
| 4. 政府获得大量的岁入，可以用来改善民生 | 4. 岁入结余可能会导致政府奢侈浪费 |

资料来源：Oswald Schlockow,"Argumentation," *New York Teachers Monographs* 3, No. 3(1901):108-109.

表 2-8　金钱是福还是祸

| 福 | 祸 |
|---|---|
| 促进工业发展 | 制造焦虑，导致浪费 |
| 购买生活必需品 | 导致自私、贪婪、不信任 |
| 有能力去做善事 | 导致邪恶、骄纵 |

资料来源：Oswald Schlockow,"Argumentation," *New York Teachers Monographs* 3, No. 3(1901):108-109.

在教学过程中，施洛科提出，教师应当注意引导学生关注到其构思的观点与其所学东西之间的关系，如学过的字词、措辞、侧重点，以及学生的描述能力、知识储备等。教师应引导学生认识到上述内容的主要依据源自何处。

在讨论材料的选取上，施洛科认为可以从身边选取充分的材料，如行政事务是否有利于一个国家的发展？文盲可以被允许投票吗？黑人应该享有和白人同等的特权吗？应该镇压垄断组织吗？美国参议员应该由大众投票决定吗？市政公共事业是否令人满意？政府是否应该向年长的工人提供养老金？等等。①

无论是整个杜威学校教师的探索实验，还是施洛科的反思创新，事实上都体现出专业教师根据现实社会发展对教学或教育学生进行变革提升的尝试。进入 20 世纪后，关于教师开展教学的话语已经和学生个性、社会变革紧密地联系起来。在 1913 年召开的全国教育协会年会上，南卡罗来纳州温思罗普师范与工业学院（Winthrop Normal and Industrial College，Rock Hill，South Carolina）的院长戴维·B. 约翰逊（David B. Johnson）指出："现如今，如果某位教师不能将学校教育和社会活动、利益结合起来，并让学校如家、如普通生活一般的话，那么这位教师则不再被认为是好教师，也不会被擢升到更高的位置。"②

事实上，教育理论的深化发展在提升教师专业知识理论的同时，也推动和保障教师更好地运用哲学、科学发展成果。随着 1890 年前占据主导地位的官能心理学让位于充满活力的生物心理学，越来越多的教师摒弃记诵的教学方式，通过观察、实验等方式引起学生的学习兴趣，鼓励学生思考。教师强调学生动机的同时，也更加注意学生的主动性学习和个体差异。这些变化从 19 世纪末至 20 世纪初的进步学校

---

① See Oswald Schlockow,"Argumentation,"*New York Teachers Monographs* 3,No. 3 (Jun. 1901):106-110.

② David B. Johnson,"Reponse to Address of Welcome"(National Education Association of the United States,Journal of Proceedings and Addresses of the Fifty-first Annual Meeting, held at Salt Lake City,Utah,July 5-11,1913),p. 30.

中，以及那些与教育哲学、心理学理论发展与时俱进的教师的课堂中得到明显的体现。

从美国教师专业知识的探索发展可见，19 世纪的美国教师培训学校得到了很大的提升，教师培训的需求越来越普遍，教育学文献也在 19 世纪后期得以重写，更具有科学和学术精神，勾勒出美国教师培训的主要框架。[①] 进入 20 世纪，在以哥伦比亚大学教师学院为代表的专业学院的努力下，教师专业的知识范畴得到进一步拓展、深化，奠定了美国教师专业化的基础。在这个过程中，教师通过培训获得的专业知识更为系统化，松散的教师学会等逐渐让位于师范学校（学院）、大学，教师在职培训让位于职前培训。同时，教师专业知识培训由教学艺术逐渐转向广泛的学科知识、教育理论（如教学法、教育史、教育学、心理学等）。教师在培训中通过实习或执教后继续学习等方式，所获的实践类知识（显性的和隐性的知识、情境知识、策略知识等）也在不断地增长、强化，教师不再仅仅依据个人零散的教学经验，无章可循地开展教学。不断强化的教师专业知识培训与各州、各地区教师任职的规范化，一并推动了教师职业向专业的发展演变。

教师群体受教育水平的提高、专业知识的增长及任职条件的限制等都说明了教师是一个需要不断学习的职业，进而也证明了教师职业具有诸如律师、医生等专业性特征。教师不再像行业人员（tradesman）或匠人（craftman）那样主要根据其工作习惯、通过试错变换具体操作实践的方式掌握一系列个别任务对象，而是通过具备独特的教学、教育知识经验，而不断地探寻其内在理论、原则。因而，教师的专业发展使其与行业人员或匠人相区别的界限愈发清晰，未接受过教师培训

① See Elmer E. Brown, "Educational Progress of the Past Fifteen Years" (National Education Association of the United States, Journal of Proceedings and Addresses of the Fifty-third Annual Meeting and National Congress on Education, held at Oakland, California, August 16-27, 1915), p. 52.

的教师则因难以满足复杂的学校教育之需而被排挤在教学门外；接受过系统的教师培训、具备专业知识技能的教师则处于更加有利的专业地位。同时，随着教师专业知识培训的系统化、知识学历的增长，教师群体逐渐意识到结社对其专业发展的重要性和必要性，并更为积极地组建和参与教师团体，合力推动教师职业获得更有利的发展环境，提升教师的专业地位。

# 第三章　教师职业社团的创建

总的来说，我们有两类教师社团：一类是纯粹的教育学社团，讨论读、写、算教学，对教师反思教育学和教学方法起到有效的作用，且不会惹上任何麻烦；另一类教师组织则附属于工会组织或工人联合会，以保障教师的个人利益、薪水、任期和职位。①

——约翰·杜威

美国教育的地方性特征在很大程度上决定了各地学校教师根据当地需要和自身能力独自开展教学，鲜有范围较大的教师群体组织。同时，教师职业从业人员流动性强、稳定性低等特征，也导致长期以来从教人员鲜有机会通过教师组织或结社等途径寻求职业晋升。进入 19 世纪，以推广公共学校运动为目的的教育学会逐渐建立起来，教师群体或主动或被动地参与到这些学会组织的活动中，并在这个过程中逐渐认识到，结社是联结教师个体的有效途径，也是提升教师职业尊严、认同感，增强教师责任感，以及提高教师经济地位的有效方式。以全国教师协会（后更名为全国教育协会）为代表的全美第一大教师组织和以芝加哥教师联合会等为代表的地方性教师组织便是杜威所总结的两类教师社团的典型，它们分别从教育教学和教师经济待遇的角度提

---

① John Dewey, "Professional Organization of Teachers," *The Journal of Education* 90, No. 16(1919): 428.

升教师的专业地位，推进教师专业化。

## 第一节　教育协会与教师教学专业的寻求

早期教师结社主要关注的是公共学校教学问题。随着 19 世纪后期公共教育制度的日趋完善，以及关于教育科学讨论的深化，以大学教授、校长、督学等为代表的教育领军人物又将全国教育协会等教师组织关注的问题逐渐导向教育哲学、课程以及全国性教育政策等问题。

### 一、早期教育社团与教师结社的萌芽

19 世纪以来，大量的教育学会（详见表 3-1）建立起来。早期的教育学会主要是为了推动公共学校运动的发展，保障共和国公民的培养。这些教育学会往往将教师群体视为公共学校发展的重要组成部分，并将教师专业化视为提升公共学校教育的重要保障。因此，早期教育社团组织不断地将教师纳为会员，从而使教师们看到社团组织在发展教育事业上起到的重大作用和发挥的重要功能。

表 3-1　19 世纪中期前成立的教育组织

| 时间 | 协会名称 | 变更 | 性质及活动 |
| --- | --- | --- | --- |
| 1811 年 | 纽约市的慈善和文学教师协会 | 1828 年数学俱乐部取而代之 | 男性成员；收集国内外信息，帮助建立分级学校制度，建立中学，提升学会成员的名望、地位 |
| 1812 年 | 波士顿镇及邻近地区青少年教师协会 | 1835 年更名为文法学校教师协会 | 男性成员；与纽约教师协会类似，此外还向会员提供帮助、借款等 |

续表

| 时间 | 协会名称 | 变更 | 性质及活动 |
| --- | --- | --- | --- |
| 1817 年 | 宾夕法尼亚公共经济促进会 | 1827 年分裂，其中一支为宾夕法尼亚公共学校促进会 | 推动公众支持学校建设 |
| 1826 年 | 美国学园 | | 覆盖多个州；提议建立师范学校、征收学校税收、建立图书馆、向成年人开办讲座等 |
| 1829 年 | 西部学术学会和教育董事会 | 西部文化学会和专业教师学院 | 覆盖多个州；创办《西部学人和教育与科学杂志》（*The Western Academician and Journal of Education and Science*），对西部和南部的教育的发展提升，以及保障免费公共学校的建立产生了强有力的影响；资助加尔文·E. 斯托（Calvin E. Stowe）考察欧洲教育，并发表《欧洲初等教育报告》（“Report on Elementary Education in Europe”） |
| 1830 年 | 美国教学学会 | 1845 更名为罗得岛社团 | 覆盖英格兰地区；起初将文法学校和公共学校教师排除在外；集中联合人力，推动改良美国教育条件，推动任命州督学、建立师范学校 |
| 1845 年 | 区办学校教师协会 | 1848 年被纽约市和县教师协会取代 | 男性成员；致力于讨论当时的教育问题、演讲等 |
| 1849—1858 年 | 全国教育之友协会 | 1850 年更名为美国促进教育协会 | 全国性组织；贺拉斯·曼任会长；为致力于推动美国教育发展的人提供沟通交流的平台，保障个体、学会和立法机构的合作，以更系统、有力地提升教育质量 |

资料来源：Willard S. Elsbree, *The American Teacher: Evolution of a Profession in a Democracy* (New York: American Book Company, 1939), pp. 241-248; John Lathrop, Jr., *Address Delivered before the Associated Instructors of Boston and its Vicinity, on the First Anniversary* (Boston: Printed by John Eliot, 1813); National Convention of the Friends of Public Education, *Proceedings of the National Convention of the Friends of Public Education* (Philadelphia: E. C. & J. Biddle, 1849), passim.

根据表 3-1 对早期教育协会、教师协会的不完全统计可见，诸多学会是将教师排除在会员之外的。纵然有部分协会允许教师加入，但教师群体并非是其主要成员，亦不是协会关注的主要对象。虽然许多有识之士业已认识到美国公共学校发展的关键在于施教的教师，并建立相关的社团组织来推动教师发展，但这些组织更多地是由外行人士推动建立的，教师并不是主动发起者。这就意味着公共学校教师作为新兴的、充满活力的群体，在建立学会和发展自身、社团上很少具有主动性。美国教育方面的学会、组织设立的主要目标是推动面向所有孩子的、公共税收资助的免费学校的发展，而教师职业发展则居于附属地位。

随着公共学校的普遍建立，教育质量、教师问题也逐渐受到关注。城市公共学校制度的不断建立，使得城市学校教师面临着诸多相似的问题。诸如纽约、波士顿等较大的城市都逐渐建立起教师协会，虽然教师协会早期的作为不大，但通过参与社团或结社，教师们逐渐地认识到以组织的形式联合教师在争取立法机关有利地位上的优势。越来越多的教师组织成立，教师也越来越多地参与到社团组织中来。

至 19 世纪中期，县级教师组织也已较为常见。这些教师组织常常对当时存在的教育问题进行演讲和辩论，启发教师和教育工作者的思考；还向学校董事会提出请愿，其获得回应的速度比教师个体发出的请求获得回应的速度更快。与此同时，诸多州教师组织也不断建立，以解决非区域性的教育、教师问题。1845 年，马萨诸塞州、纽约州、罗得岛州各建立起州教师协会，并分别在波士顿、雪城（又名锡拉丘兹）、普罗维登斯召开第一次会议。值得一提的是，由于各州教师主动或被动地参与，教师成员在这些州的教师组织中占据多数，但均以男性督学或管理者居领导地位。至 1856 年，全国教师协会（全国教育协会的前身）建立前一年，全美 31 个州已有 17 个州建立教师组织。除马萨诸塞州、纽约州、罗得岛州外，其他 14 个建立教师协会的州依次是俄亥俄州（1847 年）、康涅狄格州（1848 年）、佛蒙特州（1850 年）、密歇根州（1852 年）、宾夕法尼亚州（1852 年）、威斯康星州（1853 年）、伊利诺伊州（1853 年）、新泽西州（1853 年）、艾奥瓦州（1854 年）、新罕布什尔州（1854 年）、印第安纳州（1854 年）、密苏里州（1856 年）、北卡罗来纳州（1856 年）、亚拉巴马州（1856 年）。① 虽然这些组织各自运行、互不干涉，但是它们均较为关注协会成员的发展提升，以及全州公共教育的发展、管理这两个方面。1865 年出版的第十六期《美国教育杂志》刊登了康涅狄格州、佛蒙特州、密歇根州、宾夕法尼亚州等地的教师组织、教育协会及其会议状况，从中可以总结出各州教师组织从建立以来举办的会议上所关注的话题（详见表 3-2）。

---

① See Ellwood P. Cubberley, *Public Education in the United States: A Study and Interpretation of American Educational History*(*revised edtion*)(Boston: Houghton Mifflin Company, 1947), p. 708.

表 3-2 1845—1860 年州教师组织年会上具有代表性的演讲、发言的主题统计

| 综合性问题 | 方法和规训 | 管理和学校组织 |
|---|---|---|
| 女子教育 | 语音 | 学校治理 |
| 谁应该成为教师 | 阅读 | 州学校立法 |
| 公民职责 | 口授 | 教师报酬 |
| 逃学原因及应对策略 | 学习方法 | 分级学校 |
| 教室设施 | 实物教学 | 义务性出勤 |
| 国民福利发展依赖于普及教育 | 分析性和综合性教学方式 | 教师考评 |
| 当代的教育 | 教材 | 县、镇督学 |
| 圣经的使用 | 初等教学 | 男女合校 |
| 教师学会 | 普遍存在的教学失误 | 州对学校担负的责任 |
| 师范学校 | 心算 | 教养院 |
| 教育的收益 | 规训 | 学校监管 |
| 普通智识文化对手工劳动者的影响 | 体罚 | |

资料来源："Educational Conventions and Associations in Connecticut," *American Journal of Education* 15, No. 16(1865):593-616;"Educational Conventions and Associations in Vermont," *American Journal of Education* 15, No. 16 (1865):617-632;"Educational Conventions and Associations in MIchigan," *American Journal of Education* 15, No. 16(1865):633-646;"Educational Conventions and Associations in Pennsylvania," *American Journal of Education* 15, No. 16(1865):647-687;"Educational Associations in the United States," *American Journal of Education* 15, No. 16(1865): 819-828.

各州教师协会为了更好地推广教师教学信息，不断地发行期刊，如《罗得岛教师》(*The Rhode Island Schoolmaster*，1845 年)、《马萨诸塞州教师》(*The Massachusetts Teacher*，1848 年)、《纽约州教师》(*The New York Teacher*，1852 年)、《俄亥俄州教育月刊》(*The Ohio Educational Monthly*，1852 年)、《宾夕法尼亚州校刊》(*The Pennsylvania School Journal*，1852 年)、《伊利诺伊州教师》(*The Illinois Teacher*，

1854年)、《印第安纳州校刊》(*The Indiana School Journal*, 1856年)、《威斯康星校刊》(*The Wisconsin School Journal*, 1871年)。

这一时期教师协会数量的增多并没有改变教师不是协会关注的要点问题或处于协会边缘地位的现象，教师问题仍然作为公共教育问题的一个组成部分受到关注。

随着教育社团的不断发展，以及各州教师协会的不断建立，倡导建立一个全国性的教师组织，以统一领导推动各州教育发展、代表教师发言的呼声不断高涨。早在1838年美国学园便建议组建全国性的教师协会，但因遭到许多知名外行和教育政府官员的毅然否决无疾而终。时隔11年，全国教育之友协会于1849年成立，意在通过全国性大会来组建一个由教师、督学及教育之友组成的全国性教育组织。在其第一次会议上，来自全美15个州的教师、督学代表等参加大会，在一定程度上标志着早期主要由大学学者、宣传人员组成的教育组织，向主要由学校教师、监督官员组成的现代教育组织的转变。① 不过，全国教育之友协会仅仅维持了8年，便于1857年全国教师协会成立后解散，其成员也大都被后者吸纳。

## 二、全国教师协会与教师教学专业的发展

组建全国性教师组织的理念曾由美国学园、全国教育之友协会等教师组织提出，但真正采取行动，将一线教师团结起来的专门组织一直至1857年才真正建立起来。在此之前，各州教师组织也曾多次提及建立全国性教师组织，纽约教师协会（New York Teachers Association）会长托马斯·瓦伦廷（Thomas Valentine）从实际行动上将此提议进行

① See Ellwood P. Cubberley, *Public Education in the United States: A Study and Interpretation of American Educational History (revised edition)* (Boston: Houghton Mifflin Company, 1947), p. 706.

了落实。1857 年，他撰写了一封呼吁建立一个全国性教师社团的邀请函，具体内容如下。

> 我们相信各州教师社团取得的成就同样也可以在全国范围内通过一个全国性教师社团取得。我们在此签名邀请全国教育者同行齐聚一堂……成立一个全国性教师协会……我们诚挚地将该邀请函送呈至东西南北所有愿意团结起来的一线教师，通过集合众人的智慧和能力、散播所有人积累的经验来推广我们祖国的全体福祉；送呈至所有准备好投入精力、利用各种途径提升教师职业地位、责任和效用，以及那些相信时不我待，认为全国的教师应该联合为一个广大的教育界的兄弟姐妹家庭的人。①

邀请函得到了纽约州和马萨诸塞州等 10 个州教育协会会长的签名支持。② 随后，这封邀请函邮寄发往全美各州、地区，并促成了全国教师协会的建立。在费城举办的全国教师协会成立大会上，来自 8 个州的 43 位教育者积极地商讨如何在公共教育事业领域中团结起来，在全国范围内达成一致性意见。成立之初，协会会员仅限男性，两位参会的女性仅以荣誉会员的身份参与并签署了协会章程。

同一时期，其他职业也纷纷建立其全国性社团组织，且与全国教师协会的发展具有很大的相似之处。一方面，这些全国性专业社团发展的早期阶段成员较少，全国教师协会初创时有 43 人，美国律师协会（American Bar Association，1878 年建立）建立时有 73 人，美国建筑学会（American Institute of Architects，1857 年建立）仅有 12 人，美

① "National Education Association," accessed June 23, 2017, http://www.nea.org/home/11608.htm.

② 其他 8 个州分别是密苏里州、新罕布什尔州、印第安纳州、宾夕法尼亚州、佛蒙特州、艾奥瓦州、威斯康星州、伊利诺伊州。

国公共会计协会（American Association of Public Accountants，1887年建立）则仅有10人；另一方面，如科里纳·吉尔伯（Corinne Gilb）所述，这些社团早期成立的目的仅仅是方便同行交流相关信息，或在该领域起到推广、组织活动的信息交换中心作用。因此，大多数专业社团都曾是中年白人男性在其专业领域处于较高的地位，且其拥有打理协会的自由时间。许多专业团体在创建早期都以正式或非正式的方式将女性和少数族裔排除在外。虽然男性主导的全国教师协会在1866年允许女性成为会员，但大部分女性在19世纪都加入了当地的女性教师协会。①

1858年8月11—13日，在协会成立一周年的辛辛那提年会上，会长扎尔蒙·理查兹（Zalmon Richards）做了题为《教师的工作以及全国教师协会在改善教学专业的性质、增长教学专业收益上的努力》（"The Work of the Teachers, and the Agency of the National Teachers' Association in Elevating the Character, and Advancing the Interests of the Profession of Teaching"）的就职演说。他指出，协会的一个重要目标是"使教师工作更有效，获得更完满的成功"，只有这样才能改善教师工作的性质，增长教师收益。为了达到这一目的，首先所有合格的教师都应该具有专业性。合格的教师最有资格去检验、考察哪些人更适合进入教学专业领域，教师也要被赋予合理的法律权利以确保获得合理的保护和收益，仅仅抱怨并不能获得想要的尊敬和认可。在提升教学专业水平的工作中，最大的障碍来自教师自身——教师并没有独特的品质来赢得人们的尊敬；教师任期短暂，或仅仅将职位视为晋升

① See Corinne L. Gilb, *Hidden Hierarchies: The Professions and Government* (New York: Harper & Row, 1966), pp. 128-129.

的阶梯；很多不合格的教师走上教学岗位，仅仅满足于谋求生计。[①]

理查兹的演讲充满了实用性理念，其开阔的眼界也受到了普遍的好评。将教学提升为专业，使合格的教师享有专业人员身份的宏图大志成为全国教师协会初创之时关注的重点。协会成立后的前几十年，教学作为一门专业的理念受到了持续的关注，随后许多年热度下降后，再次引起了人们的关注。

1864年，宾夕法尼亚公立学校的副督学塞缪尔·P. 贝茨（Samuel P. Bates）总结指出，教育从未被视为一门科学，教学也从未被视为一门有学问的专业。事实上教学也从未成为一门有学问的专业。我们可能说过很多关于教学的崇高目标，还说过教学作为一项事业的价值，以及宣称它成为一门有学问的专业等，这些都是值得探讨的主题，我们也阐述了很多有分量且有说服力的观点，但我们却没有证据证明教学有着崇高的目标，并且值得被列为一种有学问的专业。学习这门专业和开展教学实习的人员在哪里？致力于科学教学的学校在哪里？[②] 贝茨的总结不仅指出了教育和教学在当时面临的问题，同样也反映出二者在未来的发展中面临的困境。在全国教育协会召开的年会中，人们不断地重申教学应该发展成为一门专业，并且对教师提出诸多的要求和期待。这从协会的年会记录中讨论的主题、演讲，以及成立的调查委员会所关注的问题便可窥见一斑（详见表3-3）。

---

① See Zalmon Richards, "The Work of the Teachers, and the Agency of the National Teachers' Association in Elevating the Character, and Advancing the Interests of the Profession of Teaching" (The Journal of Proceedings of the National Teachers Association at the First Anniversary, held in Cincinnati, Ohio, August 11, 1858, with the Consititution and Lectures), pp. 38-39.

② See Samuel P. Bates, "Liberal Education" (National Teachers Association, Proceedings of Fifth Annual Meeting, held at Ogdensburg, New York, August 10-12, 1864), pp. 40-42.

表 3-3 1870—1915 年全国教育协会关于教师的主题讨论（部分）

| 年份 | 讨论部门 | 讨论主题 |
| --- | --- | --- |
| 1870 年 | 美国师范学校协会 | 师范学校的学习科目，对众多教师开展专业教学的方式，心智科学在教学中的运用，实物教学 |
| 1875 年 | 师范部门<br>初等教育部门 | 教师的专业培训，教师和改革的关系 |
| 1880 年 | 全体大会<br>师范学校部门 | 全国教师的生活保险，教育专业形成发展中的阻碍因素 |
| 1885 年 | 全体大会 | 理想的教师，教学作为人类的一项事业 |
| 1890 年 | 全体大会<br>理事会<br>初等教育部<br>师范部 | 师生的组织、制度和原创性、个性对比，任命教师方案，教育文献对专业教师的重要性，教师阅读圈，教师与父母，师范学校对培训教师的价值 |
| 1895 年 | 全体大会<br>督学部<br>中等教育部<br>师范部 | 师范学校、学院的教师专业培训，如何造就和毁坏教师，教师的专业责任和义务，城市学校的教师供应来源，提升教师效率，如何对待不思进取的教师，教师提升，大学与教学专业的关系，中等学校教师培训，教师作为专家 |
| 1900 年 | 督学部<br>师范部<br>学校管理部 | 提升教师效率，黑白、印第安人教师培训，学校董事会与教师的关系 |
| 1905 年 | 全体大会<br>督学部<br>圆桌会议<br>师范部<br>音乐教育部<br>商业教育部 | 未来教师薪资，公立学校效率提升与进步教师，教师资格认证，师范学校与提升初等学校教师效率，师范学校与大学合作培训中小学教师，小学教师与音乐教学的关系，商业教育教师的资格，各州是否该规范教师薪资，师范学校印第安教师的培养 |

续表

| 年份 | 讨论部门 | 讨论主题 |
| --- | --- | --- |
| 1910年 | 全体大会<br>督学圆桌会议<br>师范学校部<br>手工训练和艺术教育部门<br>商业教育部<br>科学教学部<br>特殊教育部 | 教学培训，乡村学校教师的需求和保障，农村学校教师培养，工业教师的培训，商业教师的专业培训，中等学校科学部与初等学校教师的关系，特殊教师的资格和培训 |
| 1915年 | 全体大会<br>督学部<br>初等教育部、音乐教育部<br>一线教师部 | 农村教师的效率和培养，（英国）全国教师工会的发展和组建，教师培训，教师的聘用薪资和任期，教师聘用、教师效率、教师晋升，初等学校教师的发展，家庭教师，特殊教师，面向教师的拓展服务，初等教师培训的重点和避讳，农村教师培训的发展，州立师范学校和中学教师的培训，学院的中等学校音乐教师培训，教师薪资、任期和养老金，教师工作评定 |

仅从全国教师协会和美国师范学校协会合并当年的会议记录可以发现，相较于美国师范学校协会对教师学习科目、实物教学等教师教学方法的关注，全国教师协会的报告更多地涉及教育理论方面的内容，如全国政府与公共教育的关系、美国教育的理论、免费公共学校对州有何作为等。

通过对 1870—1915 年全国教育协会关于教师主题讨论的不完全统计也可以看出，协会更多的是表达对教师、教学的期待要求或标准，关注重心是教师培训、教学规范、教师聘用、教师评价等问题，是一种由上而下的“上帝”视角。协会希望通过不断地强调师范学校、学院等对教师的专业培训，保障学校教育对专业教师的需求，提升教师的教学水平、工作效率，进而实现公立学校的良好发展。

1887 年的年会上，时任斯金纳学校（Skinner School）校长的艾拉·F. 扬探讨了好的教学和坏的教学。她指出，公共学校制度的历史虽短，却有无数的教学活动尝试，使人难以区分哪个教学活动更荒唐、哪个更贴合新的理论方法，抑或哪个抛弃旧的理论方法的速度更快。她认为，教师要有智慧，负责任地研究所教内容的价值，并将其作为传播信息或思想发展的因素，进而可以教导大众迅速发现并谴责那些细小的假象、枯燥乏味的常规和一些毫无思考的模仿；而教师真正的优点、不断发展的教学方法及深思熟虑的创意将会受到重视，且其将被视为每个拥有教师光荣称号的人可能具有的品质。① 艾拉·F. 扬担任过教师，理解教师，即便是后来担任芝加哥的督学依然同情教师，希冀提升教师的专业地位。她从女性管理者视角区分好、坏教学不仅是对教师寄予的希望和要求，也是对如何提升教师专业化的反思。同时，这也反映出人们对教师专业化的理解仍然是更多地从教学专业化的角度去探讨的。

各部门所做演讲、讨论的代表人主要是教育领域的知名校长、教育管理者，鲜有一线任课教师的身影。当然，协会所关注的公共学校、教育专业发展策略谋划等宏大的教育问题既不是在一线任课教师能力范围之内可以解决的事务，也不是他们在日常教学生活中真切关注的问题。

19 世纪后期，全国教师协会的更名和改组亦反映出其关注问题重心的变化。1870 年，全国教师协会与 1866 年组建的全国督学协会（National Association of School Superintendents），以及美国师范学校协会（American Normal School Association）合并，更名为全国教育协

① See Ella F. Young, "How to Help People to Discriminate Clearly Between Good and Bad Teaching" (The Journal of Proceedings and Addresses of the National Education Association, Session of the Year 1887, held at Chicago, Illinois), pp. 245-249.

会。合并后的协会从一个由教师为主的组织转变为一个由督学、教授和高等院校校长主导的更为宽泛的教育论坛和游说集团。这也自然标志着全国教育协会对教师专业发展的关注将有所下降，与学校教育相关的广泛问题将成为协会工作的内容。1880 年，全国教育协会创办全国教育理事会（National Council of Education），由当时的教育领军人物组成。一直以来，理事会成员被全国教育协会的其他会员们默认为是当时美国教育界最顶层的精英团体的代表。理事会中的 60 个成员组成管理委员会，单独举行会议对教育问题进行深入仔细的调查、讨论，并在年会上作相关报告。在调研基础上，还会有一名知名的教育者对当年的教育进展发表演讲，并根据存在的问题提出相关建议。在 19 世纪末的教育界内外开展关于公共学校的课程、教学方法、组织结构改革的争论时，全国教育理事会发挥着全国性教育议程发展的发起性论坛的作用，这从协会先后建立的以处理教育中不同问题的委员会上便可窥一二。如随着中等教育合法地位的确立，全国教育协会不断地增加对中等教育问题的探讨。全国教育理事会作为全国教育协会的核心部门，至少在 20 世纪之前主导开展教育调查研究活动的过程中，关注的问题多以教育专业化为主，鲜有关注与一线任课教师利益切实相关的教育问题。

由此也可以看出，协会早期的设想——将教学像法律和医学一样作为一种职业进行专业化的工具，协会领军人物努力使教学专业获得更高的声望，教师培训更加标准化，教师获得更高的薪资，教师对其教学拥有更多的发言权，而不仅仅是由改革者、政治家和社区成员掌控——已在很大程度上发生了改变。随着协会改组的完成，领导层开始转向教育立法，而不再仅仅强调课堂条件的改变。虽然协会讨论的教育问题都与从事教学工作的教师相关，但教师在协会中主要是作为教育问题呈现的，而非以主体的身份去提出问题及解决方案。当然，这在很大程度上与协会的现实处境和发展策略息息相关。初创时期的全国教师协会摇摇欲坠，并不是一支强大的组织力量。为了更好地维持运营、提升自己的社会地位，全国教师协会忙于联合其他与公共学校相关的教育组织力量，调整部门设置，无暇对一线教师的专业发展、教师的问题采取联合一致的行动；协会的领军人物与教师成员之间的关系亦是不够紧密，交流甚少，这也导致了协会最初设定的重大目标在很大程度上并未取得显著成效。随着全国教育协会的改组和发展变化，协会逐渐形成以各州和城市的教育管理者、教育学教授、大学校长、中小学校长为领导者，以教师群体为追随者的科层组织。像公共学校运动以后，管理者担心年幼的教师难以很好地完成教学一样，协会的管理者担心教师参与协会管理会影响协会政策的稳定性。这就意味着绝大多数的教师在推动自身专业发展上并不具有主动性，反而常常处于被动的地位。与此同时，作为中小学教师主体的女教师一直受到排斥，不具有协会成员资格，进而在很大程度上限制了协会的规模，导致其会员数量具有不稳定性。① 在以女性占据多数的教师社团中，由男性管理者占主导，已在很大程度上反映出教师缺少律师、医生等专业人员所具有的自主性，教师的专业地位未得到充分认可。

在推进教师教学专业化的过程中，全国教育协会对教师专业存在一些误解，如关于教师是天生的而不是后天培养的等广为人知的偏见，这在很大程度上阻碍了教师职业的专业化进程。甚至在 1899 年《全国教育协会师范学校委员会报告》（“Report of Committee on Normal Schools”）中仍然使用了大量的类似术语。在“师范学校的功能”（Function of the Normal School）部分，委员会报告就师范学校申请者应具备的基本

① 1887 年全国教育协会成立 30 周年时拥有会员 9115 人（含活跃会员和准会员，下同），1890 年拥有会员 5474 人，1895 年拥有会员 11 297 人，1900 年拥有会员 4641 人。See “Record of Membership by States in the National Educational Association for Each Year from 1884-1900”(National Education Association, Journal of Proceedings and Addresses of the Thirty-ninth Annual Meeting, held at Charleston, South Carolina, July 7-13, 1900), p. 801.

条件指出，成熟（maturity）、身体健康（good health and soundness of organs）、天生适合教学（natural fitness to teach）、具备常识（common sense）——对常见事务具有良知（intuitive knowledge）、高尚（high-mindedness）、天赋才能（native ability）这6个条件是根本性的、固有的、内在的，从最本质上构成了所有学习、文化、生活的矩阵（matrix）。师范学校的强项就在于识别申请者所具备的上述条件，而这项功能十分重要。而对申请进入师范学校的学生入学条件，则较为简洁地述及应当具有高中文化程度。① 从上述基本条件所用的"天生""高尚""天赋"等术语可以看出，时人仍然认为教师是天生的，只需要师范学校等机构识别即可。而这种言论对专业的教师培养来说很容易产生误导，甚至是危害，不利于教师职业向一门专业的发展演化。

总体而言，在推动教师的教学专业发展上，全国教育协会为教师群体起到了如下几方面的作用。第一，为全国各地的教师搭建了一个全国性平台，使分散在各处的感兴趣的城镇教师、乡村教师、女教师、男教师、小学教师、中学教师等得以团结起来，了解不同地区、不同层次的教师发展状况；第二，将协会划分初等教育、中等教育、师范教育、高等教育等多个部门，以主题的形式开展年会演讲、探讨教育领域的重要问题，在引导公众关注公共学校教育的同时，启发教师反思并提升教学；第三，不断地探讨提升教师教学标准，推动教师不断地提高专业发展意识。与全国教育协会同步发展的，还有各地逐渐增多的教师学会等开展的教师专业培训平台。如在许多州立法规范并予以资助的、主要在乡村地区举办的教师学会便吸引了众多在职教师参与，诸多教师从微薄的薪资中拿出一部分用来参加教师专业培训。据

---

① See Committee on Normal Schools, "Report of the Committee on Normal Schools" (National Education Association, Journal of Proceedings and Addresses of the Thirty-eighth Annual Meeting held at Los Angeles, California, July 11-14, 1899), pp. 839-840.

美国教育部长 1886—1887 年汇报称，全美有 2003 个教师学会，138 946 名教师参加学习。至 1907 年，全美 14.7%的教师是各州教师协会的成员，1916 年这个数据增长到 34.1%。[①] 越来越多的教师在美国各地逐渐地学会利用各种各样关于教师的团体组织，增强自我的职业认同感、责任感，促进教师专业化，提升教师群体在学校教育中的专业地位。也就是说，教师在各类组织社团中接受培训提升教学专业化的同时，其教师专业身份也得到了不断强化。

随着教师在全国教育协会中力量的壮大，教师逐渐成为协会经费的最大供给者，并对理事会在选任会长，以及管理经费、日常教育研究事务等方面的权力集中不断地表示不满。19 世纪沉默的教师在 20 世纪来临前已经意识到提升自身社会经济地位对专业发展的重要性。在以布鲁克林教师协会（Brooklyn Teachers' Association）和芝加哥教师联合会为代表的地方教师组织的推动下，教师群体不断自发地联合起来争取教师福利待遇的提升，希冀保障教师专业的发展，并不断地诉求全国教育协会对教师利益相关的问题投入更多的关注。

## 第二节　地方教师协会与教师经济地位的争取

19 世纪末 20 世纪初，教师争取提升职业经济地位的行动日益频繁。随着教师受教育程度的提高，专业知识技能的提升，教师专业意识的增强，教师群体逐渐地意识到薪资待遇对提升其社会经济地位和专业发展的重要性。在芝加哥、纽约等大城市里，一线教师不断建立起教师组织，以期提升自己的工作条件。这些组织主要是由女性教师组成，她们认识到自己被男性管理者和教育董事会利用，工作没有保

---

① See Albert Byron Crawford, "A Critical Analysis of the Present Status and Significant Trends of State Education Associations of the United States," *Bulletin of the Bureau of School Service* 4, No. 4(1932): 12.

障，也没有学术自由的权利，薪水也只有与其级别、经验和受教育水平相似的男教师的一半左右。这些教师组织关心的首要问题是薪水、工作条件和保障，认为只要这几个方面的问题得到解决便自然会提升其工作地位。① 在同当地的教育董事会、立法机关进行博弈，争取教师在薪资待遇方面获得稳定的保障上，布鲁克林教师协会和芝加哥教师联合会具有一定的代表性。

## 一、布鲁克林教师协会与教师待遇的保障

相较于全国性教师组织，地方教师协会的教师更占据主动性，对教师所关切的事物、兴趣更为敏感，在争取教师福利待遇上更具有针对性和实效性。在争取教师工资待遇的过程中，养老金逐渐成为一个较为突出的问题。随着教师发展成一项专职工作，越来越多的从教人员将其视为终身职业，而如何保障退休后的生活逐渐成为诸多教师关切的重要问题。

对于长期从教、没有走入婚姻殿堂的女性来说，养老金变得更为重要，因为她们没有积蓄，也没有孩子可以养活她们。伯克·博伊斯（Burke Boyce）笔下的凯斯小姐曾抱怨指出："教师职业受到了诅咒。教师饱受饥饿，却要滋养那些贪婪的人，最后变成教室里的老妖婆。这个老妖婆疲于教学，充满邪恶而不能照顾孩子，心力交瘁、声嘶力竭，像个满嘴鱼腥味的卖鱼婆。"② 约翰·斯威特（John Swett）在一首歌颂教师的打油诗中指出了教师所处的无奈境地："靠着信念活着，不

---

① See Lawrence A. Cremin, *American Education : The Metropolitan Experience , 1876-1980*(New York: Harper'& Row, 1988), pp. 238-239.

② Burke Boyce, *Miss Mallet : A Novel*(New York: Harper, 1948), p. 31.

期望有什么报酬。”①

起初，教师养老金问题主要是通过一些教师组织内部的自助性项目予以关注、宣传，主要是通过募捐的形式来提升教师群体的利益并支持年长同事。但对低收入的教师来说，这种自助性的项目很快便达到其承受能力的极限，养老金制度的建立愈发具有必要性。伊拉·卡茨内尔森（Ira Katznelson）和玛格丽特·威尔（Margaret Weir）指出，养老问题首先刺激了教师组织，从而为日后的冲突奠定了基调。②

日益增加建立起来的州、县或地方层面的教育委员会、教师组织，以及私立学校教师协会和教派学校教师协会，一方面与全国教育协会类似，积极地推动教师专业知识技能的提升；另一方面则根据当地教师的诉求不断地推动教师工资待遇、任期等朝着有利于教师的方向发展，从而提升教师的专业能力和专业地位。由于解散和重组的缘故，20 世纪之前的地方教师协会仅有 14 个，20 世纪前 20 年建立的地方教师协会有 121 个。③ 这足以说明随着教师数量的增加，越来越多的教师开始觉醒，认识到结社对教师专业发展的重要性。

在推动教师专业发展的地方教师协会中，较早建立的布鲁克林教师协会具有一定的代表性。它在成立之时便宣称每年举办四次类似于本市校长协会对教师们开展的文娱活动、两次以上由知名教育者开展的一流演讲，以及一次以上社会娱乐活动，而这些活动，所有持票会

---

① William W. Ferrier, *Ninety Years of Education in California, 1846-1936* (Berkeley, California: Sather Gate Book Shop, 1937), p. 67.

② See Ira Katznelson and Margaret Weir, *Schooling for All: Class, Race, and the Decline of the Democratic Ideal* (New York: Basic Books, 1985), pp. 108-109.

③ See National Education Association, Department of Classroom Teachers, *Teachers' Local Organizations: A Manual for Leaders* (Washington D. C.: National Education Association, 1937), p. 4.

员均可参加。[①] 布鲁克林教师协会在搭建教师交流学习平台的同时，也不断地关注教师的利益及兴趣。其中保障教师退休后的生活、游说建立公共资助养老金制度成为布鲁克林教师协会的一项重要工作。

1879年，布鲁克林教师协会在纽约州布鲁克林率先发起了美国第一部教师养老金立法活动，但这项议案并未能获得通过。经过十几年的酝酿讨论，养老金问题在1891年得到教育界诸多领军人物广泛的关注和讨论。全国教育协会1891年召开的年会表达了对从教30年的教师退休并领取养老金的支持，并通过相关决议。[②] 同年2月，纽约市的养老金提案也得到了州教育专员、督学的一致肯定和支持。[③]《教育杂志》（*Journal of Education*）在4月举办了主题为"教师是否应该获取养老金"（Shall Teachers Be Pensioned）的研讨会。其中，时任美国教育专员的哈里斯对养老金制度表示存疑：第一，养老金会逐年降低实际支付教师的工资；第二，妨碍教师养成节俭的习惯；第三，担心吸引一些不合格的人进入教师行业；第四，全国各地或各州的学校委员会和学校董事会中设立的组织可能都不具有持续性和稳定性，会危害养老金制度实验，且教师职业在大多数州薪酬不低，资质同等的条件下教师的薪资更高。因此，和社会大众保持同等节俭节约习惯的教师完全可以支付得起老年生活的开支。[④] 马萨诸塞州萨默维尔市（Somerville, Mass）督学C. E. 梅勒尼（C. E. Meleney）则明确表示支持养老金制度，他认为养老金并不会导致人们所担心的影响教学质量的问题，有

---

① See Willard S. Elsbree, *The American Teacher : Evolution of a Profession in a Democracy*(New York: American Book Company, 1939), pp. 520-522.

② See Committee on Resolutions, "Report"(National Education Association, Journal of Proceedings and Addresses, Session of the Year 1891, held at Toronto, Ontario, Canada), p. 391.

③ See "Pensioning Teachers," *The Journal of Education* 33, No. 8(1891): 120.

④ See William. T. Harris, "Shall Teachers Be Pensioned? A Symposium," *The Journal of Education* 33, No. 14(1891): 212.

才能的人也并不会因为养老金制度而进入教师专业，公众会支持一切有利于提升教学水平、促进学校发展的方式。不过梅勒尼同时也指出，制定一个公正、令人满意的养老金制度法案或规则困难重重，且反对设立养老金制度的人数众多，甚至有许多教师都反对。①

广泛的关注讨论在很大程度上推动了养老金倡导者进入一个更为有利的环境。布鲁克林的教师联合校长成功地向那些持有怀疑态度的教育委员会介绍了创建养老金制度的想法。1895 年，纽约州议会通过了一项法案，使布鲁克林得以成功启动养老金计划。随后，新泽西州立法机关也在 1896 年通过了养老金立法。②

在积极推动养老金制度建立的过程中，布鲁克林教师协会持续保持着其专业组织和维护教师权益的双重功能。

一方面，协会积极地推动教师讨论当时存在的教育问题。1882 年，布鲁克林教师协会又开展了一系列关于“初级阅读”“十进制”等方面的讲座，从而提升教师的教学方法和技能。1886 年，尼古拉斯·默里·巴特勒（Nicholas Murray Butler）在布鲁克林教师协会的资助下向教师讲授心理学。据布鲁克林教师协会 1887 年 6 月发布的报告称，协会当年已开展了 248 次授课，耗资 650 美元。

1898 年，纽约州教育董事会向布鲁克林教师协会发布特许状，赋予其向接受协会课程学习的教师颁发资格证书的权力。接受布鲁克林教师协会开展的教育学课程学习可以免于一些考试的要求。1904 年，州教育董事会在注册教育学课程学习账册上发生了变化，布鲁克林教师协会于次年立即调整策略，调整并开设 5 门推广课程，均在当地大学

---

① See C. E. Meleney, "Shall Teachers Be Pensioned? A Symposium," *The Journal of Education* 33, No. 14(1891): 213.

② See William Graebner, "Retirement in Education: The Economic and Social Functions of the Teachers' Pension," *History of Education Quarterly* 18, No. 4(Winter 1978): 397-418, 400-401.

开设，每门课长达 30 小时，课程学分由考官委员会、教育董事会及大学共同授予。布鲁克林教师协会一直保持着对教师专业发展的兴趣，鼓励教师了解最新的教育思想。[①]

可以说，以布鲁克林教师协会为代表的教师组织都在不断地尝试拓宽教师的知识面、提高教师的授课技巧，并推动教师群体内部的交流、教师与教育专家的交流，这既在很大程度上推动了教师专业发展，也标志着教师得以从隶属于公共学校教育问题的讨论范畴，逐渐地发展成为独立的个体受到关注。

另一方面，布鲁克林教师协会积极地维护教师的权益。1877 年，协会成立财政预算委员会（Board of Estimate），反对教师减薪政策。1894 年，面对教育董事会出台的教师处罚措施，布鲁克林教师协会经过审慎地思考后通过一项决议：教育董事会将其他雇员排除在外，仅对教师缺席处以 50％薪水的罚款显然是不公平的。[②] 同时，协会持续关注教师的养老金问题，并提议：教师任职 30 年后可以自主选择是否退休，退休后获得在职时薪水的一半，教师任职 20 年后应给予适当的照顾，等等。1899 年，布鲁克林教师协会又成立了立法委员会，让教师了解当时提出的不同立法方案，并有针对性地支持部分提案。

布鲁克林教师协会持续地关注教师的薪资待遇问题，如支持同工同酬、延长任期；成立问题委员会，专门对教师评价、晋升，学生评价等进行调查并发布报告，为董事会、立法机构等制定教师政策提供支撑依据。上述工作的开展在很大程度上增强了教师的权益意识，促进了教师了解相关政策，进而为其保障自身的权益而采取一定的措施。教师通过教师社团组织获得的权益保障是教师仅凭个人力量而难以获

① See William W. Wattenberg, *On the Educational Front : The Reactions of Teachers Associations in New York and Chicago*(New York: Columbia University Press, 1936), p. 47.

② See Willard S. Elsbree, *The American Teacher : Evolution of a Profession in a Democracy*(New York: American Book Company, 1939), pp. 523-524.

得的。

一直以来，教师在争取自身权益上一直处于被动地位，教师职业对很多接受过良好教育的人来说并非是一个理想的选择。起初，在众人看来，教师应该是道德良好、安分守己、全身心致力于教学的形象，而其组织起来争取福利待遇是和教师身份格格不入的。然而这种对专业教师的保守理解，对具有专业觉醒意识的专业教师而言，显然是过于狭隘了。诸如布鲁克林教师协会、纽约州立教师协会不断地认识到教师专业发展不仅需要教师专业培训，亦需要从教师养老金、薪资待遇等方面予以保障，并通过立法机构予以规范。① 教师组织发起动议、提升教师薪资待遇的行动，无疑调动了教师群体提升福利待遇、使教师专业处于更有利发展地位的神经。

随着教师专业发展意识的增强，教师们也逐渐地认识到自身正处于不利的境地。1909 年《世界工作》上发表的一篇《教师的自白》在很大程度上总结了当时美国教师职业所处的状态：从所有人的角度来说，我们痛恨自己的工作；从我们大部分人的角度来说，尤其是对我们这些谢天谢地还不像其他教师那样（惨）的教师来说，我们对自己的工作感到难为情。首先，造成教师痛恨这项工作的一个重要原因是难以保住教学职位。学校董事会将经验作为雇佣教师的一项前提条件，导致新教师难以踏入职场；有经验的、年长的教师则需要不断地争取进入较大的城市，以持续从教，还要面临视野狭隘、无知、鲜有称职的学校董事会成员的考验。即便经历了严酷的考验可以保住工作，为了继续执教下去，教师还要讨好每一个人——家长、学生、校长、督学等。没人认为教师应该是独立的，教师被迫划入一个不仅累且无用的群体。其次，虽然对教师职业感到难为情的人不多，但这些人往往

① See Dolores Emma Wilbur Hodge and Lamont Foster Hodge, *A Century of Service to Public Education: The Centennial History of the New York State Teachers Association* (Albany, N. Y.: The New York State Teachers Association, 1945).

都是受教育背景好、彬彬有礼的人。因为教学周围环境的关系，他们以自己是教师而感到难为情。其他领域的专业人员似乎在所属的社团组织非常开心，但教师常常会逃离教师学会、俱乐部等。因此，纵然尝试用社交性方式将教师拉到一起，却也成效不大。对那些接受过学院教育的人来说，教师常常会因为执教而受到周围环境的困扰。① 执教的男性较少，一般都是受教育水平较低且不通文法的年长男性教师；以赚取薪水来加强专业培训，短暂执教的年轻男性；接受过良好教育、培训，但缺少男子气概的年轻男性。《教师的自白》这篇文章的作者在美国第二大城市担任教师，所获薪资水平居全国第二且所在学校是男女同工同酬。这意味着作者的工作环境和社会经济地位比美国大部分教师都要优越，但他对自己的职业仍然感到悲观、困扰。

教师专业意识的增强，以及对有利专业地位的追求，使得教师群体逐渐地认识到教师组织在改善自己边缘性地位、提升自己社会经济地位上的有效性和必要性。虽然在与学校管理者的博弈之中处于劣势，但教师却认识到协会在确保其工作稳定性、经济地位，以及推动养老金和退休金立法上具有重要作用。

## 二、芝加哥教师联合会与教师福利的争取

进入 19 世纪 90 年代，关于教师退休金的讨论日趋频繁。在未颁布养老金立法前，芝加哥的全体教师（含伤病教师）自发地定期缴款成立了一个教师救济基金（Teachers' Relief Fund），在教师之间形成互助。1890 年，芝加哥的消防员和警察获得养老金保障，这无疑刺激了那些长期服务于学校教学却处于生活困难边缘的女教师。在芝加哥学

① See Anonymous, "The Confessions of a Successful Teacher," *World's Work* 19, No. 1(Nov. 1909):12221-12225.

校系统中，有大量的女教师在 19 世纪 70 年代和 80 年代走上执教讲台，至 19 世纪 90 年代已有超过 20 年的教学经验，她们面临退休，却几乎没有任何制度给予保障。以 1894 年为例，在芝加哥近 4000 人的教师队伍中，有 225 人拥有 20 年或以上的工作经验，其中 26 人拥有超过 30—37 年的工作经验；相较而言，伊利诺伊州其他城市地区超过 20 年或以上工作经验的教师共计 140 人，其中拥有 38 年、39 年、41 年、47 年、50 年工作经验的教师分别有 1 人、2 人、1 人、1 人、1 人。① 许多年事已高的女教师因为生计问题选择继续从教，沿用过时的教学方法，领取较高的工资，反而给城市教育董事带来了一个巨大的雇佣问题。

在养老金问题上，城市学校董事会并不反对采用教师养老金，难得与激进的教师达成一致的观点，尽管双方对养老金的目的设想截然不同。对于教师而言，养老金无疑是保障年迈后退休生活的手段，而对于学校管理者而言，养老金不仅经济有效，还能对教师队伍形成一定的社会控制。② 养老金和任期、较高的薪资设置有利于吸引更多年轻的男教师、受过良好教育的教师，从而淘汰那些年事已高的教师。同时，鉴于养老金最初是作为一种递延薪酬③来构建的，学校董事会可以借避税来证明推迟提高教师工资是合理的。

1894 年，来自几所学校的代表相聚一堂，并指定成立了一个委员会，经过多次会议讨论而起草了一份养老金议案并提交至州议会。1895 年 5 月 31 日，《部分城市公立学校教师和公立学校雇员养老金和退休基金》（*A public School Teachers and Public School Employees'*

---

① See Public Schools of the City of Chicago, *Forty-First Annual Report of the Board of Education for the Year Ending June 28, 1895* (Chicago: The J. M. W. Jones Stationery and Printing Co., 1895), p. 50.

② See William Graebner, "Retirement in Education: The Economic and Social Function of the Teachers' Pension," History of Education Quarterly 18, No. 4 (Winter 1978): 413.

③ 递延薪酬是指雇主和雇员之间的一项协议，在该协议中，雇员的收入或工作报酬的一部分被扣留或递延，从而作为退休储蓄计划的一部分。

*Pension and Retirement Fund in Certain Cities*）议案在伊利诺伊州两会通过，立法机构正式批准，1895 年 7 月 1 日正式生效。可见，伊利诺伊州在规范养老金立法上与当时的纽约州、新泽西州基本保持同步。

法案开篇指出，该法是一项规定在人口超过 10 万的城市建立和支付公立学校教师和公立学校雇员养老金和退休基金的法案。法案共有八个条款，涉及基金的资金、管理和退休教师年金数额等方面：第一条，每年拿出不多于 1%的薪资支付给董事会选出的教师和学校雇员；除非另有规定，养老退休金不予征税。第二条，教育董事会与督学，以及两名公立学校教师和雇员代表组成理事会，多数人票选决定支付养老退休金的薪资数额。第三条，董事会有权通过多数票选的方式要求在公立学校服务 20 年的女教师和女雇员、服务 25 年的男教师和男雇员退休。第四条，退休教师和雇员有权获得在职时一半数额的养老年金，逐月发放，每年不超过 600 美元。第五条，监理委员会有权使用该基金支付退休教师年金，也有权减少年金数额。第六条，教育董事会会长和秘书每月应向市财长确定退休金数额。第七条，市财政主管应为养老金的监护人。第八条，被董事会选出或有资格获选的教师和雇员，除受到书面指控外，不得辞退。①

对于这项惠及以女性为主的教师养老金和退休金政策，很多女子俱乐部反而持反对态度，因为她们担心描述教师晚年的艰辛生活会挫伤教师的积极性、降低教师职业的影响力，同时也担忧养老金会导致教师产生依赖感。对此，以黑利为代表的众多芝加哥教师予以批判，认为女子俱乐部对教师群体的利益漠不关心。同时，经过 2 年的实施，教师群体发现 1895 年颁布的养老金法中有一个重大的问题：未能为养老金制度提供足够的资金。由于个人在领取津贴之前不必缴纳固定数

① See Public Schools of the City of Chicago, *Forty-First Annual Report of the Board of Education for the Year Ending June 28, 1895* (Chicago: The J. M. W. Jones Stationery and Printing Co., 1895), pp. 50-53.

额的款项，因此一名任职 20 年的教师有权在 1897 年退休，每年领取不超过 600 美元的养老金，而自 2 年前养老金制度开始实施以来仅需缴纳几美元。当许多年长的女教师陆续退休时，养老金便已几乎耗尽。

为了推动新颁布的养老金法更有利于保障教师体面的生活、完善芝加哥的养老金制度，以及处理一线教师相关的其他问题，芝加哥教师联合会在凯瑟琳·戈金（Catherine Goggin）等人的领导下于 1897 年春成立。[①] 联合会主要由初等学校教师组成，将管理者甚至是为数不多的芝加哥中学的教师、校长排除在外，目的是获得更为充足的薪水，并在学校教育中拥有更多的自主性。不过，联合会并不拒绝男教师，其秘书便常年由一名初等学校的男教师担任。只不过因为初等学校中女教师占据绝大多数，所以联合会从立意和活动目的上来看更像一个女性组织。协会成立 6 个月后，会员数便超过 2500 名，远远超过初等学校教师的半数。

联合会成立后的第一项工作便是捍卫和完善养老金制度并提高经验丰富的教师的薪资。在过去 20 年里，监督管理人员的工资增长了 14%—100%，而芝加哥教师的工资仅仅增长了不到 7%。这意味着芝加哥 4000 多名教师仍然按照 20 年前生效的“工资表”在工作。[②] 当年的芝加哥共有 4914 名教师，其中初等学校（含小学和文法学校）教师 4216 人（女教师 4135 人），中学教师 262 人（女教师 134 人）；初等学校校长 217 人（女校长 109 人），中学校长 14 人（女教师 0 人）。[③] 性别上的差异也就决定了虽然养老金是面向所有教师（含女性和男性、小

---

① See William Graebner, "Retirement in Education: The Economic and Social Functions of the Teachers' Pension," *History of Education Quarterly* 18, No. 4 (Winter 1978): 400-401.

② See Kate Rousmaniere, *Citizen Teacher: The Life and Leadership of Margaret Haley* (Albany: State University of New York Press, 2005), p. 45.

③ See Public Schools of the City of Chicago, *Forty-Third Annual Report of the Board of Education for the Year Ending June 25, 1897* (Chicago: John F. Higgins Print, 1897), p. 28.

学和中学教师，甚至还有管理人员和学校工作人员）设计的，但对女教师而言，养老金是对学校和整个社会性别不平等的直接反应。

成立后，联合会便取得了几项成果。在戈金等人的领导下，芝加哥教师成功获得养老金权益，可以在退休后获得任教期间一半的薪水，最高不超过 600 美元；教师还获得长期任职的权益，如被辞退则可以拿到其所交的养老金。[①] 1898 年，联合会向教育董事会请愿提高教师工资并获批，董事会采用新的工资表，为具有 7 年以上教龄的教师增长 75 美元工资，并许诺 1899 年和 1900 年每年给所有教师增长 50 美元的工资。[②]

正在芝加哥教师沉浸在胜利的喜悦中时，由教育董事会授权、卡特 · H. 哈里森（Carter H. Harrison）市长任命的教育委员会（Educational Commission of the City of Chicago）成立了，意在制定芝加哥教育改革议程。该委员会主席、时任芝加哥大学校长威廉 · 雷尼 · 哈珀（William Rainey Harper）极力反对增加教师工资[③]，在其主笔的报告中亦是提议缩小董事会规模；督学有权选用课本，任命学监、助理督学、校长、教师，决定教师薪级；男女教师同工不同酬，薪酬差距 200—900 美元不等，等等。[④] 该提案引起了芝加哥教师联合会的强烈不满和反对，一直同情并支持教师群体的艾拉 · F. 扬也因此在 1899 年辞去助理督学职位。

---

① See Catherine Goggin, "The Chicago Pension Law," *School Journal* 54, No. 1(1897): 542.

② See Kate Rousmaniere, *Citizen Teacher: The Life and Leadership of Margaret Haley* (Albany: State University of New York Press, 2005), p. 45.

③ See Thomas R. Pegram, *Partisans and Progressives: Private Interest and Public Policy in Illinois, 1870-1922* (Urbana: University of Illinois Press, 1992), p. 127.

④ See Educational Commission of the City of Chicago, *Report of Educational Commission of the City of Chicago, Appointed by the Mayor Carter H. Harrision, January 19th, 1898* (Chicago: The Lakeside Press, 1899), pp. 80, 189, 237-238, passim.

在黑利和戈金的带领下，女教师群体经过多方博弈斡旋，使得该提案最终作罢。黑利曾在 1898 年出于对未来经济状况的担忧，加入了致力于向天主教妇女发放保险、养老金和死亡抚恤金的天主教妇女林务会（Women's Catholic Order of Foresters）。在推动该组织民主改革的争论中，黑利逐渐积累了公开演讲、建立联盟及挑战权威方面的经验，并逐渐走向公共舞台。同时，黑利曾执教长达 15 年，深谙教师的生存环境。作为帕克创办的库克师范学校的早期学生，黑利不断地推动发展进步教育并拓展教师教育，在教师群体中受到广泛的欢迎。作为一名时代的先锋，黑利不仅公开支持女性拥有选举权，还支持劳工法改革，并通过不同的支持者来体现教师权利，展现政治博弈上的专业性。戈金拥有 20 多年的教学经验，深谙芝加哥教育领域的管理，批判教育董事会的性别偏见，认为女教师应该学会如何管理，而非学会如何被管理。

致力于提升教师福利待遇等权益的芝加哥联合会自成立后便与芝加哥教育董事会产生了诸多矛盾。为了获得充足的工资来源，联合会在黑利和戈金的带领下攻击避税者，一直上告至州最高法院。通过曲折的调查，联合会发现，1899 年价值高达 2.35 亿美元的公共事业公司都未交税。伊利诺伊州最高法院要求该州的平税董事会（State Board of Equalization）对这些公司进行征税。尽管被告公司争取到了联邦资助并免于支付部分税收，芝加哥教育董事会从 1900 年起每年仍增加了 25 万多美元的收入，但努力争取到这些收入的教师们并没有获得薪水的增长。1905 年，初等学校女教师的年均薪资是 650 美元，同等职位的男教师的薪资收入则是女教师的 2 倍，即 1300 美元左右。[①] 事实上直到 1906 年，教育董事会才将多年前欠付教师的工资补齐。

---

① See David Tyack, *The One Best System: A History of Urban Education* (Cambridge, MA: Harvard University Press, 1974), p. 62.

为了更好地提升教师的社会经济地位，黑利、戈金等人借助全国教育协会、芝加哥教师联合会等平台，不断地倡导教师们联合起来。鉴于当时的女性仍未获得投票权，故而为了在公共领域更有力度地争取教师权益，以及在与董事会的博弈中取得有利地位，黑利和戈金于1902年率领芝加哥教师联合会加入芝加哥劳工联合会（Chicago Federation of Labor）。但与劳工联合会不同的是，芝加哥教师联合会不允许教师成员在与教育董事会协商博弈时以罢工的形式来获取有利的谈判地位。即便如此，教育董事会仍然认为芝加哥教师联合会意图不轨，加入劳工联合会不符合教师的教学身份。

面对众人的不解和侧目，黑利曾在1904年的全国教育协会上公开发表了题为《为什么教师要联合起来》（“Why Teachers Should Organize”）的演讲，指出教师组织具有专业性，同时承担着改善教师工作环境的重任。当前是组建新意义上的教师组织的恰当时机，该组织应该与实践教育学哲学中最先进的教育理论的步调一致。现代教育思想中起到支配地位的两种理念是动机灵感因素和科学因素：前者推崇儿童，取代了以知识为中心的教育理论；后者建立在对人类发展基本规律的信仰上，有可能发展出一种合理的方法来消除教育过程中产生的浪费。但我们难以确定在这两种动机下，能否培养出可以最为有序组织教学活动的教师，合理教学体系的基本原则与推动教师表达更加自由、工作条件更好的运动理念是否一致。自我保护组织中的危险因素是自私动机占主导地位。教师组织自然会对这种动机进行必要的检查，以发展成为专业组织。教师组织和专业组织的联系越紧密，所开展的活动便会越充分、有效。①

可见，黑利将芝加哥教师联合会定位为专业组织，意在与教育领

① See Margaret Haley, “Why Teachers Should Organize?” (National Education Association, Journal of Addresses and Proceedings of the Forty-Third Annual Meeting, held at St. Louis, Missouri, 1904), pp. 145-146.

导者们的教育理念保持一致，推动教育的发展进步。但由于对教师权益的争取，联合会与教育董事会之间的矛盾与日俱增。在黑利、戈金等人的领导下，芝加哥教师联合会反对企业免税、反对城市学校管理的集中化，并揭露商业和学校之间的不正当的贪污受贿关系；不断倡导改善教师的工作环境，设置稳定的养老金计划，增加教师的工资和制定颁布任期的相关法律，提升教师的社会经济地位等。这也造就了芝加哥教师联合会与当时主流的教育者组织不同，与那些秉持专业工会主义理念的组织亦不同。

在芝加哥教师联合会争取教师福利的同时，争取同工同酬的呼声也不断地高涨起来。一直以来，美国社会对女性经济独立不以为然，并不认为男女同工不同酬是不公正的。大部分女性结束学校工作后便回家帮忙做家务，而无实质性的工作任务；或因“家庭需要”回归家庭。① 进步时代所倡导的生计工资往往仅是指“男人的自由权利”——保障妻子和子女不得因为生计而外出受雇工作。②

进入 20 世纪后，越来越多的州开始关注教师工资待遇的问题，但在重视程度和持续关注度上各不相同。诸如纽约、芝加哥、费城、明尼阿波利斯、圣保罗和匹兹堡等城市在提升教师工资上采取的行动最为持久。3 万人及以上规模的城市几乎都有教师自愿组成的组织协会致

---

① See Joyce Antler, "'After College, What?': New Graduates and the Family Claim," *American Quarterly* 32, No. 4(1980): 409-434.

② See Martha May, "The Historical Problem of the Family Wage: The Ford Motor Company and the Five Dollar Day," *Feminist Studies* 8, No. 2 (Summer 1982): 404-407; Martha May, "Bread Before Rages, American Workingmen, Labor Unions and the Family Wage," in *Women, Work and Protest: A Century of U. S. Women's Labor History*, ed. Ruth Milkman(Boston: Routledge & Kegan Paul, 1985), pp. 9-10; John Mitchell, "The Workingman's Conception of Industrial Liberty," *American Federationist* 17, (May 1910): 405-406.

力于提高教师的薪资。①

同时，养老金问题在全国各地都得到了不同程度的考量，养老金制度不断地在各地建立起来。至 1909 年，教师养老金的动力仍然以城市教师组织为主，以纽约、波士顿、费城和匹兹堡为代表的教师协会率先发起了由自愿性协会提供的教师养老金，许多立法机关颁布了相关规定，允许当地社区（通常是一定规模以上的社区）成立自愿性的教师协会，或根据需要建立共醵养老金计划（Contributory Pension Schemes）。其中，对这种志愿组织进行正式立法的有纽约州、马萨诸塞州、俄亥俄州、密歇根州和印第安纳州，新奥尔良州和圣路易斯州的教师则在没有正式授权的情况下组织了这类协会。② 1911—1915 年，23 个州颁布养老金立法；至 1916 年，33 个州建立起一定的养老金制度。③

在教师任期上，美国各地政策虽有不同，但大都是一年左右的时间，差异并不大，导致教师仍然受到专业发展不确定性的困扰。④ 但比较确定的是，教师专业化不再仅仅局限于教育管理者所限定的教学专业化，而是在教师群体的推动下得到拓展，工资、任期、养老金等被纳入教师专业化范畴。19 世纪末 20 世纪初，还有一些州尝试推动教师自律或制定专业伦理，以完善教师专业发展，反映出教师专业独特的

---

① See Carter Alexander, *Some Present Aspects of the Work of Teachers' Voluntary Associations in the United States* (New York: Teachers college, Columbia University, 1910), p. 50.

② See "Educational Intelligence," *The Journal of Education* 69, No. 1(1909): 24.

③ See William Graebner, "Retirement in Education: The Economic and Social Functions of the Teachers' Pension," *History of Education Quarterly* 18, No. 4(Winter 1978): 400-401.

④ See A. G. Yawberg, "The Appointment, Salary, and Tenure of Teachers" (National Education Association of the United States, Journal of Proceedings and Addresses of the Fifty-third Annual Meeting and National Congress on Education, held at Oakland, California, August 16-27, 1915), pp. 419-420.

基本精神。诸如巴纳德俱乐部（Barnard Club，Providence，RI）等地方性俱乐部、西弗吉尼亚州北部的西北莫农格希拉（Monongahela Round Table，West Virginia）等区域性教师协会制定相关规章，淘汰一些不合格的教师。1896 年，佐治亚州教育协会率先在美国制定了一套教师专业道德准则，随后各地纷纷效仿。20 世纪初期，加利福尼亚州、密西西比州、新泽西州、纽约州、俄勒冈州、密歇根州等地的教育协会和教师协会纷纷制定教师专业伦理规范。① 1929 年 7 月，具有全国性的教师专业伦理标准《教师职业伦理委员会最终报告》（“Final Report of the Committee on Ethics of the Profession”）由全国教育协会发布。这在规范教师专业身份的同时，使教师自我约束、自我管理的身份进一步深化，进而为教师争取教师组织及学校教育的管理权奠定了基础。

在波谲云诡的政治环境下，以芝加哥教师联合会为代表的教师群体认识到，能否取得有利于教师的成果在很大程度上取决于市长是否具有改革意识，教育董事会的成员及督学是否支持民主管理的理念，抑或是强调集中化管理。如果董事会与教师群体之间的关系较为和缓，教师的建议在一定程度上会得到吸纳和贯彻；若二者的关系紧张，则教师权益的争取自然也较为困难。复杂的教学环境、充满变数的市政关系使得教师职业向专业的演化发展充满挑战。由于缺乏法律规范保障工作，很多教师都因为政治方面的因素在学年结束时被遣散，不再被续用。久而久之，芝加哥教师联合会在争取福利的过程中逐渐认识到，参与学校教育管理、影响教育政策的制定才能更为有效地提升教师专业地位，故而开始在联合全国各地教师推动提升福利待遇的同时，不断地争取教育管理的话语权。

---

① See George Gailey Chambers,“Codes of Ethics for the Teaching Profession,” *The Annals of the American Academy of Political and Social Science* 101,(May 1922):121-122.

# 第三节 全美一线教师的联合与全国教育协会对教师待遇的关注

从1826年全国性的教育组织美国学园建立以来，提升教师资质水平、薪资水平的议题便不断被与会者提及，并获得一定的关注。但教师在各个教育机构组织中的从属地位，以及教育管理者疲于维持规模日益扩大的学校系统，导致提升教师福利待遇等方面在20世纪之前鲜有取得显著、实质性的成效。随着教师数量的与日俱增，大量具有专业觉醒意识的教师开始联合起来，积极地推动全国教育协会关注并提升教师的福利待遇，认识到教师经济地位的重要性。1899年成立的全国性的教师组织全国小学教师联合会（National Federation of Grade Teachers）在很大程度上提升了教师在全国性教育协会上的话语权，还通过积极地发声推动全国性教育协会关注并认识到教师经济地位的重要性，进而保障全国教师在获得足够的工资和其他物质福利上获得更为广泛的支持。

## 一、全国教育协会早期对教师福利待遇的漠视

作为19世纪美国唯一的全国性教育交流平台，全国教育协会在创建之初的章程中宣称保障教学专业之利益，团结一线教师，促进教师事业发展。不过，协会在教师物质福利方面的讨论并不多，即便有所涉及也是较为温和的呼吁。

1863年8月，全国教师协会在其第四届年会上第一次通过了关于教师薪资的决议。时任波士顿督学兼全国教师协会会长的菲尔布里克明确地指出，应该做到确保聘用最好的教师且留住他们。这就需要改善教师生存环境，通过较高的酬劳、良好的待遇、舒适的食宿条件，

以及保持身体健康和自我提升的足够空间，而使教师所处的工作环境变得更加理想。选用教师的方式能够鼓励最为称职的教师候选人前来竞选，并使其首选教师职业。采取合理的措施，以确保教师自我提升；在切实可行的条件下，根据教师的进步或过失给予褒奖、升职的奖励或免职的处罚。① 在协会成立的最初 10 年里，教师的福利、地位等问题经常在年会上得到关注并讨论；协会也提倡要开展具体教师雇佣实践，并常常在年会上鼓励雇佣教师的管理者与教师候选人进行交流。除此之外，全国教育协会几乎很少采取行动。

在教师养老金方面，全国教育协会在 19 世纪末予以关注。1891 年，全国教育协会决议委员会（Committee on Resolutions）通过了关于养老金的决议，即公正及最好的公共服务使教师在社会精心设计的基础上服务 30 年后退休并领取养老金。我们建议各州颁布法律，允许专业教师退休并规范养老金发放政策。②

一些关于教师待遇较差及其生存环境艰难的调查研究也在 19 世纪末不断出现。较早对全美教师薪资进行全面研究的是查尔斯·B. 戴克（Charles B. Dyke），1898 年他对一些教师的薪资和其他工作领域的薪资进行了对比，同时也对欧美不同行业的薪资进行了分析。戴克指出，教师及各行各业工作者服务社会所获得的报酬不仅包含诸如食物、衣服、居所等各种各样可以享用的商品，还有专业和个人服务。对个体和社会来说，这种报酬的持续性是从满意的角度来衡量的实际性收入，而非金钱。人类希望获得的报酬数量和范围构成了个体和社会的生活

---

① See John D. Philbrick,"The National Teachers' Association:Its Nature and Objects"(National Teachers Association,Proceedings and Lectures of the Fourth Annual Meeting,held at Chicago,Illinois,August 5-7,1863),pp. 49-60.

② See Committee on Resolutions,"Report"(National Education Association,Journal of Proceedings and Addresses,Session of the Year 1891,held at Toronto,Ontario,Canada),p. 391.

标准。高生活标准意味着大量的较高质量且紧密关联的商品，而低生活标准则意味着生活必需品少、舒适度欠佳且毫无乐趣。教师、传教士、哲学家、律师、医生等拥有不同的需求和欲望，但作为一个阶层，他们的生活标准与物质材料生产者的则大相径庭。如教师的标准生活不仅包括物质生活，还包括书籍、旅行、教堂、剧院、歌剧院、美术馆等，而木匠对这方面的需求则少得多。①

进入 20 世纪之后，全国教育协会在提高教师工资待遇上做出了努力并取得了成就。而在这之前，虽然协会先后在年会上谈及教师工资、抗议削减教师工资，以及通过了关于提升教师薪水的决议，但并没有采取有效的举措予以实现。缘何协会在教师福利方面的行动如此迟缓？这实际上体现了协会早期领导者的管理哲学和指导思想，而普通会员对协会领导早期的做法似乎也表示默许。②

一方面，19 世纪时的全国教育协会对教师专业化的理解比较狭隘，将其界定为教学的专业化，视其为美国教育发展蓝图的一个宏伟理想，通过年会不断地向全国各地的代表进行宣传呼吁，希冀自然而然地提高教师的社会经济地位。同时，在全国教育协会挣扎生存的年代，纵然有心关注，也无力去大规模地采取行动，无法为那些薪水低、职前准备不充分、短期任职的年轻教师争取福利。

另一方面，教师群体在协会中处于边缘地位，是协会活动中“沉默的群体”。普通任课教师薪水较低、任期较短、发展前景不明朗，且年会举办地点不定，使他们很难有余力对加入专业组织产生兴趣，或

---

① See Frank W. Taussig, *Wages and Capital: An Examination of the Wages Fund Doctrine* (New York: Macmillan and Co., 1896), pp. 14-15; Charles B. Dyke, *The Economic Aspect of Teachers' Salaries* (New York: The Macmillan Co., 1899), pp. 10-12; Willard S. Elsbree, *The American Teacher: Evolution of a Profession in a Democracy* (New York: American Book Company, 1939), p. 440.

② See Edgar B. Wesley, *NEA: The First Hundred Years* (New York: Harper & Brothers Publishers, 1957), p. 336.

难以承担专业协会组织的会费与参加年会的往返差旅费。即便有部分教师积极参与，他们也往往在协会活动中处于边缘的地位，鲜有表达自己立场的机会。故而加入协会、参加年会的教师人数较少，力量薄弱。

然而，随着教师数量的骤增，以及越来越多的教师打算长期从教，教师群体不再满足于难以果腹的微薄工资、短暂的任期，以及毫无保障的退休生活，故而愈发认识到全国教育协会一直关注教师专业知识水平和能力的提升是不够的，提升教师的福利待遇也是教师专业发展中的重要组成部分。与此同时，以争取美国妇女选举权为目标的女权主义运动在19世纪后期日益蓬勃发展，女教师作为女性群体中接受教育层次较高、女权意识较强的群体代表，是推动女权主义运动的一支生力军。故而在教育领域，以女教师占据主要组成部分的教师群体不断地推动全国教育协会对教师薪资待遇的关注、讨论。教师群体的领军人物积极地向以教育管理者占据主导地位的全国教育协会领导层发起挑战，希冀他们认可教师的专业发展要求，解决教师的工资、养老金和任期的问题，并对城市学校系统管理中的经济地位不平等、性别取向的权力结构予以回应，要求提升女性在教育政策上的话语权，要求协会内部权力重心进行转移。

## 二、全国教师联合会与全国教育协会对教师待遇关注的加强

一直以来，教育领军人物认为教师专业的建构要优先于教师的个人福利问题，一旦教师专业建立起来，教师自然会获得社会地位、安全感和尊严。虽然教师们理解这一逻辑，但他们还是决定团结起来加速推动教师专业地位的提升。①

---

① See Edgar B. Wesley, *NEA：The First Hundred Years*(New York：Harper & Brothers Publishers，1957)，pp. 280-281.

1899 年，全国小学教师联合会在黑利等人的领导下成立。其会员大都来自东部和中西部的城市工业区：65 人来自芝加哥，25 人来自纽约，11 人来自明尼苏达州圣保罗，其余大部分来自马萨诸塞州、俄亥俄州和威斯康星州等地。这些州也是组建地方教师协会较为积极的地区。[①] 全国小学教师联合会这个以女性教师为主要成员、领导者的组织，是对以男性管理者为主导的全国教育协会的直接“反叛”。随着女性在 19 世纪后期权力意识的觉醒，女性占据多数的教师群体愈发认识到女性教师组织起来的重要性，以及有必要成立一个以女性为主的教育协会，从而保障教师获取更高、更有利的专业地位。

1902 年，全国小学教师联合会更名为全国教师联合会（National Federation of Teachers），并发布组织章程。其中黑利被选为会长，圣保罗教师协会（St Paul Teachers' Association）会长 K. 莫德 · 克吕姆（K. Maud Clum）为第一副会长，辛辛那提女教师协会（Cincinnati Women Teachers' Association）会长玛丽 · 麦戈文（Mary McGowan）为第二副会长，密尔沃基小学教师联合会（Milwaukee Grade Teachers' Federation）会长安妮特 · 罗森塔尔（Annette Rosenthal）为秘书，来自纽约市的艾玛 · 麦卡布（Emma McCabe）担任财务主管。[②] 从上述会长、秘书的人选也可以看出，全国教师联合会为了集中注意力推动教师薪资福利的改善，将入会资格限于一线教师成员，与全国教育协会形成鲜明对比。全国教师联合会认为监管人员和教师的观点立场不同，共处一个组织往往难以产生满意的成果，因此为了保障教师福利，有必要建立一个只为教师服务的组织。随后，联合会计划每年都在全国教育协会的年会上与全国各地教师进行交流，这也是全国教师联合

① See Wayne Urban, *Why Teachers Organized* (Detroit: Wayne State Univrsity Press, 1982), p. 113.

② See Patricia Anne Carter, "*Everybody's Paid But the Teacher*": *The Teaching Profession and the Women's Movement* (New York: Teachers College Press, 2002), pp. 9-10.

会与全国教师私下交流的唯一机会，不仅可以使教师们的关系更为密切，使教师们更加团结，从而在协会上努力唤起全国最大的教育组织对教师工资的敏感性，承认并响应一线教师的利益诉求，还可以促进女性在协会中担任管理职位。

1903 年 7 月 7 日，在全国教师联合会的资助支持下，于波士顿举行了教师大会，黑利代表联合会将签署的决议发送至全国教育协会。在 1903 年 7 月 6 日—10 日举办的第四十二届年会上，全国教育协会的秘书宣布了该决议，具体内容如下。

> 社会不断地对教师提出更高的学术和专业素养要求，生活费用不断地增加，而教师的薪水却持续不变甚至是减少，任期无保障，养老无收入，教师的工作条件一般都是这样，教育的进一步发展要求立即改善这种状况。因此，此次由全国教师联合会资助举行的大会认为，是时候让公众注意上述事实情况，教师工资、任期、养老金方面的主题应列入全国教育协会来年的总日程；并决定，送一份决议的复印件至全国教育协会秘书处，要求提请该机构在 7 月 9 日的会议上关注这份决议。①

全国教育协会对上述决议予以支持，但警告教师不应让商业主义或自私自利左右他们的行为，或放纵他们的言论。随后全国教育协会批准成立一个调查美国公立学校教师的工资、任期和养老金状况并对此进行报告的委员会，这在一定程度上回应了教师们希望协会关注教师物质利益的诉求。委员会成员包括卡罗尔·D. 赖特（Carroll D.

① See Margaret A. Haley, "Resolutions Adopted at Mass Meeting of Teachers Held at Chickering Hall, Boston, July 7, 1903, Under Auspices of National Federation of Teachers" (National Education Association, Journal of Proceedings and Addresses of Forty-second Annual Meeting held at Boston, Massachusetts, July 6-July 10, 1903), pp. 28-29.

Wright)，美国劳工委员会专员（委员会主席）；埃德温·G. 库利(Edwin G. Cooley)，伊利诺伊州芝加哥市督学；富兰克林·H. 吉迪奇(Franklin H. Giddigs)，哥伦比亚大学社会学教授；凯瑟琳·戈金，伊利诺伊州芝加哥市城市学校教师；R. H. 霍尔西（R. H. Halsey)，威斯康星州奥什科什州立师范学校校长；威廉·麦克安德鲁（William McAndrew)，纽约女子技术高中校长；安娜·托尔曼·史密斯（Anna Tolman Smith)，美国教育局职员。① 教师工资、任期和养老金委员会的成立，以及积极推动提升教师薪资的戈金和麦克安德鲁被任命为委员会成员，令教师们的情绪空前高涨，对薪资的提升充满了乐观精神。

1904 年，委员会主席赖特发布《教师工资、任期和养老金委员会初步报告》（“Preliminary Report of Committee on Salaries, Tenure, and Pensions of Teachers”）。报告指出，有必要对全国大小城镇及未分级农村学校所有教师的工资进行全面、彻底的调查，获取全面的工资数据，从而对教师工资问题进行充分的理解和明智的讨论。由于教师实际工资和工资表相关，并受拨款资金的影响，且人们普遍认为有必要进行专项立法以维护教师的利益和维持学校的教学标准，故委员会调查范围涵盖如下九个方面内容。

> 第一，8000 居民及以上规模城镇支付的实际工资。数量为 546 个。
>
> 第二，8000 居民及以上规模城镇采用的固定工资表（salary schedule)。这类工资表应与工资名册（salary roll）中的实际工资进行比较研究。
>
> 第三，典型的 8000 居民以下规模城镇发放的工资。

① See J. F. Millspaugh, “Secretary's Minutes” (National Education Association, Journal of Proceedings and Addresses of Forty-Second Annual Meeting held at Boston, Massachusetts, July 6-July 10, 1903), pp. 308-309.

第四，典型的未分级农村学校发放的工资。

第五，支付教师工资的基金或拨款的性质（如是否设有专项工资基金，不受其他支出波动影响而削减，或从普通教育基金中拨出）。

第六，教师工资相关的重要附带事实。

第七，各地教师工资购买力情况。

第八，教师任期。

第九，教师退休金。①

1905 年 7 月，委员会正式发布《美国公立学校教师工资、任期和养老金委员会报告》，长达 400 多页。报告指出，至 1905 年 6 月 10 日截稿，委员会共收到 467 个（占 85.5%）8000 人及以上规模城镇的 92 892 位教师关于教师工资的回应；66.67%的针对教师工资的调查予以完整的回复；25 个城镇的部分教师进行了回应。在对少于 8000 人的城镇教师工资调查的数据收集上，所获信息与从 8000 人及以上的城镇收集的信息相似。从报告中可以清晰地看到男女教师在数量、薪资上呈现出较大的差异。② 具体数据可以详见表 3-4。

---

① Carroll D. Wright, "Preliminary Report of Committee on Salaries, Tenure, and Pensions of Teachers"(National Education Association, Journal of Proceedings and Addresses of Forty-third Meeting held at St. Louis, Missouri, June 27-July 1, 1904), pp. 370-377. 会议论文集人口规模依据的是美国 1900 年人口普查数据。

② See National Education Association, *Report of the Committee on Salaries, Tenure, and Pensions of Public School Teachers in the United States to the National Council of Education, July, 1905*(The Association, 1905), p. 8.

表 3-4　1905 年全国教育协会 467 个城市的学校教师薪资调查

| 项目 | | | 男教师 | 女教师 |
|---|---|---|---|---|
| 初等学校 | 教师人数 | | 1492 | 68654 |
| | 薪资（美元） | <600 | 19.31% | 44.00% |
| | | >1600 | 21.98% | 0.37% |
| | 平均薪资（美元） | | 1161 | 650 |
| 中学 | 教师人数 | | 2874 | 5149 |
| | 薪资（美元） | <1000 | 30.27% | 67.03% |
| | | >2000 | 13.33% | 0.68% |
| | 平均薪资（美元） | | 1303 | 903 |

资料来源：National Education Association, *Report of the Committee on Salaries, Tenure, and Pensions of Public School Teachers in the United States to the National Council of Education, July, 1905* (The Association, 1905), pp. 22-24.

从表 3-4 可见，初等学校的男教师仅占教师总数的 2.1%；在社会经济地位更高的中学里，男教师则占教师总数的 35.8%，其中男校长所占比例高达 94.3%。[①] 这不仅在一定程度上印证了因女教师薪资要求更低而雇佣女教师的普遍观点，也反映出男性因追求社会经济地位而离开教育领域或晋升至管理层。在诸如芝加哥、纽约、费城这三个人口超过百万的大城市中，男女教师的薪资在性别差异上要稍小一点，如 1904 年纽约市支付中学男教师的最高工资是 2400 美元，女教师则是

① See National Education Association, *Report of the Committee on Salaries, Tenure, and Pensions of Public School Teachers in the United States to the National Council of Education, July, 1905* (The Association, 1905), p. 53.

1900 美元。[①] 1904 年，这三个城市的中小学教师、校长数量及年薪统计数据可详见表 3-5。

表 3-5 1904 年纽约、芝加哥和费城的中小学教师、校长数量及年薪统计表[②] （单位：人、美元）

| 城市 | 中学 | | | | | | 初等学校 | | | | | |
|---|---|---|---|---|---|---|---|---|---|---|---|---|
| | 校长 | | 教师 | | 校长和教师 | | 校长 | | 教师 | | 校长和教师 | |
| | 数量 | 平均薪水 | 数量 | 平均薪水 | 数量 | 平均薪水 | 数量 | 平均薪水 | 数量 | 平均薪水 | 数量 | 平均薪水 |
| 纽约 | 16 | 4351 | 643 | 1740 | 650 | 1812 | 418 | 2777 | 11247 | 996 | 11665 | 1060 |
| 芝加哥 | 15 | 2960 | 341 | 1446 | 356 | 1510 | 226 | 2284 | 4790 | 823 | 5016 | 889 |
| 费城 | 6 | 3583 | 227 | 1491 | 233 | 1545 | 258 | 1479 | 3247 | 717 | 3505 | 773 |

从表 3-5 可见，纽约市支付中小学教师的薪水明显高于芝加哥和费城。其中，芝加哥对督学支付的薪资最高，达到 1 万美元，6 位学区督学的薪资各为 4000 美元；纽约则支付督学 8000 美元，8 位助理督学各 5500 美元，26 位学区督学各 5000 美元；费城则支付的薪资最低，督学年薪为 6000 美元，6 位学区督学每人 3000 美元。与教师、校长的薪资比较，作为管理者的督学，薪资要高很多。

报告在最后也得出了较为中肯的两个结论：第一，关于城市教师的工资。大多数城市的正规教师第一年的最低工资往往低于普通生活

---

① See National Education Association, *Report of the Committee on Salaries, Tenure, and Pensions of Public School Teachers in the United States to the National Council of Education, July, 1905* (The Association, 1905), pp. 24, 54, 74.

② See National Education Association, *Report of the Committee on Salaries, Tenure, and Pensions of Public School Teachers in the United States to the National Council of Education, July, 1905* (The Association, 1905), p. 24.

标准，过低的工资难以吸引特别优秀的人才，而人才是强化教学力量的首要要素。在 39 个人口在 10 万或以上的城市中，有 21 个城市的教师在第一年正常工作只能获得 300 美元至 400 美元的年薪。工作成绩优良的教师工资增长幅度太小、增长速度太慢，且持续增长时间太短。许多教师在能力发挥到极致之前便达到了最高工资标准，故而许多非常优秀的教师离开了这个岗位。在教师符合高标准工作要求的条件下，应该保障教师任期的安全感，这对学校和教师都很重要。第二，关于未分级农村学校教师的工资。很多未分级农村学校教师的工资远远低于普通生活标准。造成这种情况的主要原因是学校学年太短和规模较小的学校太多。最严重也是最致命的情况是学校每学期更换教师。部分地区通过立法确定最低工资和最短学年，通过整合规模较小的学校和改善交通环境等提升农村学校的规模和改善教师工作条件。①

对于委员会报告的调查结果，时任美国教育专员的哈里斯认为，调查数据中年薪在 600 美元及以上的有 53 554 人（其中一半的职位年薪在 800 美元及以上），500 美元至 600 美元的有 14 193 人，500 美元以下的有 17 728 人。年薪为 600 美元的教师，其收入超过了个人在美国 1900 年总产量中的配额（粗略计算当年人均收入为 551.56 美元）。因此，年薪达到 600 美元的教师是无权抱怨的。②

哈里斯的评价虽然具有一定的道理，但他忽略了教师群体中女性占据着绝对多数的问题。在 1 万至 20 万人口的城市中，只有 1%的教师是男性；在 20 万至 100 万人口的城市中，只有 2%的教师是男性；

① See National Education Association, *Report of the Committee on Salaries, Tenure, and Pensions of Public School Teachers in the United States to the National Council of Education, July, 1905* (The Association, 1905), pp. 463-464.

② See William T. Harris, "The Future of Teachers' Salaries" (National Education Association, Journal of Proceedings and Addresses of Forty-Fourth Meeting held at Asbury Park and Ocean Grove, New Jersey, July 3-7, 1905), p. 74.

在人口超过 100 万的城市中，只有 4.3%的教师是男性。[①] 所获年薪低于 600 美元的主要是初等学校教师，尤以女教师最多。这也就是全国教师联合会主要是由初等学校女教师构成的原因所在。

针对提升教师工资、改变现状的迫切性，黑利在初步报告发布的年会上指出，作为公共服务的一个分支，公立学校在当今美国获得了众多的道德、财政方面的支持，使其能够在社会机制中合理地履行其重要职能。但现实生活中以下四个方面严重影响了有效教学，现有教师联合会正在努力改变这些问题。第一，生活费用大幅增加，以及教师几乎停滞不涨、远远不足的工资，难以满足教师持续不断地提高学术水平、专业素养和文化水平的诉求；第二，教师任期没有安全感，养老问题难以解决；第三，教师在拥挤的教室里过度劳累、身心俱疲；第四，由于“工厂化教育”日趋发展，教师作为教育者的身份未能在学校系统得到认可，导致教师成为一个机械行事的人，其职责是机械地、不加质疑地执行那些身披权威外衣之人的命令，而这些人并不一定了解学生的需要，或者如何照顾学生。[②]

除了发布实情外，全国教育协会并没有在随后采取实质性行动。委员会发布的初步报告主要涉及大量的调查数据，在如何提升教师薪资、如何保障教师退休金的发放，以及如何使教师获得永久的职位上并没有有效的建议。因此，教师群体对薪资待遇提升的乐观态度很快被委员会缓慢的进展冷却下来。面对保守派控制了委员会大多数成员的现实，戈金等人很难采取有力的行动。黑利、戈金等人逐渐对委员

① See National Education Association,*Report of the Committee on Salaries , Tenure , and Pensions of Public School Teachers in the United States to the National Council of Education , July ,1905*(The Association,1905),p. 52.

② See Margaret Haley,“Why Teachers Should Organize”(National Education Association, Journal of Addresses and Proceedings of the Forty-Third Annual Meeting,held at St. Louis, Missouri,1904),pp. 148.

会感到失望，也对全国教育协会的领导层失去了信心。故而，黑利等人坚持联合全国教师，推动全国教育协会关注教师物质福利的同时，又积极地推动芝加哥教师联合会等地方教师组织在城镇中争取保障教师的权益。

在推动全国教育协会关注教师薪资的同时，教师群体还对协会组织结构中的性别差异发出质疑，一直以来的沉默和发言权的缺失令教师群体感到沮丧。鉴于获得会员资格的时间较晚，女性普遍在各类教育协会中担任官员的比例较小。1854 年，纽约州教育协会不同寻常地选举了一位女性担任副会长。从 1857 年成立至 1870 年重组，全国教育协会的会员规定都对女性教师设定了障碍：从事教学工作的女士，经董事会推荐，可成为名誉会员，并有权以书面文章（由秘书或其选择的任何其他会员宣读）的方式，就指定讨论的议题发表意见。① 在 1870 年采纳的新章程中，女性享有正式会员身份，只要缴纳 2 美元会费便可成为协会会员，之后每年缴纳 1 美元便可延续会员资格。② 随后，女性教师才开始偶尔被选为名誉或下属官员，但从未担任过会长职务。

其他协会对女性教师的态度也发生类似的变化和改观。1875 年，美国教育学会曾对选举女性担任学会官员代表一事进行辩论，后来，女性在该协会中从未施加过任何实质性的影响。从 19 世纪 70 年代起，越来越多的女性出现在州教育协会的官员名单上：1871—1874 年，马萨诸塞州选出几位女性负责人；1878 年，田纳西州选出 1 位女性副会长（共 9 个席位），缅因州的 5 个执行理事会中有 1 位女性，康涅狄格州选出 1 位女性副会长（共 7 个席位）和 1 位通讯秘书，新罕布什尔州

① See Irwin Sherpard, "Historical Sketch of the National Education Association with Statistics for the Past Twenty-Five Years," *The Journal of Education* 52, No. 1(1900): 12.

② See National Education Association, "Constitution of the National Education Association" (Addresses and Journal of Proceedings of the American Normal Schools and the National Teachers' Association, at Cleveland, Ohio, Session of the Year 1870), p. 215.

选出 3 位女性副会长（共 9 个席位）。从那时起至今，零星地出现了杰出妇女担任重要职位的情况。①

1910 年，全国教育协会选出了半个世纪以来第一位女性会长——芝加哥市督学艾拉·F. 扬。一直以来，尽管女性占协会成员 75%的比例，但从未有人担任过协会会长。据统计，1909—1910 年的协会官员中，11 位副会长中只有 1 位女性，49 位州负责人中有 2 位女性，57 位部门官员中有 14 位女性。大会发言环节，14 位发言人中有 2 位女性。②同时，各州教育协会中也存在类似的情况，妇女虽然占全体成员的 39%—89%③，但很少在执行委员会中担任职务或在会议上担任主要发言人。在担任全国教育协会 1910—1911 届会长期间，艾拉·F. 扬与黑利等教师一道努力改组全国教育协会，倡导女性享有平等权。在教师们的不懈努力下，协会最终于 1917 年对结构进行了重大调整。虽然男性管理者仍然占据主导地位，但其在改善一线教师所处环境上也投入了更多的精力。

## 三、一线教师部的成立与教师权益的集中关注

随着女性教师在各个教育社团中地位的崛起，以及黑利、艾拉·F. 扬等女性教师领军人物的推动，全国教育协会于 1913 年成立一线教

① See Carter Alexander, *Some Present Aspects of the Work of Teachers' Voluntary Associations in the United States* (New York: Teachers College, Columbia University, 1910), pp. 74-75.

② See National Education Association of the United States, "Officer for 1909-10" (National Education Association of the United States, Journal of the Proceedings and Addresses of the Forty-Eighth Annual Meeting, held at Boston, Massachusetts, July 2-8, 1910), pp. 12-15.

③ See Carter Alexander, *Some Present Aspects of the Work of Teachers' Voluntary Associations in the United States* (New York: Teachers college, Columbia University, 1910), pp. 70-71.

师部（Department of Classroom Teachers），致力于关注教师工资、任期和养老金等方面的权益问题。至此，占据成员绝对多数的教师群体终于拥有了专门关注教师切身利益问题的部门。该部门的组建不仅反映出女教师从被动接受者向主动参与者身份的转变，同时也是全国教育协会民主发展和教师专业化进程的重要组成部分。

1914 年，全国教育协会会长、时任斯沃斯莫尔学院（Swarthmore College）院长的约瑟夫·斯温（Joseph Swain）在一线教师部会议的第一个环节宣读新部门成立的欢迎致辞。斯温提出，一线教师探讨问题时，应阐明自己的观点，并邀请校长和督学来聆听教师们的讨论，从而使其充分理解教师遇到的难题和所持的观点。教师和管理人员之间存在矛盾主要是因为彼此不理解。“以儿童的兴趣利益为宗旨”应该是一线教师部门的口号，教师、督学和董事会应该共情地理解彼此的需求，并与各方开展良好的合作。①

一线教师部自成立后便充分讨论了教师相关利益问题，并在 1914 年、1915 年的年会上集中关注了教师工资、任期、养老金、考评和管理等与教师相关的问题，同时对教师的相关权益提出规范化建议。

1914 年，一线教师部建议，无论在何处颁布教师退休法，都应包含如下基本条款。

> 董事会：负责管理的董事会的大多数成员应由教师从教师群体中选出。
>
> 定期缴款：为了缴款或确定付款额，教师应根据服务年限分成小组。定期缴款应是固定数额，依据教师群体分类而非工资或职位分类。

---

① See Joseph Swain,“Words of the Welcome to the New Department ”(National Education Association of the United States, Journal of Proceedings and Addresses of the Fifty-Second Annual Meeting held at St. Paul, Minnesota, July 4-11, 1914), pp. 911-912.

年金：年金应为固定金额，所有教师的年金都是统一额度，不考虑工资或职位。

会员资格：强制性和选择性两类会员。养老金法颁布后成为教师的是强制性会员，已在职的教师则是选择性会员，并在一定时间内选择是否接受法律规定，一旦接受则有义务保持会员资格。后一类教师申请成为会员后应补缴所属服务年限的教师群体的费用。

全额年金：全额年金的服务期限不得少于 25 年。

残障年金：残障年金应在规定的年限后发放，且鉴于其服务年限与全额年金所需服务年限相同，残障年金应占全额年金的相应比例份额。

任何人在向基金缴纳指定金额前均不得成为年金受益人，任何人在缴纳规定的相应比例金额前也不得领取残障年金。

服务年限计算：在本市或本州之外的公立学校担任教师的服务年限，这类服务时长不得超过一定年限或所需总年限的一定比例。

因学习、疾病、休息或旅行而请假的时间若不超过一定限度，应计入服务时长。

任期：教师有权在解雇前拥有诉讼的权利。

所有教师在被免职或解职前均有权就书面指控进行听证。

退休：从公立学校退休应是获得养老金资格的一项要求。

拨款：法律应规定公共资金拨款，且公务机关有责任立法规定教师退休年金所需的数额。

任何年金均不得出售、分派、转移、扣发和扣押。[①]

从上述条款所涵盖的内容和审慎的措辞便可以看出，一线教师部

① Committee on Pension Suggestions,"Report"(National Education Association of the United States,Journal of Proceedings and Addresses of the Fifty-Second Annual Meeting held at St. Paul,Minnesota,July 4-11,1914),pp. 909-910.

的成员们已在前期开展了大量关于养老金方面的工作，希冀推动各州、地区规范养老金。对教师群体而言，养老金的规范落实无疑有助于他们长期从教，并使他们对自己的职业具有一定的安全感。

同年，一线教师部提出了利用一线教师的专业知识、经验，在每个公立学校系统中设立教师顾问委员会的建议，并得到一致通过。① 这也反映出教师群体希冀从自身专业能力出发提升学校教育水平。

1915 年，全国教育协会会长在一线教师部任命了一个委员会来起草“教师评价”相关的决议，并提交至全国教育协会决议委员会审议。在委员会成员中有理解和同情教师职业、时任芝加哥督学的艾拉·F. 扬，同情教师处境的威斯康星州里弗福尔斯（River Falls，Wisconsin）州立师范学校校长 J. W. 克拉布特里（J. W. Crabtree），以及 3 位教师，从总体上来说，委员会的存在有利于维护教师权益。经过协商讨论，委员会提交的决议如下：全国教育协会在认识到有必要对任何学校系统中所有个体的功过进行记录的同时，希望提醒人们注意公立学校的卓越取决于教的事实，任何使教师不安的事情都会降低教师工作的效率。因此，委员会进一步提出决议，不允许在记录中有专制、敷衍的评价。②

对于教师评价制度，作为委员会成员的克拉布特里较为客观地指出，教师评价制度应该比现有评价方案更为公平地对待教师，更为有效地提升教师教育水平和福利待遇。教师有权要求评价制度在某种程度上应用到那些评价他们的人身上，有权要求把这项工作交给绝对公

---

① See Mary Adkisson,“Motions”(National Education Association of the United States, Journal of Proceedings and Addresses of the Fifty-Second Annual Meeting held at St. Paul, Minnesota, July 4-11, 1914), p. 910.

② See Department of Classroom Teachers,“Secretary's Minutes”(National Education Association of the United States, Journal of Proceedings and Addresses of the Fifty-Third Annual Meeting and National Congress on Education, held at Oakland, California, August 16-27, 1915), pp. 1161-1162.

正的人，有权反对狭隘、无能或冷血的评价者。应该保障进行评价的人真正了解教师所提供的优质服务，充分认识到教师的工作需要克服的困难，理解教师并希望提升教师的福利待遇。我们从一项良好的评价教学的方案中获得的更多的是教师工作效率的不断提高，而非晋升和加薪。若教师发现自己的缺点后努力改正，教师们将认识到，即使是人格也可能得到培养。毕竟，生活中最重要的事情不是获得很多金钱，而是要像一位伟大的教师一样提供实际的服务，在世界上行善。①

相较而言，同为委员会成员、来自纽约曼哈顿115公立学校的阿娃·L.帕罗特（Ava L. Parrott）则较为激进地建议取消已经设立的教师评价制度，并阻止它的进一步采用。但事实上，教师评价制度的重要性仅次于工资问题，教师评价会直接或间接地影响教师的工资。教师和其他社会阶层的人一样有获得最高工资的权利。②

事实上，仔细分析这项决议可以发现，委员会虽有意提醒人们注意教师工作状态、情绪的重要性，希望评价者可以对教师进行审慎、公正的评价，但这项决议的建议在一定程度上较为宏观，仅能从教师评价理念上予以指导，且不同地区评价教师的管理者理念不同，在具体执行上则只会因评价者而异，落实起来具有一定的难度。

在当年关于教师工资、任期和养老金问题的讨论中，来自加利福尼亚旧金山的詹姆斯·弗格森（James Ferguson）再次强调了教师待遇的问题：如果将教师的年薪定为300美元，那么这个社区除了仅仅给教师一个没有前途的短暂性工作外还能给他什么？即便有些大城市的教

---

① See J. W. Crabtree, "Rating of Teachers" (National Education Association of the United States, Journal of Proceedings and Addresses of the Fifty-Third Annual Meeting and National Congress on Education, held at Oakland, California, August 16-27, 1915), p. 1167.

② See Ava L. Parrott, "Abolishing the Rating of Teachers" (National Education Association of the United States, Journal of Proceedings and Addresses of the Fifty-Third Annual Meeting and National Congress on Education, held at Oakland, California, August 16-27, 1915), p. 1168.

师工资高达1200美元，小学教师的平均工资和实际生活成本也才刚相符。在同等工作时长和精力消耗的条件下，其他领域的工作都比教学获得的回报要高。教师的工资大都低于消防员、警察、水管工；工商业领域的工资也高于教学，且该领域升迁机会更多。因此，每年有许多教师因为希望获得更高的报酬而离开教师岗位也就不足为奇了。此外，许多地区的教师平均服务年限甚至低至两年。由于减税是维持政治权力最为有效的方式之一，主政党派往往以牺牲学校发展为代价采取减税政策，进而导致教育董事会缺乏资金来支付教师工资，并且很少有社区对教育投入大量的资金。故而，弗格森提出的解决方案是：第一步，让学校脱离政客，而非脱离难以避免的政治影响，应该大胆地将学校交给致力于教育事业的人。教育基金得到保障后，第二步则是由教师和督学根据自身的能力水平开展教育，达到最大功效。这可以通过提升教师的专业地位来实现。而工商业等领域往往通过给员工发放丰厚的薪水、延长任期来激励员工并保障工作效率。教学也应该效仿这种做法。虽然人们讨论了诸多永久任期的弊端，但没有一位批评者拒绝接受拥有永久任期的职位。还有人担心永久任期会保护那些不称职的人。若有这种情况，则可以通过适当执行退休条款加以纠正，退休条款应始终成为永久任期制度的一部分。①

可见，反复讨论的教师工资、任期和养老金问题仍然是教师专业化进程中面临的一项重大难题。根据俄亥俄州贝里亚市凯霍加县(Cuyahoga County, Berea, Ohio)督学A. G. 亚伯格（A. G. Yawberg）1915年对爱达荷州、艾奥瓦州、伊利诺伊州、密歇根州、印第安纳州、北卡罗来纳州、西弗吉尼亚州、俄亥俄州这8个州的不完全统计可以总

① See James Ferguson, "Teachers' Salaries, Tenure, and Pensions" (National Education Association of the United States, Journal of Proceedings and Addresses of the Fifty-Third Annual Meeting and National Congress on Education, held at Oakland, California, August 16-27, 1915), pp. 1162-1164.

结发现，除西弗吉尼亚州规定只要教师表现良好就可以长期任职外，其他各州仍然保持较短的任期制度，多为1—3年。在教师工资方面，除艾奥瓦州、伊利诺伊州采用雇佣的教师工资制度，其他6个州均采用最低薪资标准制度，同时受教师等级水平的影响，最终教师的月薪为30—80美元不等。其中，西弗吉尼亚州的3级教师或获教师资格证书1年的教师月薪为30美元，印第安纳州D级教师月薪为76—80美元。而教师资格等级不仅受到教师自身受教育水平、教学能力的影响，还要受到督学评价的影响。以印第安纳州为例，教师资格证书等级水平由入职考试等级和督学评价等级[①]决定，取二者的平均数。在百分制的考核中，获得85—89分的教师为A级，90—92分为B级，93—94分为C级，95分及以上的为D级。教师资质水平与其最低薪资挂钩。同时，每个月举行一次教师会议，可以单个乡镇举行或多个乡镇联合举行。会议需提前制订好项目计划，且教师必须参加一定数量的会议。每月参加会议的教师可以额外获得一天的薪资（即获21天的薪资），如若未能参加会议且没有合理的理由则扣一天的薪资（即获19天的薪资）。[②]

可见，教师在提升职业稳定性、提高薪资待遇上仍然任重道远。同时，从历史发展的角度来看，以女性为主的教师群体的薪酬及社会经济地位也得到了一定的提升。1870年，城市女教师薪资占城市男教师薪资的33.7%；1886年，城市女教师的平均薪资是13.09美元，占城市男教师薪资的40.6%；1912年，城市女教师的平均薪资是18.3美元，达到城市男教师薪资的50.8%；至1920年时，女教师的薪资已达

① 督学评价（success grade）中教学能力（teaching power）占45%，管理能力（government）占35%，总体品质（general characteristics）占20%。

② See A. G. Yawberg, "The Appointment, Salary, and Tenure of Teachers" (National Education Association of the United States, Journal of Proceedings and Addresses of the Fifty-Third Annual Meeting and National Congress on Education, held at Oakland, California, August 16-27, 1915), pp. 419-423.

到男教师薪资的 58.8%。这在很大程度上反映出女教师薪资的增长速度从 19 世纪末逐渐加快，与男教师的差距不断缩小（详见表 3-6）。

表 3-6　1865—1920 年美国教师周薪资统计表

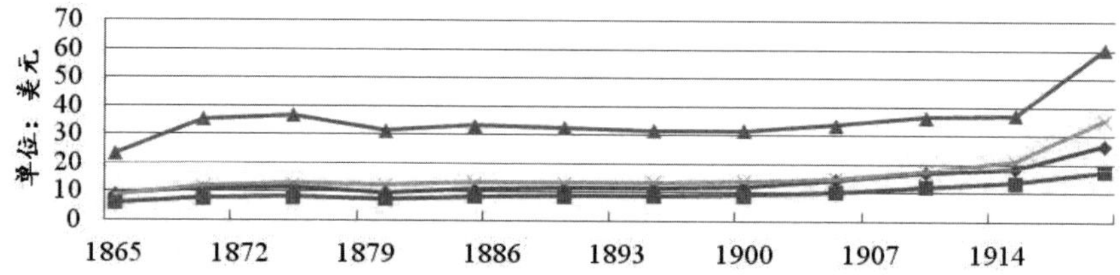


| | 1865 | 1870 | 1875 | 1880 | 1885 | 1890 | 1895 | 1900 | 1905 | 1910 | 1915 | 1920 |
|---|---|---|---|---|---|---|---|---|---|---|---|---|
| 乡村男教师 | 9.09 | 10.88 | 11.46 | 9.73 | 10.95 | 11.3 | 11.7 | 12.13 | 14.39 | 17.11 | 18.61 | 26.75 |
| 乡村女教师 | 5.99 | 7.53 | 8 | 7.46 | 8.23 | 8.55 | 8.91 | 8.93 | 10.15 | 12.15 | 13.63 | 17.68 |
| 城市男教师 | 23.15 | 35.24 | 36.63 | 31.36 | 33.15 | 32.62 | 31.63 | 31.54 | 33.79 | 36.42 | 37.15 | 60.61 |
| 城市女教师 | 8.57 | 11.88 | 12.69 | 12.2 | 13.24 | 13.16 | 13.4 | 13.88 | 14.86 | 17.38 | 21.06 | 35.61 |

资料来源：Warren Randolph Burgess, *Trends of School Costs* (New York: Department of Education, Russell Sage Foundation, 1920), pp. 31-33.

需要说明的是，表 3-6 中的城市男教师与城市女教师薪资差异较大，在一定程度上与伯吉斯将薪资较高的、男性占主导的校长和管理者都纳入统计范围有关。美国教育部曾对 1896—1897 年教师的薪资进行统计，所得数据显示，男女教师薪资的差距不是太大，男教师的月平均工资是 47.37 美元，女教师的月平均工资是 40.24 美元，达到男教师的 84.9%。①

1900 年，城市女教师的薪资已经远远高于普通劳工的薪资，且和其他类型的工匠的薪资差距明显缩小；城市男教师的薪资则远远高于普通劳工、工匠的薪资。1890 年的乡村地区女教师薪资几乎和 1900 年的城市普通劳工的薪资相当。这也在一定程度上体现出教师职业的经

① See United States Bureau of Education, *Report of the Commissioner of Education for the Year 1896-1897* (Washington D. C.: Government Printing Office, 1898), p. 1537.

济地位在 19 世纪后半期的努力下得到了很大的提升（详见表 3-7）。

表 3-7 劳工、工匠、教师周平均工资 （单位：美元）

| 工作类型 | 1841 年 | 1900 年 | 1919 年 |
|---|---|---|---|
| 劳工 | 4.86 | 8.94 | 23.02 |
| 木工 | 8.16 | 16.10 | 33.57 |
| 机械师 | 8.52 | 15.38 | 35.64 |
| 印刷匠 | 8.58 | 16.25 | 28.45 |
| 城市女教师 | 4.44 | 13.88 | 28.47 |

资料来源：Warren Randolph Burgess, *Trends of School Costs* (New York: Department of Education, Russell Sage Foundation, 1920), pp. 25, 49.

根据伯吉斯的研究发现，教师的薪资与工匠的薪资在 1915 年最为接近，占工匠薪资的 75%以上。[①] 不过，消除通货膨胀的因素后，教师薪资实际增长的数额要相对小一些。[②] 这从保罗 · H. 杜格拉斯（Paul H. Douglas）的研究中也得到证明。他研究发现，1890 年时，美国教师平均薪资为 256 美元，到 1915 年增至 578 美元，增长幅度为 126%。消除通货膨胀的因素后，教师的薪资实际增长了 73%。[③] 而增长后的教师薪资仍然远远低于哈里斯在 10 年前所宣称的“拿到 600 美元”便没有资格抱怨的数额。

由于公共学校教育经费有限，支付教师低薪是学校董事会压缩教

① See Warren Randolph Burgess, *Trends of School Costs* (New York: Department of Education, Russell Sage Foundation, 1920), p. 84.

② See Warren Randolph Burgess, *Trends of School Costs* (New York: Department of Education, Russell Sage Foundation, 1920), pp. 50-51.

③ See Paul H. Douglas, *Real Wages in the United States, 1890-1926* (Boston: Houghton Mifflin Company, 1930), p. 382.

育支出的常用手段。从教育运行管理的角度来说，减少教师薪水或许是有效的，但这却导致教师整体经济地位与专业地位较低，生活贫困，形象难以得到有效提升。通过不断地参与教师培训、教育组织的活动，教师对教育、教学的认识不断深化，自我专业发展的意识也在不断觉醒，并认识到有必要采取实际行动来维护自身的专业地位。

全国教育协会自成立以来便宣称团结一线教师，提高教师的尊严、地位和待遇，但它长期关注教育理论、科学教学的探讨，将教师的专业化限定为教学知识技能的提升，而对教师的工资待遇、学术自由和工作条件置若罔闻，甚至羞于谈论教育的金钱基础。随着 19 世纪末教师专业意识的觉醒，一线教师，尤其是大型城市的女教师，也逐渐认识到自己将会在这种专业建构模式中一直处于底层。以布鲁克林教师协会、芝加哥教师联合会为代表的教师组织，努力地与占据领导地位的教育管理者展开博弈，改善自己的工作条件。同时，全美各地的教师也不断地联合起来，推动全国教育协会关注教师工资、任期和养老金，使得教师待遇获得全国性关注。全国教育协会发布的报告、开展的演讲也不断地引导人们去重新审视教师的薪资待遇，协会不再一味地要求提升教师专业水平而忽视其所处的实际生活窘境。与此同时，协会也在这个过程中试图探索一条民主化改革的道路，兼顾发展教育专业性与保障一线任课教师的权益。

鉴于 1920 年宪法第十九条修正案尚未出台之前，女性没有选举投票权，政治影响力较弱，故而为了从全国范围内争取维护女教师的权益，以芝加哥教师联合会为代表的 8 个地方教师组织于 1916 年 4 月签署加入美国劳工联合会（The American Federation of Labor），成立了美国教师联合会。与全国教育协会不同，美国教师联合会仅吸纳教师成员，将学校管理者排除在外。仅仅 3 年的时间，美国教师联合会成员便覆盖 100 个地方分支机构、约 11 000 名教师，占全国教师总数的 1.5%。

从最初鲜有结社的行为到 1916 年美国教师联合会的成立，教师群体的结社意识发生了巨大的转变。教师队伍的不断壮大、受教育水平的提升，以及专业意识的增强，都提高了教师参加并组织教师协会的积极性。教师专业化初期，人们更加强调教师的道德水平，教师的教学往往带有宗教福音的特征，起到道德榜样的示范作用；强调道德因素在一定程度上有利于将教师专业化归为教师个人的事务，使教育问题远离政治。① 此时的教师还“没有足够的智慧、对自己的职业使命缺乏忠诚，教师之间互不忠诚”，故而也未能很好地执行“社区公民的责任”。在杜威看来，这也正是教师群体应该组织起来的原因，教师群体或组建教师专业协会，或依附于像劳工联合会一样具有影响力并试图去行使权利的工作组织，从而对教师产生积极的投射效用，使其增加勇气、增强职业使命感和对彼此的信任，认可自身是社会的服务者而非被某一个暂时任职的群体雇佣来做某项工作的人。②

随着教师专业化进程的推进，以全国教育协会为代表的教育组织不断地强调教师的知识能力，以保障公共学校发展。各类教育组织在传播教师教学专业化的理念，提高教师专业知识技能，规范教师教学和教学行为标准的同时，不断地强化教师的专业意识和职业认同感。随着长期从教人员的增加，以女性为主的教师群体逐渐联合起来，争取物质条件的改善——提高工资待遇和改善工作条件，以提升社会经济地位；教师群体通过争取提高工资及改革其他相关政策，试图把经验或教学能力进行制度化，使其成为衡量教学工作的标准。③ 芝加哥教师联合会、全国教师联合会及美国教师联合会的相继组建便是最典型

---

① See Paul H. Mattingly, *The Classless Profession: American Schoolmen in the Nineteenth Century* (New York: New York University Press, 1975), p. preface XV.

② See John Dewey, "Professional Organization of Teachers," *The Journal of Education* 90, No. 16(1919): 428.

③ See Wayne J. Urban, *Why Teachers Organized* (Detroit: Wayne State University Press, 1982), p. 22.

的例证。

通过积极地参与、组建社团，频繁地接触那些富有激情的外行人和教育行政官员，教师群体不断地认识到作为个体的教师人微言轻，教师在教育组织和学校系统的从属地位在很大程度上限制了他们对福利待遇的诉求，而通过结社却可以更为有效地阐述自己的立场和诉求，有利于教师寻求更有利的职业经济地位。

虽然教师组织的影响力不及其他专业组织那么大，教师福利待遇的提升至 20 世纪初期仍不明显，但教师群体逐渐发现以社团组织的形式争取权益的效果要优于个体的努力，个体教师实现自我专业化离不开教师群体的专业化。以组织形式开展活动的教师群体不仅可以更为有效地向立法机构施压，与教育管理者展开博弈，推动教师政策、立法向有利于教师的方向发展，还在一定程度上增强了教师的专业自主意识，使教师群体得以在教师领军人物的带动下，开展生机勃勃的活动，逐渐走出教师专业发展无望的阴霾。借由教师组织的群力群策，教师群体与管理者之间的博弈逐渐发生了变化，前者受后者支配的局面以前者寻求提升教育话语权而被打破，并以教师群体要求教育民主管理权和学校董事会坚持学校集中化管理这一矛盾展现。19 世纪末 20 世纪初，芝加哥、纽约的教师组织不断地要求参与教育民主管理，其在教育政策制定中为拥有话语权而做的努力最具代表性。

# 第四章　教师职业话语权的争夺

从学校和教师的最大利益，以及民主发展的原则来说，教师要在教育发展上拥有更多参与机会和主动性。①

——沃尔特·C. 鲁迪格（Walter C. Ruediger）

从较为宽泛的角度来看教育，美国大多数城市、乡镇的教师主体是难以在其所在社区开办的学校教育基本政策制定上产生什么真正意义的、积极的、建设性的影响的。②

——约翰·杜威

在美国19世纪后期的工业化、城市化浪潮中，芝加哥、纽约一跃发展成为国际大都市，政治、经济的集中化日趋明显。在这个过程中，城市学校也以空前的速度扩张，并不断地向集中化、科层化发展。虽然教师的专业知识技能和职业地位得到了一定的提升，专业团体意识不断增强，但在学校教育管理权的参与上教师却一直处于边缘地位。越来越多的教师希冀在专业发展、待遇上具有自主权或具有一定的话语权；而奉行科层的管理者却仅仅将教师视为教学人员，将其辖区限制在教学活动范围之内。双方在学校教育管辖权上的竞争构成了教师专业化图景中重要的一部分。如何在学校科层化发展中获得管理学校

---

① Walter C. Ruediger, "Teachers' Council," *Education* 32, No. 7(Mar. 1912): 408.

② John Dewey, "Professional Organization of Teachers," *The Journal of Education* 90, No. 16(1919): 428.

教育的一席之地，成为这一时期教师争取专业自治权，推进教师专业化的重要内容。其中，芝加哥和纽约的城市学校教师群体在争取学校民主管理权上所做出的一系列努力具有领军性和代表性。

## 第一节　教育集中化与教师地位的边缘化

随着学校规模的扩大，教育集中化发展的特征逐渐展现出来：学校董事会规模不断缩小，逐渐由教师、社区居民等广泛群体组成的较为大型的学校董事会让位于少数行业精英组成的小型董事会。由管理进步主义者和科学管理者组成的“教育托拉斯”热切地在教育领域推广集中化、标准化、科层化和专家管理。[①] 商人、大学教授、督学等行业专家作为新型学校董事会的成员，不断地推动教育从业人员的职责职能的界定，提升自身的管理职业地位，并将教师置于学校管理地位的边缘，使教师职业难以获得有效的自治权。

### 一、教育管理的集中化与教师职权的式微

随着19世纪后半期以来公共学校（中小学）制度的普遍建立完善，许多改革者认识到政治活动和学校活动的差异，逐渐反对把教科书的选择、教师选聘等学校事业的发展置于学校体系之外的一些人手中，因为他们并不一定具有专业的教育知识，且其出发点并非是教育动机。为了改变这种不民主的状况，这些改革者倡导“学校远离政治”，希冀将学校管理权转移到督学手中，推动专家治校。以督学为代表的教育管理者通过不断地提升受教育水平和学历层次，专业地位得到有效提

---

① See David B. Tyack and Elisabeth Hansot, *Managers of Virtue: Public School Leadership in America, 1820-1980* (New York: Basic Books, 1982), pp. 129-167.

升。与此同时，通过与大学教授的联合，以及与商界精英的合作，教育管理者有效地建立起管理进步主义者联盟，在提升自身对学校教育的直接管理权的同时，逐渐地在学校推行科学管理理念，推动学校的科层化发展。

哥伦比亚大学的校长尼古拉斯·默里·巴特勒、哈佛大学的校长查尔斯·埃利奥特、美国教育部长和曾担任圣路易斯督学的哈里斯在19 世纪末 20 世纪初积极参与到普通学校的管理之中并产生重要影响。他们作为教育领域的领军人物，积极地呼吁把教育管理工作让位到具有专业能力的教育精英手中。1899 年，哈珀等人在《芝加哥市教育委员会报告》中不仅提议缩小董事会规模，赋予督学选用课本，任命学监、助理督学、校长、教师，决定教师薪级的权力，确立男女教师同工不同酬，还要求所有教师都应该接受学院教育，提出更为详细的雇佣和解聘教师方案。虽然董事会没有将这些建议照单全收，但教育集中化管理的趋势却愈来愈强。同年，曾任布朗大学校长的 E. 本杰明·安德鲁斯（E. Benjamin Andrews）来到芝加哥担任督学，开启了更为集中化的教育管理。①

管理进步主义者试图基于商业模式对学校进行变革，希冀推动学校管理的科层化、集中化、标准化，从而更加有效地开展教育（参见图 4-1）。斯普林曾总结指出，19 世纪末典型的学校制度的科层组织都具有如下的特点，第一，督学领导，自上而下地发布规定、命令；第二，督学、校长、副校长和教师各司其职，角色分明；第三，学生在分级学校中逐级升学；第四，整个学校系统采用分级课程，以确保该系统中所有年级的教学的统一性；第五，强调理性设计、规章制度和

① See Educational Commission of the City of Chicago, *Report of Educational Commission of the City of Chicago, Appointed by the Mayor Carter H. Harrision, January 19th, 1898* (Chicago: The Lakeside Press, 1899), passim.

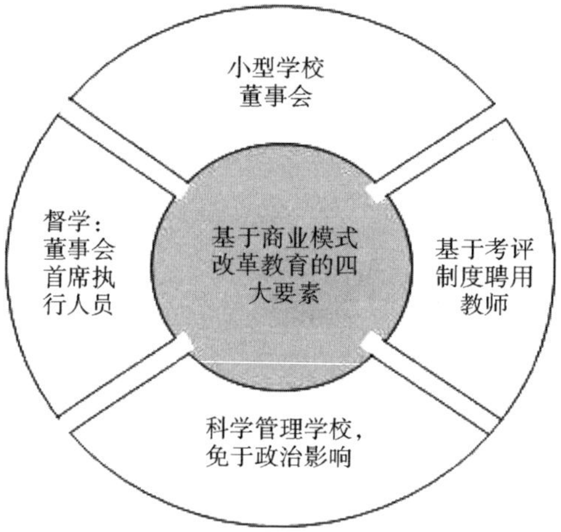


图 4-1　基于商业模式改革教育的四大要素

守时。①

商业管理模式在教育专家的引导下进入学校教育领域，并逐渐得到认可和践行。1900 年，全国教育协会会长奥斯卡 · T. 科尔森（Oscar T. Corson）公开指出："真正具有长期影响力的教育领军人物具有商务能力，能认识到并把握好教育中的业务问题。"② 在全国教育协会 1905 年召开的年会上，展开了以"在全国教育理事会目前应该进行的调查中，什么才是大有希望的"（What Are at Present the Most Promising Subjects for such Investigations as the National Council of Education Should Undertake?）为主题的讨论。第一个对该主题进行发言的马萨诸塞州教育委员会秘书长乔治 · H. 马丁（George H. Martin）在题为《现代商

① See Joel H. Spring, *The American School*, *1642-2004* (Boston: McGraw-Hill, 2005), p. 150.

② Oscar T. Corson, "President's Address" (National Education Association, Journal of Proceedings and Addresses of the Thirty-Ninth Annual Meeting, held at Charleston, South Carolina, July 7-13, 1900), p. 59.

业方法与现代教育方法的比较》的演讲中指出："将现代商业方法与最为现代的教育方法进行对比非常重要，可以发现一些值得探究的问题。通过比较，我们会发现，教育过程似乎是不科学的、原始的，甚至会浪费资源。"① 1907 年，全国商业银行总裁詹姆斯 · H. 埃克尔斯（James H. Eckels）在全国教育协会的年会上高度赞扬了教育督学们为美国物质财富的巨大增长做出的重要贡献，并指出："这一进程从某种程度上脱离了纯粹的学术，走向实用的一面，使学校变成了一个学习如何制造的地方。"② 威廉 · C. 巴格莱（William C. Bagley）在 1907 年出版的教师培训教材《班级管理：原则与技巧》中将教师管理视为商业问题。他认为，教师的管理问题最为基本的是经济问题，即寻求什么样的方法，可以使物质投入包括时间、经历和金钱在学校这个工厂车间内产出最大效益。应该把无条件服从当作效率服务的第一原则，教室环境与其他组织或系统——军队、政府、商业公司等基本上是相似的。③

需要指出的是，管理进步主义者作为教育改革者中的一翼，实际上与那些仅仅关注教育成本的商界人士不同，他们更为注重保护、扩大教育管理权。他们秉持精英主义哲学，试图将城市教育的控制权转移到具有集中化权力的董事会和督学手中，并基于法团管理模式来治理学校。他们关注学校结构的差异，以社会效率、社会控制为教育目的。他们更加关注组织性行为、学校和外部控制的连接关系，以及所

① George H. Martin, "Comparison of Modern Business Methods with Educational Methods"(National Education Association, Journal of Proceedings and Addresses of Forty-Fourth Meeting held at Asbury Park and Ocean Grove, New Jersey, July3-7, 1905), pp. 320-321.

② James H. Eckels, "The Financial Value of Education"(National Education Association, Journal of Proceedings and Addresses of the Forty-Fifth Annual Meeting held at Los Angeles, California, July 8-12, 1907), p. 166.

③ See William C. Bagley, *Classroom Management : Its Principles and Technique*(New York: The Macmillan Company, 1907), pp. 2, 262-266.

达到的目标总和。这就意味着管理进步主义者与强调遵循儿童个体的成长发展的教育进步主义中的自由主义一翼不同，后者批判传统学校的结构和课程，强调儿童个体的自我表达。

随着教育管理改革的推进，由商人、大学教授、督学等学校教育领导者组成的小型学校董事会取代了教师和社区居民组成的大型学校董事会，学校的管理权更为集中。小型学校董事会成员（见图 4-2）大都具有较高的学识、丰富的管理经验，是一个专家型、权威性管理组织，对教育的发展管理具有绝对的支配权。对此，来自明尼苏达大学教育学院（College of Education，University of Minnesota）的 A. W. 兰金（A. W. Rankin）曾在后来全国教育协会召开的年会上总结指出，19 世纪那些致力于建立免费学校的人认为教育是拯救民主的途径，而目前为止并非如此。个体教师作为学校管理的一个元素消失了，管理权主要属于各州的立法机构。诸多立法规定授权成立了当地的董事会。这些机构事无巨细地支配着教育系统的大大小小事务。①

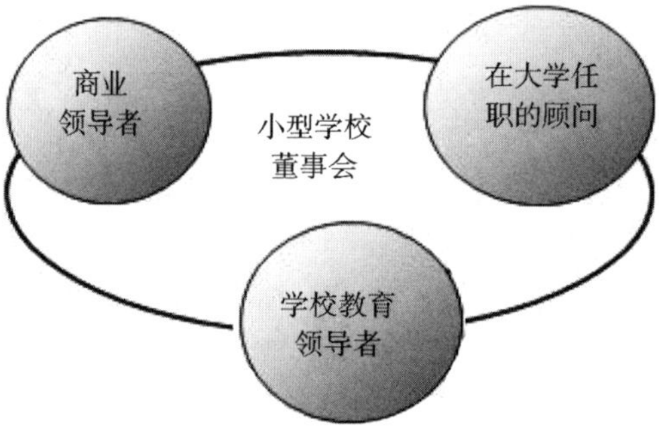


图 4-2　小型学校董事会的成员构成

---

① See A. W. Rankin, "Who Shall Administer Our School?" (National Education Association of the United States, Journal of Proceedings and Addresses of the Fifty-Second Annual Meeting held at St. Paul, Minnesota, July 4-11, 1914), pp. 912-913.

鉴于男性和女性的受教育水平不同，以及在职业市场中地位悬殊，学校科层中的管理者与教师呈现出明显的性别差异。校长、助理校长、督学等教育管理职位主要由男性来执掌，教师则以女性为主，部分较低层次的管理岗位也因男性选择晋升而由女性担任。以 1905 年为例，约 62％的女性担任初等学校校长职位，95％的男性担任中学校长职位，几乎所有的督学都由男性担任。1911 年，考夫曼的调查亦印证了女性教师在各个城镇的分级学校中都占据绝对多数的地位，男性则在学校工作中以行政管理人员的身份“存活”下来。[①] 随着 19 世纪末 20 世纪初女权运动的开展，美国各地才开始零星地出现一些以艾拉・F. 扬为代表的女性担任乡村地区的县级督学、城市督学，甚至是全国教育协会会长等职位的情形。

泰亚克曾指出，聘用女性教师与科层化的发展过程高度相关。早期倡导分级学校的人认为，劳动分工及男校长的出现使女性更有效地处理工作、管理年龄较大的男孩。[②] 男性和女性在教育领域的“角色”导致学校教育领域形成明显的性别“分工”差异。[③] 因此大量的女性进入教育领域担任教职，并没有改变教育领域中的性别等级制度的性质，

---

① See Lotus Delta Coffman, *The Social Composition of the Teaching Population* (New York: Teachers College, Columbia University, 1911), p. 28.

② See David B. Tyack, *The One Best System: A History of American Urban Education* (Cambridge: Harvard University Press, 1974), p. 61.

③ See Donna Dwyer, "The Married Woman, the Teaching Profession and the State in Victoria, 1872-1956" (PhD. diss., The University of Melbourne, 2002); Mary D. Bradford, "Married Women as Teachers," *The Journal of Education* 94, No. 23 (1921): 619-622; Alice Stone Blackwell, "Shall Married Women Teach?," *The Journal of Education* 64, No. 17 (1906): 472; Clara Ellen Grant, "Married Women in Schools," *The Journal of Education* 81, No. 2 (1915): 34-36; M. G. Brumbaugh, "Why Women Teach," *The Journal of Education* 66, No. 3 (1907): 63-65.

那些名望、权威和薪水更高的职位仍然为男性所有。[①] 尽管"女教师因薪资低于男教师而受雇"[②]，但很多教育精英仍不买账。一方面，他们质疑女性对孩子的影响，以及对教育的贡献；另一方面，他们认为男性具有更大的执行能力，纪律严明，故提议增加薪酬来吸引男教师、男校长。诸如费城等地为了缓解女性带来的"威胁"，还创办了仅招收男性的教师培训学校，并规定文法男校的最高两个年级只能雇佣男教师；芝加哥教育委员会主席也提议"恢复男子气概要素的坚定立场"；霍尔、菲尔布里克这样的心理学者、官员都表达过关于女教师对男生影响的担忧。这种状况反映出美国学校教师发展中的一个显著的矛盾：美国教育领域既需要女教师来保障公共学校的发展，又对她们缺乏信任，试图加以管理限制。

在这场教育管理的集中化改革中，督学成为学校董事会的代理人，往往对各地教育事业的发展具有较为集中的管理权，在学校教育领域产生了较大的影响。诸如纽约市的督学威廉·马克斯维尔（William Maxwell）、堪萨斯城的督学詹姆斯·格林伍德（James Greenwood）及芝加哥的督学阿尔伯特·莱恩（Albert Lane）等均成为当时颇具号召力的管理者。詹姆斯·厄尔·拉塞尔（James Earl Russell）指出，这些人"是教育领域的封建贵族，是坚定的个人主义发展黄金时代的教育精英。他们是教育界的约翰·D. 洛克菲勒（John D. Rockefeller）、安德鲁·卡内基（Andrew Carnegie）、J. P. 摩根（J. P. Morgan），巍然地

① See Myra H. Strober and David B. Tyack, "Why Do Women Teach and Men Manage? A Report of Research on Schools," *Signs: Journal of Women in Culture and Society* 5, No. 3 (1980): 494-503.

② Michael B. Katz, *The Irony of Early School Reform* (Boston: Beacon, 1968), p. 258; David Tyack, *The One Best System: A History of Urban Education* (Cambridge, MA: Harvard University Press, 1974), p. 62.

屹立在众人之中”[①]。与这些形象高大的教育管理者相比较，教师则蜷缩在学校的角落，接受着不断细化、严格的监管。

对此，杜威认为上述改革是不幸的，这种热衷于把重心置于学校系统内、减少非专家学校董事会的特权以及贪污腐败的方式，是在尝试采用专制原则来解决民主发展中的弊病。不管这个领导者有多么聪明、专业或仁慈，一人经营管理都是专制。[②] 教师因为政治干涉的减少而逐渐从传统的主顾政治（political patronage）[③] 的接受方，变成服从命令的工人。迈克尔·W. 阿普尔（Michael W. Apple）批判地指出，这项变革意在使教师权威下降或使教师无产化。不过有利的一面是，教师也在这个过程中不再依赖主顾制度，转变为自由的工人，去抵制那些施加在其身上的不合理要求。[④]

---

① James Earl Russell, *Founding Teachers College: Reminiscences of the Dean Emeritus* (New York: Teachers College, Columbia University, 1937), p. 31.

② See John Dewey, "Democracy in Education," *The Elementary School Teacher* 4, No. 4(1903): 195.

③ 主顾政治作为一项普遍的社会政策，殖民地时期的教学职位常常赋予那些难以实现经济独立的人，如寡妇、残疾人等。许多乡镇将这种机会分配的政策逐渐发展成主顾制度(patronage custom)，把教职工作分配给执政者的亲友或政治支持者的亲友。See Michael W. Sedlak, "Let Us Go and Buy a School Master: Historical Perspectives on the Hiring of Teachers in the United States, 1750-1980," in *American Teachers: Histories of a Profession at Work*, ed. Donald Warren (New York: Macmillan Publishing Company, 1989), pp. 260-263; Marguerite Renner, "Who Will Teach? Changing Job Opportunity and Roles for Women in the Evolution of the Pittsburgh Public Schools, 1830-1900" (PhD diss., University of Pittsburgh, 1981).

④ See Michael W. Apple, *Teachers and Texts: A Political Economy of Class and Gender Relations in Education* (New York: Routledge & Kegan Paul, 1986), p. 33.

## 二、“顺从”的教师与严格监管下的教学

一直以来，教师女性化的发展趋势导致管理者担心这些常常只有14—15岁的女教师由于年龄小、经验少等缘故，难以维持班级秩序或规训没规矩的学生。很多学生可能比她们个头高、年龄大，尤其是很多大男孩在农闲时来上学，令女教师们筋疲力尽。很多女教师仅仅接受过初等学校教育，毕业后便走上教职岗位开展教学；有些接受过学院教育的教师，也常常只有17岁左右。[①] 因此，对管理者而言，如何有效地约束教师，保障教学的有效进行是一个棘手的问题。

在纽约这个移民、混居的城市，教师面临的挑战可谓纷繁复杂。一方面，来自不同国家，信仰、语言、人种、需求不同的学生给教师们带来了巨大的挑战；另一方面，管理者的严格监察亦使教师承受了巨大的压力。曾在纽约市布鲁克林一四七公共学校（Public School 147，Brooklyn，NY）任教的玛拉·凯利在其自传小说《小小的公民：学校生活幽默趣闻》中便描绘了19世纪末20世纪初城市学校教师所面临的困境，以及教师与督学、学监之间的“交战”场景。[②] 书中的主人公康斯坦斯·贝利（Constance Baily）主要教的是爱尔兰裔移民，这些学生在英语听说上知之甚少，贝利在教学工作中不辞劳苦地应付一大班形形色色学生的同时，还要接受严格的监管。

作为学校董事会的代理人，督学负责管理学校制度，其中一项重要的工作便是跟踪各个教室开展的教学活动，搜寻那些违反教学规则、方法的教师。督学们往往在视察监管中施以严格的要求，导致他们成

---

① See Selma C. Berrol,“Julia Richman: Agent of Change in the Urban School,”*Urban Education* 11,No. 4(1977):358-359.

② See Myra Kelly,*Little Citizens: The Humours of School Life*(New York: Grosset & Dunlap,1904).

为教师眼中的邪恶的“斯芬克斯”（Sphinx）①，将教师的一举一动都记录在“末日审判书”上。

1902 年 1 月初，在贝利刚刚走上教师岗位 4 个月时，就有消息传来：助理督学“橡胶靴蒂莫西”（Gum Shoe Tim）正在视察各个学校，随时都会来到贝利所在的学校。纽约公共学校的教师任职资格证书有效期是一年，校长和学区助理督学②每年根据教师的表现来决定是否续用教师；教师获得三轮续用后，才能获得永久的教师任职资格证书。蒂莫西的视察对贝利来说无疑是一个重大的考验。③

蒂莫西是一个广为人知的、令教师生畏的助理督学。蒂莫西常常会静悄悄走到教室，毫无征兆地接近那些即将成为“受害者”的教师。布莱克（Miss Blake）常常抱怨蒂莫西的监察有失文明管理，不像其前任那样及时地告知教师前来检查，以及将要测评的科目，从而使教师可以平静、微笑地迎接校长和督学的检查。蒂莫西的检查总是突如其来，令教师们始料未及；其暴躁的脾气、颐指气使的态度及残酷的黑色幽默，常常令教师们胆战心惊。对于像贝利这样刚走上教学岗位的教师来说，只能投入更多的时间、精力到课程教学来应对蒂莫西的监管；而对于布莱克这样执教多年、经验丰富的教师来说，尽管在教学上游刃有余，但仍对蒂莫西心生畏惧。整个学区的教师都因为这种严格的监管而精神紧张、情绪不稳定、睡眠质量下降。④

一周后，蒂莫西来到贝利所在的学校视察。在即将视察贝利授课之时，布莱克专门过来告知她，提醒她做好准备，同时还安慰她不用

---

① 在希腊神话中，斯芬克斯是一个邪恶之物，象征着神的惩罚。

② 城市的学校委员会称为督学，所划分的不同学区管理者为助理督学。

③ See Myra Kelly, *Little Citizens: The Humours of School Life* (New York: Grosset & Dunlap, 1904), pp. 126-127.

④ See Myra Kelly, *Little Citizens: The Humours of School Life* (New York: Grosset & Dunlap, 1904), pp. 127-129.

害怕，校长会陪着督学一起，紧张也不要表现出来。临走前，布莱克鼓励贝利一切会顺利的，因为蒂莫西不懂阅读，是个外行。事实上，贝利的课堂教学在视察过程中进展得非常顺利——阅读、唱歌、板书和道德教育等，课堂上举止“反常”的学生也得到了很好地处理。视察接近尾声，校长在向蒂莫西反馈时将贝利的教学方式称为自然教学的方式。①

蒂莫西作为学校管理的“经理人”，是进步主义学校管理发展的重要产物。进步主义管理试图将教学方法进行量化，使其形成一系列严格的教学公式准则，因此在20世纪初推行严格的监管模式。管理者所具有的教师聘用权导致管理者与教师之间形成一种上下级关系，进而使教师望而生畏。正如索菲亚·贝尔泽·英格斯特兰德（Sophia Belzer Engstrand）笔下的主人公欧内斯廷·亚当斯（Ernestine Adams）那样，非常惧怕自己的上级，常常会有一种被追查的感觉。② 比尔也通过研究发现，中西部和南部小型社区的教师至少在一战之前都不敢去剧院，跳舞等活动也被教育董事会严厉禁止。③

对这种干涉教师教学内容、方法的严格监管，杜威认为其在很大程度上限制了教师的智慧、囚禁了他们的灵魂。每个发展良好的分级学校都沉浸在对学习课程的关注中。随处可见官方发布阅读、写作、拼写和算术等科目的教学方法，为教师提供现成的历史和地理学习大纲。甚至是艺术、歌曲和歌唱方法，绘画主题和技术等，都属于外部

---

① See Myra Kelly, *Little Citizens: The Humours of School Life* (New York: Grosset & Dunlap, 1904), pp. 130-160. 本书中的该章节曾以插图故事的形式于1903年的《麦克卢尔杂志》上发表。

② See Sophia Belzer Engstrand, *Miss Munday* (New York: The Dial Press, 1940), p. 141.

③ See Howard K. Beale, *Are American Teachers Free? An Analysis of Restraints upon the Freedom of Teaching in American Schools* (New York: Charles Scribner's Sons, 1936), pp. 374-375.

权威的范畴。[1] 接受严格监管的教师在选择课程、规章制度和设备上没有发言权，履行职责时不断受阻，教师的个性和主动性遭到打压，不利于教师独立专业形象的建立。

一直以来，专业知识能力的参差不齐严重影响了教师专业形象的构建。虽然教育领军人物倡导宣扬崇高的教师专业理念，师范学校和大学、学院也不断地提高学校的准入门槛，提升教师培训的宽度和广度，希冀接受过专业培训的师范毕业生日后能投身到美国学校的实践中去，改造学校实践、推动美国社会的变革，但教师群体整体上受教育水平低、社会经济地位低的现实却与之相去甚远。威斯康星州密尔沃基市督学威廉·E. 安德森（William E. Anderson）在 1891 年召开的全国教育协会年会上指出，城市学校董事会在教师雇佣上呈现出明显的无力感，一是城市学校长期、持续地出现大量的教师空缺；二是众多大城市的高薪政策意在吸引能人，提升城市学校的质量，但同时这也导致大量接受教育不够完善的新人或不能胜任的人前来应聘，导致大城市的教育委员会应接不暇，要采取措施来将大量的、持续求职的人拒之门外，导致并没有很好地获得所要达到的效果。[2] 当时聘用的教师主要有三类，一是由城市培训班或师范学校培训的教师，生源来自中学和文实学校。二是由距离城市较远的培训班或师范学校培训的教师，因其与第一类教师具有明显差异而常常被称为“乡村教师”或“外地人”。这类教师或通过测试，或获得文凭证书，大都在应聘城市学校职位前具有教学经验。三是未接受过专业培训但通过外部或城市测试获得教师资格证书的人，含未完成中学和文实学校教育的教师。

---

① See John Dewey, “Democracy in Education,” *The Elementary School Teacher* 4, No. 4(1903): 196.

② See William E. Anderson, “Qualification and Supply of Teachers for City Public Schools: With Discussion” (National Education Association, Journal of Proceedings and Addresses, Session of the Year 1891, held at Toronto, Ontario, Canada), p. 426.

很多人基于现实需要而追求快速的谋生方式，因此在未接受师范学校系统的培训前便匆匆走上教师岗位，如西部城市中的“替补”教师。[①]

可见，一直萦绕在教育界的专业教师问题并没有得到很好的解决，以全国教育协会为代表的教育组织对专业教师的培养、聘用和提升方面的讨论并没有得到普遍的落实。也正是因为这个缘故，以督学为代表的学校董事会开始担忧教师的能力，希冀采取严格监控的措施来保障学校教育质量。久而久之，以女性为主的教师在公共学校系统中易于管理、服从管理者的形象逐渐建立起来。不断地强调科层管理、密切监管教学，导致教学给人一种低端技能型工作的感觉。

从应聘、受聘到教学、管理班级，教师都处于被动地位，很难从自己的立场出发参与教育管理。教师沦为埋头执行教学的工人，不被期望关注教学之外的待遇权益等问题。安兹娅・叶兹尔斯卡（Anzia Yezierska）在自传小说中亦指出，自己“作为一位公共学校教师，好像是在贫民窟里仰望高耸入天的摩天大楼”[②]。对那些具有专业觉醒、追求专业发展的领军教师而言，疲于教学和应对严格的监视不仅使其对教师职业充满不满和不安，还令其意识到自己是不自由的，其职业独立性的建立受阻。有的女教师则随着女性职业范围的扩大，选择离开教学这个耗人、薪资低且不受公众认可的工作。

对于教师所处的境地，杜威曾指出，教师没有实现教学功能所必需的主动性和建设性努力的权力。美国现有的社会环境对教师个人智慧的发展和运用是不利的。同时，他表示自己未曾听闻美国有哪个公立学校系统在颁布官方规定和章程中，从事教学的一线工作人员有权

---

① See William E. Anderson,“Qualification and Supply of Teachers for City Public Schools: With Discussion”(National Education Association, Journal of Proceedings and Addresses, Session of the Year 1891, held at Toronto, Ontario, Canada), pp. 427-428.

② Anzia Yezierska, *Bread Givers: A Struggle Between a Father of the Old World and a Daughter of the New*(New York: Persea Books, 1925), p. 75.

对学校规训、教学方法问题及课程、教科书等问题进行讨论和做出决定的。教学人员无权参与上述问题反而很普遍，甚至是常态。那些认为普通教师没有能力参与制定学习课程或开始教学或管理学生的人，自古以来就是反对民主发展进步的人。如果教师不称职、无能、无知且不负责任，不适合解决重要的教育问题，不能发挥明智的主动性和承担建设性工作的话，那么他们也就不适合承担指导人类灵魂这项更加困难和细致的任务。他们也只能用机械、反复无常和笨拙的方式执行那些最为明智的专家团体发布的任务命令。不民主地压制教师的个性自然会导致对学生智慧的不当限制。我们要认识到教师在智识和精神上的独立性，因为所有改革都取决于教师素质的提升。教育是所有人类事务中最具个人化的，其最为依赖的和最终的力量之源便体现在个体的品格和智慧上。①

时任纽约市市长的乔治·B. 麦克米伦（George B. McClellan）也在1905年全国教育协会召开的年会上指出，学校是为人而设，而不是人为了学校而存在。教学和教育是两回事，你可以教鹦鹉唱“星条旗”，但你不能把它培养成有用的美国公民。就目前而言，教学是最值得称赞的，但教学只是达到目的的一种手段，其本身绝不是目的。教育标准在很大程度上取决于现实发展变化的情况。当前存在的一个发展趋势是剥削教师，而学生为此付出了代价，从而难免导致学生对众多的学习科目一知半解；充满困惑，得不到发展；还不大会读、写的时候，便在困惑中学习高深的知识；成为事事通、事事松的人。公共教育的首要且唯一目的是培养共和国的公民。② 仅仅强调教师教学对发展美国

① See John Dewey, “Democracy in Education,” *The Elementary School Teacher* 4, No. 4(1903): 194-199.

② See George B. McClellan, “Standard of Local Administration” (National Education Association, Journal of Proceedings and Addresses of Forty-Fourth Meeting held at Asbury Park and Ocean Grove, New Jersey, July 3-7, 1905), pp. 86-88.

民主的作用、解决民主发展进程中存在的问题显然是不够的。

许多要求参与民主管理的教师纷纷向那些对教师“发号施令”、要求教师默不作声服从学校规定的管理者提出挑战，二者之间形成明显的矛盾、对峙。希冀通过联合众多教师来获得有利博弈地位的教师不断地受到批判指责。在1904年全国教育协会召开的年会全员大会（General Session）上，科罗拉多州丹佛市的督学艾伦·戈夫（Aaron Gove）担心地指出：“当前社会上存在一种危险，就是教师通过教师组织等来篡夺本应该属于督学的权力。人们还逐渐形成一种认识，尤其是在那些大城市里已经存在这种认识，认为公共学校应该是一个民主的机构，教师群体也是民主管理的组成部分。这是关于真正的民主的一种错误的观念。正确的理解应该是，教育董事会是民主、人民的代表性机构，为学校教育制定法律规定，并为其行为负责……人们在学校系统的管理机构（教育董事会）选出代表来表达自己的诉求……公共学校委员会选出官员（督学），其唯一的任务就是通过委员会成员来贯彻人们制定的方案计划……督学具有学识、技能和能力来选择实现目的的工具手段（教师）。”①

戈夫的观点在很大程度上代表了倡导学校集中化管理的主流观点：管理者负责制定学校运行发展的规章制度，教师接受严格的监管并遵从规定。他试图批驳打压教师组织的愿望并没有得以实现，相反的是，教师组织纷纷在各地建立起来，不断地提升教师在教育领域的话语权。

既然倡导集中化管理的改革者认为学校系统的管理必须掌握在教育专家手中，那么也可以认为学校系统的每一个成员，从一年级教师到高中校长都必须在行驶教育权中占有一定的份额。解决问题的方法不是让一位专家就教育方式、课程发号施令，教师被动地接受，而是

---

① Aaron Gove, "Limitations of the Superintendents' Authority and of the Teacher's Independence" (National Education Association, Journal of Addresses and Proceedings of the Forty-Third Annual Meeting, held at St. Louis, Missouri, 1904), p. 154.

在整个学校教育人员团队中进行明智的倡议、讨论和决策。杜威认为，应该采取这种更为彻底的措施来解决民主发展中的部分问题，减少市政政治对学校系统的影响。①

如何摆脱教育董事会、教育专家的控制，获得参与学校民主管理的话语权是19世纪末20世纪初的教师群体主动提升专业地位、探究专业化发展的重要组成部分。以纽约市和芝加哥市为代表的教师群体逐渐意识到通过教师联合是壮大自身力量、获得有利博弈地位、争取参与教育管理、提升话语权的最为有效的途径。故而，城市教师和工会的联盟与学校管理者和地方商业精英的联盟、学校管理者和大学教授的联盟共同构建了20世纪早期美国的教育政治图景。②

## 第二节 芝加哥教师理事会与教师争取教育管理权的艰难历程

19世纪末，芝加哥一跃发展成为美国中西部最大的城市，各类社会问题层出不穷。在教育领域中，不仅有赖斯揭丑，还有帕克、杜威等开展的对美国当时的进步教育运动及后世教育产生巨大影响的学校实验，亦有在黑利、戈金等人的领导下推动芝加哥教师联合会挑战集中化的学校管理体制，争取教育管理权的行为。作为“全国学校事务的实验室”③，芝加哥的学校教育充满实验色彩，在全美具有代表性和领军性。

---

① See John Dewey, "Democracy in Education," *The Elementary School Teacher* 4, No. 4(1903):195-196.

② 参见乔尔·斯普林《美国学校：教育传统与变革》，史静寰等译，人民教育出版社，2010，第428页。

③ D. J. Hogan, *Classand Reform : School and Society in Chicago , 1880-1930* (Philadelphia: University of Pennsylvania Press, 1985), p. 312.

## 一、芝加哥教师理事会与教师争取学校管理权的落空

19 世纪末 20 世纪初，如火如荼的工业化和城市化发展在给芝加哥带来日新月异的变化的同时，也让人们看到生产垄断、劳资矛盾、贪污腐败等问题丛生。虽然进步主义管理者试图远离政治，但由于公共经费资助、监督管理等因素，芝加哥公共学校从未真正地摆脱政治控制的元素。

1893 年，赖斯揭露芝加哥公共学校总体上开展的教育不科学，即便是用最低标准来评判，其教育也是不科学的。① 对那些将教育视为美国民主发展的重要途径的民众来说，赖斯的批判无疑给了他们当头一棒，使他们备受打击。彼时的芝加哥的公共学校系统不断地扩展、调整，朝科层化管理发展——管理者们不断地施加所谓的科学的教学规则，一线教师被动地遵守规章制度，教师群体在关于包括教师问题在内的教育政策制定上很难产生实际性的影响。如何在日益集中控制的学校组织系统中获得有利地位是教师群体的重要任务。

为了更好地推动学校教育的开展，关于学校组织的发展、优化也在 19 世纪末得到关注、讨论。1893 年，全国教育协会在波士顿召开的年会上指定成立了十五人委员会，对城市学校组织问题进行深入的讨论研究。历经两年的时间，十五人委员会在 1895 年 2 月克利夫兰召开的督学部会议上详细地报告了关于学校组织的相关意见。其中，巴特勒在欧洲此前建立理事会的传统基础上，较为详细地阐释了理事会的提议，不仅倡导可以选举教师进入理事会，并提出赋予教师法定权利来向督学和学监组成的委员会提建议。查尔斯・埃利奥特也在此表达

---

① See Joseph Mayer Rice, *The Public-School System of the United States* (New York: The Century Co., 1893), pp. 200-202.

了对学校理事会的支持，并指出每个学校系统的教师都要建立协会，并选出代表，就学生升级、学校教育方案的制订、教材购买及合理的教学方式的制订等问题向督学、学监提出咨询建议。①

与此同时，哈佛大学的历史学教授阿尔伯特·布什内尔·哈特（Albert Bushnell Hart）也在此次会议上表达了对教师理事会的支持。他与巴特勒、哈里斯等人作为知名教育精英、领军人物，所倡导的理事会提议在美国引起了广泛的关注。对那些深受学校集中化影响、寻求学校教育管理权的教师来说，教师理事会可谓是一棵救命稻草。② 巴特勒等人长期以来也在地方、州、全国性层面讨论美国教育问题，参与公共学校改革。这种经历也使得他们看到有必要在全国范围内的城市学校系统制度中建立教师理事会。不过，对巴特勒等曾倡导通过大学入学考试等形式来统一集中化管理公共学校的人来说，教师在理事会中的角色更多是提供建议，是为了帮助学校管理者有效管理学校，而不是为了赋予教师权力。

1894 年，波士顿督学埃德温·P. 西弗（Edwin P. Seaver）作为十五人委员会成员，开始收集城市学校制度组织的相关信息，并致信查尔斯·埃利奥特咨询该委员会提出的 19 个问题。在 1894 年 7 月 21 日的回信中，查尔斯·埃利奥特通过聚焦教师参与学校决策制定如何更佳地组建城市学校这一问题，详细地阐述了教师理事会的理念。他明确地指出，所有城市学校系统中的教师都应该归属于一个教师协会；教师协会的一大功能就是每年从中选出一定的代表，组成理事会，理

---

① See William Torrey Harris, A. S. Draper and Horace Sumner Tarbell, *Report of the Committee of Fifteen* (Boston: The New England Publishing Company, 1895), pp. 82-87.

② See Geoffrey G. Tegnell, "Democracy in Education: A Comparative Study of the Teachers' Council Movement, 1895-1968" (PhD diss., Harvard University, 1997).

事会的本质是建议咨询性的。[①] 尽管理事会的咨询功能具有一定的局限性，但它关注的都是教育改革中最为核心的问题——课程、教学方法、学生升级等学校组织政策等。与此同时，查尔斯·埃利奥特认为，理事会应该成为一个公开讨论的平台，成员稳定且数量适宜，从而达到有效沟通的效果。一方面，理事会为教师表达学校管理意见提供途径；另一方面则从横向上建立起与公共学校制度的联系。

由此可见，巴特勒等人基于欧洲经验提出的教师理事会建议带有诸多保守性，是在维护学校集中化管理的基础上提出的。不过，它仍然在一定程度上让美国教师看到了参与学校管理的可行性路径。

相较而言，英法两国在推动教师参与学校管理上要早于美国。其中，法国各市、全国性学校管理层面均有正式的教师代表。如依据弗雷德里克·欧内斯特·法灵顿（Frederic Ernest Farrington）撰写的《法国公立小学制度》（*Public Primary School System of France*），教师群体会选出两名女教师、两名男教师，作为管理学校教育机构“市或县理事会”（Departmental Council）的教师代表，共同商讨学校发展事宜。英国则在1899年的《教育委员会法》中规定成立由21人组成的咨询委员会（Consultative Committee），随后该委员会的成员便由来自初等学校、中等学校、技术学校、大学的代表，以及劳工代表、教师组织代表等组成。只不过在成员的设置上，英国并没有做出任何成文的规定来予以保障；教师代表在英国地方性教育委员会中也并不像在法国学校管理机构中那样普遍。[②]

经过再三的权衡，以及在芝加哥教师联合会等教师组织的推动下，芝加哥市于1898年建立起中心理事会（Central Council），作为城市督

---

① See Geoffrey G. Tegnell, “Democracy in Education: A Comparative Study of the Teachers' Council Movement, 1895-1968” (PhD diss., Harvard University, 1997).

② See Walter C. Ruediger, “Teachers' Council,” *Education* 32, No. 7 (Mar. 1912): 397-399.

学的咨询顾问机构。根据章程，理事会由三个层次的理事会组成，一是学校理事会，由每所学校的校长和教师组成；二是学区理事会，由学区督学，以及每个学区学校的一名教师和一名校长组成；三是中心理事会，由城市督学、监管人员和来自学区理事会的同等数量的校长、教师代表组成。理事会会议安排在放学后，成员自愿出席。理事会意在向教师和校长在课程、教材等学校教育问题上提供决策建议，并推动学校改革。①

理事会一经建立，以昆西教学法（Quincy Plan）闻名遐迩的帕克便积极地参与其中，并常常在中心理事会的讨论上担任引导者的角色，以期对教师进行启发。事实上，帕克早在1895年克利夫兰城市学校组织的会议上便对哈特提议建立的理事会产生了兴趣，因此在芝加哥建立中心理事会后便迫不及待地带头参加理事会会议讨论，并在师范学校进行推广传播。帕克反对传统的形式主义教学方式，而倡导自然的学习方式。在告诉教师如何去调整教学方式和修改教学材料，而未能调动教师的洞见后，他便开始指导教师、学生：只有通过“自我表现”才能实现有效学习，并要求教师进行自我表达。一开始教师们只说一些他们认为帕克想让他们说的东西，后来渐渐地开始表达、聆听、做出判断等。②

理事会建立时给教师、管理者带来的希望仅仅维持数月便幻灭并涌现诸多问题。其中较为突出的便是芝加哥教师俱乐部（Chicago Teachers' Club）所反映的两大问题，第一，学区理事会、中心理事会中的校长和管理人员代表较多，50%的中心理事会成员都是管理者；

① See The Central Council of Education, Constitution, CTF Collection, Box 35, Chicago Historical Society, p. 8.

② See Francis W. Parker, "Democratization of the Schools," *Chicago Teachers' Federation Bulletin* 5, No. 7 (Jan. 1906): 4.

第二，大部分执行委员会的成员都是校长或监管人员。[1] 针对这两个问题，中心理事会 1898—1899 届主席威廉·劳伦斯（William Lawrence）则指出，建立理事会的目的是保障具有权威的专家就儿童教育福利等问题表达他们的意见，而不是保障教师提升自己阶层的利益。这一回应无疑更加印证了巴特勒等人关于理事会的定位——理事会是推动学校组织更为有效开展的平台，教师只是被纳入其中为管理者提供建议而已，并无实权。

对于寻求教师权益的教师来说，中心理事会无疑形同虚设。以黑利为首的芝加哥教师联合会认识到，凭借学校董事会建立管理机构并参与其中而获得学校的管理权的办法行不通，于是开始尝试通过有力的政治博弈来争取学校的管理权。在这个过程中，推崇学校管理民主化发展的管理者艾拉·F. 扬也不断地推动教师从实际意义上获得参与学校管理的权力。

## 二、芝加哥学校管理集中化与民主化的博弈

芝加哥学校的集中化发展并没有因为中心理事会的建立而放慢脚步。争取学校管理权的教师与学校董事会之间的矛盾愈发凸显。尽管芝加哥市的督学 E. 本杰明·安德鲁斯与教师（主要是女教师）之间的矛盾冲突不断激化，但市长哈里森（任期为 1897—1905 年和 1911—1915 年）依然置身事外，认为二者之间的矛盾并不会影响到芝加哥市的发展运行，双方的对峙应由他们自行解决。[2] 哈里森认为，二者之间的矛盾只不过是原有问题、矛盾的再现，学校董事会需要按照自己的

---

① See Minutes of the Central Council of Education, 20 May 1898, CTF Collection, Box 35, Chicago Historical Society, p. 20.

② See "Mayor Would Keep Out, Says Teachers and Board Must Settle Their Own Fuss," *Chicago Tribune*, June 12, 1899, p. 5.

办事习惯来解决问题。曾担任教师、管理者的黑利和艾拉·F.扬等女性领军人物对这种学校制度发出质疑，指出在管理者独揽大权的情况下，教师很难传授民主。

一直以来，以黑利为代表的芝加哥教师就对安德鲁斯心生不满。而他在担任督学期间横行霸道，让每个人都听从他的指挥，这引起了众多校长的厌恶，以及中小学教师的侧目。曾担任教师、时任学区督学的艾拉·F.扬也与安德鲁斯在教师管理上产生分歧，渐生嫌隙，决定于 1898 年辞去学区督学职位，并明确地表示自己不会只做一个没有实权的傀儡。[①]《芝加哥论坛报》专门对此不无遗憾地称，艾拉·F.扬比任何与学校有关的人更为熟悉学校的需求，更懂得教育学原理，更明白如何让教育践行得更为成功。[②] 虽然这篇报道存在一定的夸张色彩，但它至少反映出艾拉·F.扬在芝加哥教育领域已崭露头角，得到了很多人的肯定，从而为其后来走上督学岗位，推动学校管理改革奠定了基础。

此时的安德鲁斯不仅拥有商业利益团体的支持，还在拓展公共学校规模上赢得了支持学校改革人士的赞许，并使其认为教师故步自封，以自我利益为中心。由此，安德鲁斯成功地离间了教师和学校改革者。[③] 由于新建的中心理事会和 1898 年哈珀提出的教育议案都未能赋予教师实质上的管理权，督学对教师的控制不断地强化，教师们不断地意识到权力和责任的重要性，并不断地进行反抗。[④] 艾拉·F.扬的辞职更加激起了教师们心中的怒火，教师们在当年的芝加哥春季选举中

---

① See Helen C. Bennett, *American Women in Civic Work* (New York: Dodd, Mead and Company, 1915), pp. 258-259.

② See "Mrs. Young's Resignation," *Chicago Tribune*, June 7, 1899, p. 5.

③ See Paul E. Peterson, *The Politics of School Reform, 1870-1940* (Chicago: The University of Chicago Press, 1985), p. 170.

④ See R. Reid (ed.), *Battlefield: The Autobiography of Margaret A. Haley* (Urbana: University of Illinois Press, 1982), p. 37.

努力游说，劝说选民不要投票支持安德鲁斯之流。随着与教师的矛盾不断激化，安德鲁斯因未能满足上级的要求而在倍感压力之中离开芝加哥。

担任督学之职的库利（任期 1900—1909 年）同样是工商业界的支持者，实际上仍未放松对教师的控制。他在上任后不久便指出芝加哥市在教师聘用上存在诸多问题，认为很多合格的教师未能获得雇佣，而一些不合格的教师反而被任用。[①] 为此，他一方面从学校董事会争取雇佣、晋升教师的权力；另一方面则提出建立教师绩效考核制度（merit system），使教师的薪资直接与管理者（校长、学区督学等）的考核和评定挂钩。1902 年 7 月，芝加哥市学校董事会采纳了库利提出的方案。

鉴于库利提出的方案主要是由管理者私下进行而教师并不知情，教师群体非常担心自己的职业发展前途，因此进行了强烈反抗，并提出取消绩效考核制度。事实上，这项考核制度和养老金方案、理事会的形同虚设等都在很大程度上将芝加哥教师推向工会的方向。[②] 1902 年 10 月，芝加哥教师联合会在每月会议上宣读了芝加哥劳工联合会写来的一封表达同情的信函，信中鼓励教师们参加芝加哥劳工联合会的会议，并在大会上向其 20 万具有投票权的劳工陈述教师们的亲身故事。有感于此，芝加哥教师联合会不久便投票通过加入芝加哥劳工联合会，正式采用工会的方式来争夺教师对学校的管理权。

与此同时，黑利不断地借助全国教育协会平台，宣传教师的正当权益，力证教师加入工会是为了保障学校民主。1904 年，黑利在全国教育协会的年会上指出，教师组织的功能必须在民主环境下和公立学

---

① See Paul E. Peterson, *The Politics of School Reform, 1870-1940* (Chicago: University of Chicago Press, 1985), p. 167.

② See Joel H. Spring, *The American School, 1642-2004* (Boston: McGraw-Hill, 2005), pp. 319-325.

校的基本原则相协调，从而维护和发展民主理想。仅仅在学校管理和教学方法上实现这一理想是不够的，公立学校的所有公共关系都必须符合这一理想。教师和学生的利益息息相关，对教师和学生来说，自由是发展的环境条件。最轻松的教学氛围也是最轻松的学习氛围，对教师来说是负担的事情对学生来说也是负担，限制教师权力的事情也会限制学生权力的发展。同时，黑利认为当时美国有两种理念争取优先权，一是工业的理念，主要是通过商业主义的优越性来实现，将工人置于产品和机器的地位之下；二是民主的理念，即教育者的理念，将人性置于机器之上，并要求所有的活动都应该是生活的表达。黑利认为全国教育协会的领军人物支持集中化管理和美国学校督学的集中权力等，这其实都是专制学校制度阴谋的一部分。与此同时，她还提出全国教育协会应该由那些为其提供收入的成千上万的教师管理，使协会表达、代表教师的利益。她倡导按照芝加哥教师联合会的形式来重新改组全国教育协会。①

对于黑利及其领导下的芝加哥教师联合会，巴特勒等人将其视为"恶魔"、布尔什维克主义者。据说，1907 年在洛杉矶召开的全国教育协会年会上，一位坐在前排的保守人士听到后排有位女士说话便警觉地站起来往后看，直到发现她不是黑利后才如释重负地坐了下来。不管这一幕是否有虚构成分，以芝加哥教师联合会为代表的教师组织、社团在事实上俨然已经成为教育领域一个举足轻重的政治博弈方。

通过教师的不断努力，许多城市的教师在较为开放的督学的领导下逐渐正式或非正式地参与到学校管理中来。1907 年哥伦比亚大学教师学院的硕士研究生埃利斯·R. 西普（Ellis R. Shipp）的学位论文研究发现，所受调查的 39 个城市中，有 17 个城市的教师获得督学允许，

---

① See Margaret Haley, "Why Teachers Should Organize" (National Education Association, Journal of Proceedings and Addresses of Forty-Third Meeting held at St. Louis, Missouri, June 27-July 1, 1904), pp. 145-152.

以不同程度参与、决定学校开展的学习科目的制定。① 只不过，这种教育决策权在很大程度上取决于当时城市的政治状况和督学的态度，而未有正式的立法规章制度予以保障。

政治、商业因素成为影响教师与学校董事会关系的重要因素。如库利担任督学期间，随着 1905 年市长爱德华 · F. 邓恩（Edward F. Dunne，任期为 1905—1907 年）委任了新一批学校董事会成员（其中 7 人对芝加哥教师联合会采取较为友好的态度），教师与学校董事会的关系便有所和缓。不过，随着邓恩在 1907 年市长选举中落选，学校董事会再次回到商人主导的局面后，教师与学校董事会的关系又有所恶化。库利坚持效率原则、集中化管理，但他未能获得其前任、后任那样的广泛支持。这在一定程度上是因为他在职期间教师人数减少，生均支出下降，且他未能通过学校发展向支持学校改革的人士证明其能力。

虽然教师数量减少、生均支出下降（详见表 4-1）与州法律禁止财政赤字导致学校难以获得州立法机构的资金资助有一定的关系，但芝加哥政治的诡谲多变所导致的政策的不连贯性才是学校教育政策反复、教师与学校董事会之间的矛盾时起时落的根本原因。芝加哥学校董事会的 20 位成员虽然在地理位置或族裔上具有一定的代表性，但他们由市长任命的事实则意味着政治力量对学校管理的干涉。这在不断影响董事会立场的同时，也在很大程度上限制了督学的权威和职责范围，使得学校管理政策因时而异。

表 4-1 芝加哥公共学校平均日常出席人数、生均支出统计表（1900—1920 年）

| 年份 | 教师人数 | 日常出席人数 | 生均支出（美元） |
|---|---|---|---|
| 1900 年 | 5701 | 208841 | 42 |
| 1905 年 | 5514 | 223203 | 35 |

① See Walter C. Ruediger, "Teachers' Council," *Education* 32, No. 7 (Mar. 1912): 400.

续表

| 年份 | 教师人数 | 日常出席人数 | 生均支出（美元） |
|---|---|---|---|
| 1910 年 | 6101 | 229997 | 44 |
| 1915 年 | 7272 | 273745 | 53 |

资料来源：Paul E. Peterson, *The Politics of School Reform*, *1870-1940* (Chicago: The University of Chicago Press, 1985), p. 157.

在 19 世纪末 20 世纪初这个躁动的时期里，教师、教授、商人、社会活动家及政府官员等都在讨论新时期教育在课程、方法和学校组织上的新方向。[①] 虽然教师在学校管理中并不处于有利地位，但作为一支不可忽视的力量，教师亦周旋于各方博弈中，在一定程度上推动了教育时局的变化。督学作为学校董事会的代理人，不断地更替，可谓你方唱罢我登场。

1909 年，库利在经过数月博弈后辞去督学之职。秉持学校民主管理的艾拉 · F. 扬在督学面试中的精彩表现也使其在六个督学候选人（五男一女）中脱颖而出。[②] 作为芝加哥公共学校首位女督学，艾拉 · F. 扬同时也是全国第二大城市的学校系统制度的女性领导者，且与其继任者（男性）享有同等数额的薪资。

艾拉 · F. 扬辞去学区督学后全身心投入芝加哥大学教育研究之中。其间，她不仅尝试厘清已有的教育实践，结合自己对现实的思考进行了总结，还在博士论文中探讨了学校管理的问题。她认为，教师理事会是将学校与民主社会联系起来的一条途径；教师和校长组成学校理

① See William J. Reese, *Power and the Promise of School Reform* (Boston: Routledge and Kegan Paul, 1986), p. 33.

② See "Honoring the First Woman Superintendent of Schools," *The Survey* 24, No. 12 (1910): 474-475.

事会；每个理事会再选出代表组成中心理事会，其中的代表不应受到所处职位高低的影响。在规模较大的学校系统实施的教师管理中，“严格监管”是完全违反美国价值观的，也是最危险的。[①] 严格的监管不仅会剥夺教师固有的权力，导致教师孤立无援，还会导致管理者设定专门的教学方法，教师沦为服从实施管理者要求的工具。杜威认为上述观点是艾拉·F. 扬从一线教师向教育管理者发展的过程中，个人经验总结升华的自然结果。杜威指出：“直到在公共学校系统中每位教师都有一些常规性、代表性途径评判重要的教育问题，并产生影响，才真正地具有民主性。当前的学校系统并未做到这点。”[②]

与库利仅仅获得工商业界的支持不同，艾拉·F. 扬的上任获得了教师、劳工、诸多学校董事会成员的支持。虽然邓恩已不再担任市长，但他任命的学校董事会成员仍在职，从而为艾拉·F. 扬的上任与她后来的改革奠定了基础。

与以往几任推崇集中化管理的督学不同，艾拉·F. 扬更加支持民主管理。她认为，一味地强调效率对从长远来说培养人们民主的生活方式可能是短视的，是无益的。因此，她在上任后便不遗余力地推广民主学校管理的理论与实践。一方面，她尝试界定了督学职位本身的责任义务，以及助理督学、学区督学、校长及其他指导性员工的职责[③]；另一方面，在将芝加哥教师联合会视为普通的教育组织机构的同时，倡导建立教师理事会，赋予教师一定权力的同时，缓解学校董事会与教师的对峙关系。在当时众多倡导科学集中管理的督学中，艾

① See Ella F. Young, *Isolation in the Schools* (Chicago: University of Chicago Press, 1901), pp. 106-108.

② John Dewey, "Democracy in Education," *Elementary School Teacher* 4, (1903): 194-195.

③ See Public Schools of the City of Chicago, *Fifty-Sixth Annual Report of the Board of Education for the Year Ending June 30, 1910* (Chicago: The Board of Education of the City of Chicago), pp. 75-78.

拉·F. 扬的举措可谓"与众不同"。[1] 艾拉·F. 扬所秉持的民主的学校管理主张在很大程度上契合了参与性哲学理论，与推动女性投票权等立法改革一样具有同等意蕴。在她看来，教师们参与学校的民主管理，在一个能直接交流并获得尊重的环境中思考、增长经验，对其提升教学水平来说至关重要，应全力以赴予以践行。

## 三、芝加哥教师理事会组建与教师参与教育管理的博弈

在开展督学工作的初始阶段，艾拉·F. 扬的一项重要工作便是处理公立学校教师与教育董事会之间的紧张关系。经由多方的交涉和努力，1913 年，艾拉·F. 扬成功地获批建立教师理事会和管理者理事会，以及由二者选出代表组成的总理事会的方案。督学与总理事会成员每年固定召开两次会议，并在督学认为必要之时增开会议。建立理事会的目的是充分听取全体公立学校教师在课程、教材、各科教学、教师职责、教师发展及其他教育问题上的态度和建议，给予其足够的表达空间；使督学获悉一手的教师态度和建议。该方案获得董事会批准通过。[2] 成功组建理事会后，艾拉·F. 扬便召集理事会成员改革学校课程，切实发挥理事会的效用。

虽然理事会本质上仍然是建议咨询性的，但与 1898 年建立的理事会比较，艾拉·F. 扬赋予教师更多的管理权和自主性。督学每年和总理事会定期会见两次，教师可以直接向督学反映其在课程、教材、行政工作、职责和进修上存在的问题，使督学对普遍性存在的教育问题

---

① See C. T. Bradshaw, "Ella Flagg Young and Her Relationship to the Cult of Efficiency," *Educational Theory* 36, (1986): 363-373.

② See Public Schools of the City of Chicago, *Fifty-Ninth Annual Report of the Board of Education for the Year Ended June 30, 1913* (Chicago: The Board of Education of the City of Chicago, 1913), p. 124.

进行判断并明智地制定政策。[①] 必要的话，总理事会可以不限次数地会见督学。与此同时，艾拉·F. 扬督促理事会对芝加哥学校的课程进行考量、研究，并在年度报告中评价理事会的建立对学校的民主管理具有重要意义。

在艾拉·F. 扬努力倡导向教师赋权、建立教师理事会的同时，全美亦有其他督学进行了类似的尝试。1909 年，得克萨斯州达拉斯市（Dallas，Texas）督学亚瑟·勒费夫尔（Arthur Lefevre）成功地建立起教师理事会，率先从法律上保障教师参与指定教育政策的权利。同年，马萨诸塞州波士顿督学斯特拉顿·D. 布鲁克斯（Stratton D. Brooks）也意识到美国教育中缺少相关制度来保障教师参与制定教育政策的问题，并受到启发倡导在每个中学部建立中学理事会，推动教师参与讨论教育问题，以及参与决定学习科目和教育政策的制定。每个中学理事会再选出一名教师代表，与校长一同参加中心理事会。[②] 1910 年，康涅狄格州新不列颠市督学 S. H. 霍姆斯（S. H. Holmes）也建立起由教师、校长、监管人员组成的理事会，以确保教师更为积极有效地参与学校的管理。其中，每一个初等学校（含幼儿园）、中学都选出一名教师代表，以使教师充分发挥主动性，探讨指定教育和学校管理上的政策，不断地形成教育主体意识，关注社区生活。可见，并非只有艾拉·F. 扬一名督学在推动教师参与学校管理上做出了努力，在教师理事会建立的过程中，其他督学的努力推动也是大有帮助的。而这种依靠督学的民主意识而推动建立的教师理事会，也在很大程度上决定了理事会的不稳定性，以及教师话语权的有限性。

---

① See Public Schools of the City of Chicago, *Fifty-Ninth Annual Report of the Board of Education for the Year Ended June 30, 1913* (Chicago: The Board of Education of the City of Chicago, 1913), p. 124.

② See Stratton D. Brooks, *Twenty-Ninth Annual Report of the Superintendent of the City of Boston* (Boston: Printing Department, 1909), pp. 5-10.

至 1913 年，在艾拉・F. 扬的努力下，芝加哥教师、校长共组建了 64 个理事会，定期讨论学校中学习科目的发展变化。①

通过一年的运行，艾拉・F. 扬对理事会所开展的工作较为满意，并在董事会年度报告中指出，我们现在认识到一个事实，一个不相信教师具有积极参与制定教育目的和教学方法的能力的民主学校系统在逻辑上是矛盾的。一个较为先进的学校系统必须有教师贡献其成功的经验、理论并提出质疑，而理事会可以给予教师自由思考和表达的空间。不然，我们只是纸上谈兵——将公立学校视为民主不可或缺的前提，实际运行上却将其作为贵族统治的工具。② 可见，通过建立理事会，她对学校教育的民主改革充满了信心和希望，教师群体参与学校管理的渠道也得以开通。

在这个过程中，艾拉・F. 扬一直试图赋予教师实际的管理权，并采取诸多有利于保障教师权益的措施，如缩减班级规模、修改库利的教师晋升方案、支持提高教师薪资、咨询教师教材选取和课程发展方面的意见等。这些举措都在很大程度上缓和了教师与学校董事会之间的关系。与此同时，她亦兼顾扩大城市学校的运行规模、提升生均支出等。S. M. 多尔西（S. M. Dorsey）曾赞道，犹如芝加哥社会生活发展中出现的重大的变化一样，艾拉・F. 扬为芝加哥市公共学校系统也带来了类似重大的发展变化。③

---

① See Public Schools of the City of Chicago, *Fifty-Ninth Annual Report of the Board of Education, for the Year Ended June 30, 1913* (Chicago: The Board of Education of the City of Chicago, 1913), p. 123.

② See Public Schools of the City of Chicago, *Sixtieth Annual Report of the Board of Education, for the Year Ended June 30, 1914* (Chicago: The Board of Education of the City of Chicago, 1914), p. 109.

③ See S. M. Dorsey, "Fifty Years of a Great Educator" (National Education Association of the United States, Proceedings of the 65th Annual Meeting, held at Seattle, Washington D. C., July 3-8, 1927), pp. 178-179.

与此同时，在男性管理者主导的全国教育协会上，艾拉·F. 扬成功当选为第一任女会长（任期为 1910—1911 年）后，旋即倡导建立"一线教师部门"（Department of Classroom Teachers），希冀将普通的教师员工都吸纳进来，打破全国教育协会以教育管理者和教授为主导的传统模式。她在任职演讲中指出，全国教育协会应该将所有教师管理者都联合起来，启发他们对生活产生远见、洞悉生活的真谛，从而在全国每所学校的日常生活中都贯彻落实政府运行的民主原则。[①] 1913 年，一线教师部门成立，只不过并未发挥较大的实际功效。这一方面反映出教师在教育组织中的话语权得到了彰显；另一方面又说明艾拉·F. 扬的当选、一线教师部门的建立都未从根本上改变教师在制定教育政策上参与度较低的现实。

艾拉·F. 扬倡导学校民主管理，相信教师有能力参与教育管理，并促进民主教育变革。她在联合芝加哥教师群体形成统一性精神，缓和教师与董事会关系的时候，也遇到了重重困难。波谲云诡的芝加哥政治环境和人事更换频繁的董事会未能给艾拉·F. 扬的民主教育改革提供一个稳定的环境。在当时盛行的科层管理趋势之下，部分董事会成员并不认可民主教育改革，且将教师权力的加强视为阻碍芝加哥学校发展的因素。有反对者批评艾拉·F. 扬"专断、不懂变通，在任命职员时偏向女性"[②]。久而久之，艾拉·F. 扬与董事会渐生嫌隙，导致她在后来的督学工作中频频受阻，以至于最后辞职。

随着 1911 年哈里森再次担任芝加哥市长，雅各布·洛布（Jacob Loeb）和威廉·罗斯曼（William Rothman）等人被任命为学校董事会

---

① See Ella F. Young, "Hypotheses in Education" (National Education Association of the United States, Journal of the Proceedings and Addresses of the Forty-Ninth Annual Meeting, held at San Francisco, California, July 8-14, 1911), p. 90.

② Charles H. Judd, "Ella Flagg Young," in *Dictionary of American Biography*, Vol. 20, ed. Dumas Malone (New York: Charles Scriber's Sons, 1936), p. 626.

成员，艾拉·F.扬虽然成功地建立了理事会，并开展了一定的学校民主管理工作，但也频频受到阻挠。洛布等人主张实行集中化管理，并不希望赋予教师权力，且提议解散芝加哥教师联合会。[①] 1912 年芝加哥学校开办职业教育、1913 年学校教材的使用等问题的出现，不断地催生了艾拉·F.扬与学校董事会、教师联合会之间的矛盾。[②] 在多方施压下，艾拉·F.扬并没有屈服，而是毅然提交了辞呈。[③] 再一次身为督学的艾拉·F.扬未能逃脱因政治因素频繁变动而更替的董事会成员所带来的各种阻力。在 1913 年 12 月的督学选举中，艾拉·F.扬获得 50% 的支持率（10 人支持，6 人另选他人，4 人弃权），深感续任将面临重重阻力，她表示不愿意在一个分裂的学校董事会里任职，遂未接受续任。

虽然在以芝加哥教师联合会为代表的教师组织和女性团体的反对下，学校董事会得以重组，艾拉·F.扬又重回督学职位，但此一时彼一时，艾拉·F.扬与学校董事会对芝加哥教师联合会的不同态度始终是双方摩擦的一个焦点。1915 年，学校董事会通过《洛布条约》（“Loeb Rule”），禁止教师加入工会，并规定教师组织中的行政官员或事务代理人员不具有教师身份。于 1902 年加入芝加哥劳工联合会且付薪雇佣代理人的芝加哥教师联合会自然成为《洛布条约》打击的重要目标。这与主张将教师联合会视为一个普通的教师组织，并倡导赋予芝加哥教师管理学校权力的艾拉·F.扬的观点完全相悖。新上任的市长威廉·汤普森（William Thompson，任期 1915—1923 年）也公开支持《洛布条约》。1915 年 9 月，芝加哥教师联合会与艾拉·F.扬、美国

---

① See L. Dean Webb and Martha M. McCarthy, "Ella Flagg Young: Pioneer of Democratic School Administration," *Educational Administration Quarterly* 34, No. 2(1998): 223-242.

② See "Want to Force Mrs. Young Out?," *Chicago Tribune*, May 24, 1913, p. 4; "The Spelling Book Scandal," *Chicago Tribune*, May 28, 1913, p. 6.

③ See "The Fight over the Chicago Public Schools," *The Survey* 31, (1914): 370-371.

劳工联合会会长塞缪尔·龚帕斯（Samuel Gompers）等对此进行反抗。[①] 疲于《洛布条约》之争的艾拉·F. 扬再次提交了辞呈，表示不再过问芝加哥的学校事务。

在与学校董事会对教师工会成员资格问题争论僵持不下的情况下，芝加哥教师联合会将学校董事会上告至法庭，并赢得一份法院强制令，要求修改《洛布条约》。修改之后的《洛布条约》仍要求教师不能加入非教师的组织机构，希冀迫使芝加哥教师联合会脱离美国劳工联合会。再次上诉后，芝加哥教师联合会又赢得胜利，法院要求董事会废除《洛布条约》。面对连连的失利，学校董事会自 1916 年起不再致力于要求教师退出工会组织，而是尝试改写 1895 年颁布的关于教师任期的法案，学校董事会在修改该法案的同时有权按照年度合同聘用教师。在市长的支持下，学校董事会解雇了 68 位“不合格”的教师，其中有 37 人是芝加哥教师联合会的会长和成员。[②] 与此同时，3 个学区的督学职位空缺出来，这使洛布有机会安插董事会成员的朋友。尽管教师联合会保留了自身性质，却与学校董事会形成严重的对峙局面，几乎完全失去学校管理权。

1916 年 7 月，在纽约市召开的全国教育协会年会上，洛布以芝加哥学校董事会主席的身份严厉地指责了芝加哥教师联合会。他指出，教学是一个专业，而不是一门行业，教师不应该属于行业工会。教师成为工会成员将破坏和谐、滋生事端，且有碍于规训学生，进而降低教育质量。工会的口号不是学生第一位，而是教师第一位，而且一旦抱有理想主义情怀的教师发现自己处于一个肮脏的、追逐私利的职业

① See Douglas Bukowski, *Big Bill Thompson , Chicago And the Politics of Image* (Urbana: University of Illinois Press, 1998), pp. 46-47.

② 还有一说是不再续用 65 位教师，其中 38 人是芝加哥教师联合会会员。See Kate Rousmaniere, *Citizen Teacher : The Life and Leadership of Margaret Haley* (Albany: State University of New York Press, 2005), p. 173.

岗位的话，那么教师则会被工会欺骗、威胁。[①]

已卸任芝加哥督学的艾拉·F.扬随即反驳洛布："起初我没有能力，也没有足够多的洞察力去发现，那些女性正在意识到自己根本没有自由和权利，而这二者对从事教育事业的人来说是必不可少的。……原来我以为教师和工会结盟甚是令人遗憾，但后来通过结盟发现，教师的政治地位得到了提高便也接受了。教师们也发现，无论做任何事都需要选举权，而此时有身份、地位的男性并不关心教师的权益，因此教师不得不走上前去，与那些跟他们一样受到富人压迫、折磨的人站在一起。"[②] 在艾拉·F.扬等人的努力下，芝加哥教师理事会的组建为教师获得学校管理权带来了希望。但短短6年的时间，教师的民主管理权便再度走入死胡同。随着与学校董事会关系的极度恶化，以芝加哥教师联合会为代表的激进教师团体组织逐渐采取工会的手段来寻求管理权，并于1916年共同加入美国劳工联合会，形成美国教师联合会。美国教师联合会希望为教师争取更为有力的政治博弈地位，争取更好的工资待遇、工作条件及参与教育政策制定，从而"为美国教师的生活带来光明和希望"。

艾拉·F.扬在任期间组建的理事会也在她辞职后几经解散、搁置、重建，并最终于1925年被学校董事会解散，董事会否认教师社团组织有权在教学时间之外站在学校的立场上自由交流与讨论。黑利指出，教师理事会的解散是一个管理组织在学校学术自由的管理举措上最为糟糕的行为之一。虽然芝加哥市在教师理事会上付出的近20年的努力

---

① See Jacob Loeb, "The Businessman and Public Service" (National Education Association of the United States, Addresses and Proceedings of the Fifty-Fourth Annual Meeting, held at New York City, July 1-8, 1916), pp. 353-355.

② Ella F. Young, "A Reply" (National Education Association of the United States, Addresses and Proceedings of the Fifty-Fourth Annual Meeting, held at New York City, July 1-8, 1916), pp. 357-358.

付之东流，但黑利、艾拉·F.扬等知名人士的努力却在美国具有代表性意义，其与同一时期的纽约教师理事会一道反映出教师为争取参与教育管理、获得一定自治权而付出的努力。

## 第三节 纽约市教师争取教育管理权的探索

19世纪末20世纪初纽约市的繁荣发展使不同群体对学校教育的诉求各不相同，来自不同领域的政客、商人、劳工、专业教育者、教育管理者、教师等也因此需要不断地妥协、博弈，导致学校成为一个充满争议的场域。纽约市城市学校制度的庞杂性孕育了上百个教师组织，使得纽约市教师在参与学校管理上充满了复杂性，也展现出教师对职业话语权的争夺。

### 一、纽约政治机器与学校的集中化

在19世纪末美国城市化空前加速发展时，纽约成为美国较大的城市，与芝加哥、费城等几个大城市并驾齐驱。1899年，纽约市以出口额占美国总出口额的37%、进口额占美国总进口额的67%，位列美国第一大城市和第一大港。① 诸如摩根等银行家、商人在此投资贸易，在19世纪末20世纪初几乎有一半的百万富翁都在纽约这个大都会居住，很多新兴的中产阶层也聚居此处。② 纽约市的人口也在不断地膨胀，从1860年的85万增长到1914年的400万。与工业、经济、城市的如火如荼的发展相一致，城市学校也迅速发展。

---

① See Allan Nevins and John A. Krout(eds.), *The Greater City: New York, 1898-1948*(New York:Columbia University Press,1948).

② See David C. Hammack, *Power and Society: Greater New York at the Turn of the Century*(New York:Russell Sage Foundation,1982), p. 46.

在纽约工业化、城市化的火热进程中，公共学校的班级规模庞大、教室拥挤、学生需求迥异且难以得到满足等问题日益严重和突出。1896年，纽约市的学生保守估计已达到2万人，班级规模高达50人，每张桌子供两三个学生使用，教室环境引起了很多人的关注。很多推动学校改革的人士认为冗余的教学方法、毫无想象力的课程，以及不够卫生的学校教室等问题是由信托系统制度导致的。纽约市的教育董事会由45人组成，在每20个或后来的25个区选出5个信托人来负责建造学区学校或修理教学建筑、购买教学设备及雇佣教师，从而使纽约市的公共学校系统中，有165名管理人员。庞大的城市管理团队在很大程度上限制了学校管理的效率。赖斯也颇为担忧地指出："一旦出错的话，很难从这165人中找到承担责任的人。"①

纽约市具有学校改革意识的人士曾尝试对这种管理模式进行改进，将学校的管理集中在有能力胜任的督学手中，由管理者给予帮助支持，对小型的、由最佳人士组成的教育董事会负责。但这项改革又会在很大程度上影响坦慕尼协会（Tammany Society）② 对教育董事会的资助及作为主顾的影响力。一方面，作为纽约市重要的政治力量，坦慕尼协会确保了诸多教育董事会成员和学区信托担任公职；另一方面，许多民主党人也在这项改革中采取观望态度，因为他们担心集中化管理

---

① Joseph Mayer Rice, *The Public-School System of the United States* (New York: The Century Co., 1893), p. 48.

② 原名为坦慕尼协会（Tammany Hall），或称为圣坦慕尼协会（Society of St. Tammany）、圣坦慕尼之子（The Sons of St. Tammany）、哥伦比亚公会（Columbian Order），于1786年成立，1789年改组为坦慕尼协会（Tammany Society）。从创建到20世纪60年代，坦慕尼协会是民主党（Democratic Party）的政治机器，主导着纽约市政治，控制着民主党候选人提名及曼哈顿区的政治主顾。同时，坦慕尼协会也是19世纪美国大城市钱权交易的政治机器的典型代表。1820—1870年，大量爱尔兰移民涌入美国，成为美国最大的移民群体。1826年，纽约州议会扩大选举权，通过的修正案取消了对选举人的纳税限制。随后，众多的爱尔兰裔选民受到坦慕尼协会的动员，为民主党助选，从而获得公职的回报。

可能会在很大程度上破坏学校的地方管理传统，并导致建成巨大的敷衍管理机器，家长和教师在其中迷失且不知所措。①

在那些由机器政治②主导学校政治的地方，公司老板及其下属常常在其所在选区的选民和公共学校制度之间扮演调解矛盾纠纷的角色。泰亚克指出，机器政治是一种生意，那些需要工作、合约和服务的人形成集中性的权力，进而产生渎职受贿等问题。这对美国公共学校改革者来说无疑是个巨大的问题。公立教育中腐败的现象比比皆是，如大量用于建设校舍、购买图书、支付教师薪资的费用被挪用。③ 学校教育在资金投入上往往吝啬不已，教师们经常要提醒学生注意头顶的泥灰可能掉下来，甚至常常还要从微薄的收入中自掏腰包买一些教学必需品。教师雇佣、升迁上也常常存在贿赂贪污的情况。诸多城市都存在学校委员会主席的侄子、侄女、外甥、外甥女等在并不具备资质的条件下被任命为教师的情况，或是商人提交了学校设备用品最低报价，未竞标成功却获得了一纸合约。④

1896 年，在坦慕尼协会和许多教师协会、校长协会不断地游说抵制的情况下，纽约市毅然成功地通过州立法机关废除传统教育董事会管理模式和学区信托人制度。此时的市长威廉·L. 斯特朗（William L. Strong）由共和党和反对坦慕尼协会的民主党组成的融合党派选出，在

---

① See Diane Ravitch, *The Great School Wars, New York City, 1805-1973: A History of the Public Schools as Battlefield of Social Change* (New York, NY: Basic Books, 1974), p. 159; Joseph M. Cromin, *The Control of Urban Schools: Perspective on the Power of Educational Reformers* (New York: Free Press, 1973).

② 或称“老板统治”（boss rule），由老板筹集款项，支持某个政党上台，并在政党上台后瓜分公职和公共工程，从中受益。

③ See David B. Tyack, *The One Best System: A History of American Urban Education* (Cambridge, Mass.: Harvard University Press, 1974), pp. 94-95.

④ See William J. Reese, *Power And the Promise of School Reform: Grassroots Movements during the Progressive Era (reissued edition)* (New York: Teachers College Press, 2002), p. 89, chapt 5.

其1895年1月1日—1897年12月31日任职期间，他尝试推动纽约改革、任命具有改革精神的人员为教育董事会成员。1898年，纽约完成合并，形成现在的曼哈顿区（Manhattan）、布鲁克林区（Brooklyn）、皇后区（Queens）、布朗克斯区（The Bronx）和斯塔滕岛（Staten Island）这5个行政区。

民主党人罗伯特·安德森·范·怀克（Robert Anderson Van Wyck）出任纽约市合并后的第一任市长，并在1898年1月1日—1901年12月31日任命了随后较有影响力的督学马克斯维尔。1901年，时任纽约州州长的西奥多·罗斯福（Theodore Roosevelt）签署1901年修订的宪章后，马克斯维尔得以将学校的管理权进行集中强化，教育董事会仅有同意或否决管理决定的权力。① 教师们如何在充满不确定性的教育场域中处于有利的地位是一个有待思考并解决的问题。

## 二、纽约教师-管理者理事会理念的提出

进入20世纪，随着纽约市学校合并改革的完成，纽约市学生的数量暴涨，从1900年的397 928人增长到1914年的832 195人，增长幅度高达109%。相应地，纽约市学校的开支也从1500万美元增加到4400万美元，增加了193%。② 学生人数增多、学校规模扩大所带来的教育经费问题在很大程度上给马克斯维尔与学校改革者带来极大的挑战，连坦慕尼协会支持的市长小乔治·B.麦克莱伦（George B.

---

① See John C. Thomson, *The Greater New York Charter of 1901, Together with Constitutional Provisions Affecting the City, Provisions of the Charter of 1897, Continued until Changed by the Board of Aldermen, the Tenement House Law, the Building Code, and the Colonial Charters, with Notes* (New York: The Lawyers' Co-Operative Publishing Company, 1901), pp. 593-633.

② See Sol Cohen, *Progressives and Urban School Reform* (New York: Bureau of Publications, Teachers College, 1964), p. 87.

McClellan, Jr.)① 在任期间都需要着手解决纽约市公共学校的发展问题，尤其是财政资助问题。

对马克斯维尔而言，良好的教育需要大量的教育投入。因此他在1904年便明确表示，已有的教育事业投入资金虽不少，但仍不够，还要增加投入。具体来说，要配备适宜的教室保证学生正常上课，并培养学生的动手能力、竞技能力等；保证所有的适龄儿童都享有受教育的权利；完善学校设施，开展科学和文化学科目学习；支付教师的薪资额度足以吸引有活力、有优良品质的男女教师；所有教师都得到全面的培训，成为学生学习的榜样，进而激发学生的学习兴趣，使学生不断努力。②

麦克莱伦市长则认为学校资助的增长过于迅猛，并要求评估委员会（Board of Estimates）对学校开支进行调查。经过一番调查后，评估委员会在报告中呼吁废除诸如裁缝、音乐、绘画、体育、手工训练、学校图书馆等非核心科目。③ 评估委员会的调查与报告引发的争议导致1910年10月26日通过一项决议来建立由11人组成的学校调查委员会（Committee on School Inquiry），时任哈佛大学教育研究院（Harvard Graduate School of Education）教授的汉纳斯作为该委员会负责人，对纽约的公共学校的监管系统进行调查研究。1913年3月，学校调查委员会发布报告，报告涉及纽约市公共学校的课程、组织、管理等多个

---

① 美国内战将军和总统候选人乔治·B. 麦克莱伦（George B. McClellan）之子。

② See William H. Maxwell, *A Quarter Century of Public School Development* (New York: American Book Company, 1912), p. 344.

③ See Diane Ravitch, *The Great School Wars, New York City, 1805-1973: A History of the Public Schools as Battlefield of Social Change* (New York, NY: Basic Books, 1974), p. 182.

方面，并对学校系统制度提出了改革建议。① 首先，减少统一性的课程，增加由教师、校长针对学校所在社区的需求而设计的课程，并使更多的学生有机会接触职业教育、商业教育和工业教育；其次，改进教学方法，呼吁校长更为有力地推动在职教师教育；最后，缩减教育董事会规模并减少其对日常学校管理的干涉。

同样参与此次调查活动的委员会成员爱德华·查尔斯·埃利奥特（Edward Charles Elliott）则提出了两条具有建设性的建议，以期帮助纽约市学校开展有效的监督。其一，建立调查和评估部门（Devision or Department of Investigation and Appraisal），作为学校管理的一部分。该部门由直接对教育董事会负责的督学担任负责人，主要对学校相关数据等进行收集、分析，以作为学校合理扩展的依据。其二，建立由督学、所有学区督学，以及经验丰富的中小学校长、培训学校校长和教师代表等组成的监察理事会（Supervisory Council）。这种由教师-管理者组建的理事会不仅仅是一个顾问性质的机构，还是一个依法具有权力、职能的机构，不受政治特权的干涉。理事会一方面可以在督学需要的情况下获取教师和校长们对所有教育问题的最为周全的思考，从而使督学足以对所有的日常管理操作事务进行更为直接、全局性的管理；另一方面，通过正式地参与管理政策的制定来给予教师的创造性和精力以空间。公共学校的任务是教授民主，而管理者对教师的不民主行为则严重破坏了民主教学。在教师受到束缚、学生没有自由的条件下，学校系统制度是难以体现民主的，也难以使民主富有生气。②

---

① See Committee on School Inquiry, *Final Report: Committee on School Inquiry, Board of Estimate and Apportionment, Presenting Summary of Conclusions of the Inquiry Conducted by the Committee, City of New York, 1911-1913* (New York: Committee on School Inquiry, Board of Estimate and Apportionment, 1913), pp. 1-60.

② See Edward C. Elliott, *City School Supervision: A Constructive Study Applied to New York City* (Yonkers-on-Hudson, N. Y.: World Book Co., 1914), pp. 78-79, 176-179.

爱德华·埃利奥特认为，一个具有真正进步性的教育政策、有效的学校管理制度依赖于所有涉及其中的人的合作，一个具有真正进步性的教育政策亦需要通过立法来将这种合作合法化。

爱德华·埃利奥特认为在当时的学校科层体制下，教师经验并没有得到很好的利用，因为督学及其主要管理者可以选择在制定政策时对教师咨询与否。虽然身为教育专家，强调督学的主导性角色，但爱德华·埃利奥特与曾经担任过学校教师的汉纳斯都在一定程度上注意到教师在学校教育发展中的重要性，因此鼓励教师的自主管理发展。

最终，建立由教师-管理者组建的理事会的建议不仅成为一纸空文，还遭到了许多人的反对。马克斯维尔在和公共教育协会（Public Education Association）主席查尔斯·P. 豪兰（Charles P. Howland）的通信中批判道，从常理来说，该建议是对所有形式的管理的嘲弄。[①] 这种理事会规模太大，难以有效地发挥作用，且这种学校管理制度在美国其他地方并不存在。马克斯维尔坚持对学校进行高度的集中化管理，引起大量教师的反感和不满。即便是对马克斯维尔赞赏有加的塞缪尔·阿比洛（Samuel Abelow）也指出："教师们认为马克斯维尔博士是个要求严格、执行规章制度的人，总是对那些未能完成自己职责任务的人施以应有的惩罚。"[②]

纽约市教育董事会主席托马斯·丘吉尔（Thomas Churchill）亦不赞成建立理事会的建议，他认为理事会必然会促使督学拥有更多集中的权力。作为坦慕尼协会的终身会员、民主党市长威廉·J. 盖纳（William J. Gaynor）的政府成员和下一任市长候选人，丘吉尔并不支持对学校进行集中化管理，他意识到其中蕴含的阶层问题——小型的

---

① See Edward C. Elliott, "The Proposed Supervisory Council for the New York Schools," *American Teacher* 2, No. 5(May 1913): 68.

② Samuel P. Abelow, *Dr. William H. Maxwell: The First Superintendent of Schools of the City of New York*(Brooklyn N. Y.: Scheba Publishing Co., 1934), p. 167.

教育董事会所要求的全职工作人员只有那些富人才能担任。所以，相较而言，他认为较为大型的教育董事会才更民主。曾经担任过 14 年教师的丘吉尔还倡导建立教师理事会，使教师具有民主投票权和一定的管理权。

## 三、纽约教师理事会的建立与教师争取教育管理权的“凯歌”

1893 年，赖斯对美国部分城市的学校进行了调查研究，发现了党派对公共学校的控制，学校教育效率低，部分城市学校成了“不人道的机构”，开展的是“滑稽的教学”和“荒谬的教育”等问题。[①] 10 年后，阿黛尔·玛丽·肖（Adele Marie Shaw）通过调查研究亦发现赖斯指出的问题并未消失，并在《世界的工作》上指出，纽约学校被一群缺乏专业性且具有不妥协政治立场的人把持。[②] 可见，来自各方势力的政治干预在很大程度上导致了教师在争取管理权的过程中充满艰辛。

19 世纪末 20 世纪初，纽约市先后建立了几个相互竞争的激进政治组织，其中有社会主义劳工党（Socialist Labor Party，1877 年建）、美国社会主义党（Socialist Party of America，1901 年建）和世界工业工人党（Industrial Workers of the World，1905 年建）。与此同时，纽约市的教师借助纽约市激进的发展潮流取得了一定的成果。1911 年，跨区女教师协会（Interborough Association of Women Teachers）的 14 000 名成员在其会长格蕾丝·斯特罗恩（Grace Strachan）的带领下取得同工同酬的胜利。斯特罗恩曾在布鲁克林区担任教师，后来晋升为布鲁克林的助理督学。1900 年，纽约市完成合并后，她被选任为学

① See Joseph Mayer Rice, *The Public-School System of the United States* (New York: The Century Co., 1893), pp. 119, 139-140.

② See Adele Marie Shaw, "The True Character of New York Public Schools," The World's Work 7, No. 2(1903): 4204-4221.

区督学。当年5月通过的《戴维斯法》(*Davis Law*)规定，女教师最低年薪为600美元，约为男教师最低年薪(900美元)的三分之二；女教师最高年薪是1440美元，约为同等学力、教学经验的男教师最高年薪(2400美元)的60%。① 面对男女教师的同工不同酬，斯特罗恩在担任学区督学期间的一项重要工作便是宣传并推动男女教师同工同酬。一方面，她集结出版了一本题为《同工同酬》的著作；另一方面，借助当选为跨区女教师协会的会长，广泛游说同工同酬，并取得最终的胜利。其间，《纽约时报》报道，90%的纽约女教师承诺拿出自己第一个月增长的薪水赠给斯特罗恩作为感谢，这意味着斯特罗恩可能获得总额超过20万美元的赠礼。②

作为德维特克林顿中学(DeWitt Clinton High School)的一名教师，《美国教师报》(*The American Teacher*，1912年1月首发)的主编亨利·林维尔(Henry R. Linville)曾指出："许多纽约市的教师都对公共学校系统制度的经济条件不满意，对专断的管理体制也怨声载道。"③ 随着权利意识的觉醒，《美国教师报》逐渐地成为一个讨论公共学校问题的重要平台，不断地发声捍卫教师权益和提高教师福利待遇，倡导教师参与学校教育管理。

虽然越来越多的人认识到教师参与教育的重要性，如乔治华盛顿大学(The George Washington University)的沃尔特·C.鲁迪格认为，教师在教育发展上参与机会越多，主动性越高，越有利于学校、教师

① See Grace C. Strachan, *Equal Pay for Equal Work: The Story of the Struggle for Justice Being Made by the Women Teachers of the City of New York* (New York: B. F. Buck & Company, 1910), pp. 7, 151-152.

② See ABAA "Grace C. Strachan, the President of the Interborough Association of Women Teachers," accessed December 19, 2017 https://www.abaa.org/book/940192889.

③ Celia Lewis Zitron, *The New York City Teachers Union, 1916-1964* (New York: Humanities Press, 1968), p. 15.

及民主发展[①]，但教师理事会的组建仍然道阻且艰。在 1912 年 4 月出版的《美国教师报》上，林维尔表达了对鲁迪格观点的赞同，并认为教师理事会的建立在很大程度上取决于督学的恩惠和批准。如塔科马（Tacoma，Washington）的教师理事会就是在 A. H. 约德（A. H. Yoder）担任督学的后半期倡导创办的，但该理事会并未得到教育董事会批准成为学校制度的一部分，因此在约德卸任后便解散了。[②]

《美国教师报》并没有因为建立理事会的艰难性而放弃宣传，而是在随后的刊物中不断地推广教师参与学校管理的益处。第一，鉴于自我主动承担责任比他人操纵更有颜面，教师参与学校管理将会使教师处于更为幸福的状态；第二，鉴于通过合作可以使教师了解学校的管理问题，所以教师参与管理还能促使官僚作风转向合作的风气；第三，教师参与管理可以使教师自由地思考，更为直接地考虑学生，会推动学校教育从现有的服务官员向服务社会转变；第四，教师参与管理可以使教师了解到学校工作怎样才能行得通，也可以使教师的思维、学习的成果得以更好运用；第五，教师参与学校管理可以促使教师产生更强的责任感，还会提高教师的自尊。[③] 诸如杜威、乔治·斯特雷耶（George Strayer）和耶西·纽隆（Jesse Newlon）等知名教育家也在不断地参与探讨城市教师理事会，向师生、管理者、教育者分享教师在教育管理中的参与经验，并积极地传播教师理事会的理念，积极推动美国学校的民主化发展。

在以林维尔、杜威等为代表的教师、教育家的广泛倡导之下，教师参与学校管理的努力取得了成效。1913 年 3 月，在收到哈纳斯等人的报告后不久，丘吉尔便率领纽约市教育董事会邀请几个教师协会的

---

① See Walter C. Ruediger, "Teachers' Council," *Education* 32, No. 7(Mar. 1912): 408.

② See Henry Linville, "Teachers' Council," *American Teacher* 1, No. 4(Apr. 1912): 44.

③ See Henry Linville, "Participation in School Administration," *American Teacher* 1, No. 5(May 1912): cover page.

主席来参加商讨组建教师理事会的相关事宜。两个月后，由布鲁克林教师协会的 4 名领导组成的委员会便制订出一份计划，组建一个教师理事会，由 45 个管理者和教师组成。理事会成员代表由现有的教师协会提名选出。1913 年 7 月 9 日，该方案由教育董事会采纳通过。①

教师理事会的建立也使得纽约市教育董事会主席丘吉尔赢得了众多教师的支持。1915 年，一位教师写道，丘吉尔向机器政治中带入了人情味，向科层中带入了民主，他对普通大众的需求具有独特的洞见，是世界上最好的民主人士。② 然而，当时提倡教师参与学校管理的爱德华·埃利奥特却对此举进行了批判，他认为这是丘吉尔的政治计谋，希冀通过教师理事会来达到教育董事会中丘吉尔所在的民主党占大多数，即以人民的名义来掩盖其政治干涉的意图。③ 虽然二者的观点存在冲突，但他们的行为和观点均反映出时人对赋予教师权力的觉醒。

随着 1913 年教师理事会的成功组建，林维尔和另外一位中学男教师亚伯拉罕·莱夫科维茨（Abraham Lefkowitz）又号召教师组建纽约市教师联盟（New York City Teachers' League），林维尔编著的《美国教师报》遂成为该联盟的喉舌。纽约市教师联盟的成立意在更为有效地提升、保障教师的专业地位。

只不过，纽约市教师、坦慕尼协会等群体所抵制的学校集中化管理并没有因为教师理事会的成立而放慢脚步。纽约市立法机构于 1917 年通过一项立法，再次缩小教育董事会的规模，将其成员减少至 7 人。学校的发展更加依赖教育专家的学识能力和集中管理。如何在集中化

① See Geoffrey G. Tegnell, "Democracy in Education: A Comparative Study of the Teachers' Council Movement, 1895-1968" (PhD diss., Harvard University, 1997).

② See Diane Ravitch, *The Great School Wars, New York City, 1805-1973: A History of the Public Schools as Battlefield of Social Change* (New York, NY: Basic Books, 1974), p. 196.

③ See Edward C. Elliott, "The Proposed Supervisory Council for the New York Schools," *American Teacher* 2, No. 5 (May 1913): 66-68.

的学校科层中获取一席之地，仍是纽约市教师面临的重大考验。随后，纽约市见证的全美首个教师工会集体谈判的胜利，亦是教师与管理者、学校董事会进行政治博弈的尝试。

通过芝加哥和纽约市教师理事会的建立可以发现，教师理事会的建立主要依赖于学校董事会和督学的意志，其成立的目的是：第一，帮助管理人员来设定更为理想化的学校政策；第二，通过制定合作性的解决学校问题的方案，来建立或提升教师之间的互帮互助的合作关系；第三，通过落实这些工作，来提升学校工作者的教育水平。事实上，全国教育协会决议委员会在 1914 年表达对教师咨询理事会（Teachers' Advisory Councils）的支持时便已体现出教师理事会的定位和性质：一线教师部认识到利用一线教师的专业知识、经验对公立学校大有裨益，建议在每个公立学校系统中设立教师顾问委员会，由教师选出，向督学和教育董事会就学习课程和对学生至关重要的兴趣问题传达教师的专业知识、经验。① 这就意味着成立教师理事会在很大程度上并非在赋予教师管理权，而是在辅助管理者有效运行学校的同时为教师参与制定学校管理政策提供了一条较为可行的组织途径而已。

事实上，教师在美国大多数城市学校、乡镇学校的教育政策制定上一直都难以产生真正意义上的、积极的、建设性影响。② 尽管美国各界都希望推动教师专业化发展，但在教师参与教育管理、自治上都是十分保守的，即便在与教师息息相关的教师选聘、工资发放和任期长短等方面都鲜少给予教师话语权。根据 1915 年亚伯格的不完全统计可以发现，爱达荷州、艾奥瓦州等 8 个州的教师聘用基本维持传统的 3 种

① See Committee on Resolutions, "Report" (National Education Association of the United States, Journal of Proceedings and Addresses of the Fifty-Second Annual Meeting held at St. Paul, Minnesota, July 4-11, 1914), p. 910.

② See John Dewey, "Professional Organization of Teachers," *The Journal of Education* 90, No. 16(1919): 428.

方式，一是由当地学校董事会、学务委员或教育董事会来全权负责；二是由学区督学、县督学推荐，教育董事会同意或否决；三是通过多数人投票决定。可见，教师选用权仍然掌握在教育管理者的手中，教师对此没有任何话语权、参与权。教师任期也较短，仅有西弗吉尼亚州规定在教师表现良好的条件下可以长期任职。教师薪资不仅仅受教师自身受教育水平、教学能力的影响，还要受到督学评价的影响。[①] 可见，此时的教师在与自身职业发展相关的聘用、课程教学、工资、晋升等方面仍然没有决定权，受制于教育管理者、教育董事会甚至是市政当局的理念规范。这在杜威看来显然是不民主的，除非公立学校系统中的每位教师都有一些常规的、代表性的方式来发表观点，阐述自己对教育重要事项的判断，并对学校系统产生一定的影响。[②]

从最初推动创办教师理事会，到后来发现教师理事会充满着不确定性，难以赋予教师真正的话语权，更不会使教师获得学校管理权，教师们开始转向新的博弈方式——组建美国教师联合会。事实上，从19世纪末于德国引入理事会的理念，至1916年美国教师联合会的建立，全美仅有几个城市建立了教师理事会。教师理事会的缓慢发展在很大程度上反映出教师在学校科层中获取管理权的艰难，进而导致教师逐渐采取工会的方式，或联合训练有素的工会争取学校管理权。作为一个自我宣称“训练有素的行会”，美国教师联合会试图通过更为激进的博弈方式夺取教师专业的话语权，开启教师专业化新征程。

---

① See A. G. Yawberg, "The Appointment, Salary, and Tenure of Teachers" (National Education Association of the United States, Journal of Proceedings and Addresses of the Fifty-Third Annual Meeting and National Congress on Education, held at Oakland, California, August 16-27, 1915), pp. 419-423.

② See John Dewey. "Democracy in Education," *The Elementary School Teacher* 4, No. 4(1903): 195.

# 结　　语

公共学校的教学往往陷入难以成为“具有学识的专业”的悲哀之中。大众明显不够尊重它，受教育群体从学校毕业找工作时讨厌它，甚至教师本人都鲜有敬畏或喜爱教学这项工作。同样明显地，许多人通过提升文化文平、参加集体活动和完善组织等努力来尝试赋予教学专业的地位，却没有成功的迹象。①

——弗雷德里克·S. 朱厄尔（Frederick S. Jewell）

从一开始，进步主义就向教师分配了一个几乎难以完成的角色：教师要掌握高超的教学技巧，拥有所在领域的广博知识，接受全面的教育，且对社会进步充满热情。②

——劳伦斯·A. 克雷明

## 一、从教师职业向专业的演进

朱厄尔和克雷明均揭示了美国教师职业演化过程中面临的机遇、挑战与困境。共和早期，本杰明·拉什便指出美国教师的崇高地位，

---

① Frederick S. Jewell,“Public School Teaching:Can It Become a Profession?,”*American Journal of Education* 15,No. 16(1865):579-592.

② Lawrence A. Cremin,*The Transformation of the School:Progressivism in American Education,1876-1957*(New York:Vintage Books,1961),p. 168.

但人们对教师的重视程度和对教师职业的认可度却较低，教师的重要性与其社会经济地位存在明显的不对等性。随着内战结束后公共学校制度在全美的广泛建立，教师逐渐发展成为一项全职性工作，但受教育群体选择教师职业的意愿仍然较弱；教师专业化在教育领军人物提升教育质量、保障学校发展的诉求下被不断地提上日程。有志从事教师职业人才的缺乏与教师专业化需求的日益提升形成鲜明的反差，预示了教师专业化之路曲折又漫长。在公共学校领军人物的积极推动，各州、地区规范提升教师任教资格，以及部分教师应对诉求或寻求晋升的合力作用下，教师群体开始觉醒，努力地进行专业化改革。19 世纪末 20 世纪初，随着越来越多的年轻人从事教学工作，并期望长期从事这项工作，教师专业化进程取得了一定的进展。不过，教师职业的特殊性使从业者被赋予多种角色，这在很大程度上又对教师提出了巨大的挑战，使得教师专业化前路漫漫。

通过呈现和解读上述教师职业发展演化的历史可以较为清晰地发现，美国的教师职业经历了如下几个发展过程。

首先，随着内战后公共学校制度在美国的普遍建立，学制的普遍延长，教师普遍地成为一项全职性工作；教师也逐渐由传统的称谓“schoolmaster”或“schoolmarm”转变为具有现代性意义的“schoolteacher”，教师逐渐成为履行教学职责的专门人员。

其次，随着教师成为一项全职性工作，公共学校的领军人物、教师自身及公众均要求对教师进行系统的培训，进而使师范学校应运而生，并形成了师范学校制度。师范学校培训的专业性在 19 世纪后期确立，使得教师需要在培训中接受广泛的专业知识。19 世纪末，奥尔巴尼州立师范学校等转型为师范学院，密歇根大学等高等教育机构开办教育学院，这些尝试也在很大程度上推动了教育学理论的研究、深化，以及教育术语的标准化。

在这个过程中，教师专业学位证书也随着 1905 年伊普斯兰州立师范学院等教师培训机构正式颁发教育学学士学位而得以贯彻落实；教师任职资格也不断地将教师专业学位视为重要的标准条件，并通过立法予以确立规范。教师专业培训的知识广度和深度都在这一时期得到不断探索和扩展，追求职业成功发展的教师也不断地选择提升教育培训的层次。

再次，教师培训的倡导者及较早接受过教师培训的教师，不断地意识到成立教师专业社团的必要性。这些领军人物不断地探寻教师专业发展之路、教师专业的任务，以及如何提升教师的资质水平等。教师专业社团不断地通过会议讨论、期刊论文发布等途径，推动教师提升专业知识素养和职业身份认同感。只不过，在教师专业社团中，教育管理者的介入与主导实际上使教师在探求教师职业本质时常常处于被动地位，缺乏自主性，进而限制了教师的专业认同感的提升。而在教师主导的教师专业社团中，教师则认为经济保障对教师专业发展至关重要，因此教师通过团结力量不断地推动教师福利待遇的提升。

最后，为了在教育领域获取更高、更有利的专业地位，教师不断地通过联合的方式支持学校民主管理的教育管理者、劳工组织来争取学校的管理权。芝加哥、纽约等地先后于 1909 年、1913 年建立教师理事会。鉴于理事会的成立在很大程度上依赖于当时的政治时局和教育管理者所秉持的教育理念，导致教师专业群体仅能获得有限的管理权，难以获得可以与教育董事会中督学等人相抗衡的实质性自治权。为了更好地争取学校管理权，芝加哥、纽约的教师纷纷加入美国劳工联合会，并于 1916 年组建了美国教师联合会，从而转向更为主动的博弈方式。

综上可见，专业社会学所强调的知识、社团和权力三个维度在 1865—1916 年美国教师职业的发展中得到了切实的反映。作为专业社会学中一个重要概念，专业化所强调的知识、社团、权力及其带来的地位变化，意味着一门行业的专业化必然充满着不断努力和冲突斗争。

从这个角度来看，教师专业化则是教师专业地位变化的动态过程，充满着矛盾冲突。这就意味着传统教育史学将教师职业发展作为学校教育一路凯歌前进的和谐组成部分[①]，既掩盖了公共学校组织、制度等本质性的发展变化，亦掩盖了这部美国处境最为艰难的专业史。[②]

这一时期美国教师专业化的发展历程也在很大程度上契合了韦伦斯基界定的专业化概念及其总结的专业化进程。美国教师在成为一项全职工作后，从业者不断在内外因的交互作用下提升专业知识和学历水平、组建专业社团，以及寻求管理权，进而提升教师的专业地位。这种通过专业化来提升和保障教师专业地位的努力进一步印证了专业社会学家所强调的观点，即一门职业通过占有专门的知识技能来获取更有利的专业地位，进而获得更有利的社会经济回馈。对于“地位”一词，安德鲁·阿伯特认为它涉及互动中的差异性和优先性的属性，是一种专业荣誉或公共荣誉的属性。地位差异意味着层级秩序(hierarchical order)。地位制度是由几个荣誉基础或维度生成的，即权力、财富和知识。[③] 阿伯特的阐释无疑又再一次地印证了这一时期美国教师专业化的几个向度。

## 二、教师专业演化的内在困境

从上文的历史呈现和阐释可以发现，1865—1916 年美国教师专业化充满了艰难性、曲折性。从专业所包含的重要元素——学校、协会

---

① See Ellwood P. Cubberley, *Public Education in the United States: A Study and Interpretation of American Educational History* (Cambridge, Massachusetts: The Riverside Press, 1919).

② See Danna Goldstein, *The Teacher Wars: A History of America's Most Embattled Profession* (New York: Doubleday, 2014).

③ See Andrew Abbott, "Status and Status Strain in the Professions," *American Journal of Sociology* 86, No. 4 (1981): 820.

和规范等方面来看，这一时期的教师职业完全符合专业的基本定义。但从严格意义来看，这一时期的教师专业化则更多的是同时具备了专业知识、社团和权力这几个专业化要素，却没有得到完全意义上的落实。这在很大程度上是因为美国从事教师职业的人员以中产阶层出身的女性为主，教师与学校科层中的教育管理者之间长期存在着张力，以及教师专业化与专业主义存在割裂的现实。

**（一）女性为主的教师从业人员构成**

虽然美国模仿德国建立师范学校制度，但美国教师并不像德国教师那样将教师职业视为一个具有回报性的职业而普遍地产生强烈的职业认同。教师职业在美国的社会经济地位欠佳的事实，更加推动了有学识之士不愿选择从事教师职业或迅速地离开教师职业，以追求更高的社会经济地位。

在职场中处于不利地位的女性，在接受过一定的教育后变成公共学校教师的重要来源。1880 年，女教师所占的比例已达到 57.2%。进入 20 世纪后，教师女性化趋势仍在不断加强：1905 年，女教师在全美教师中占 76.0%，1910 年增至 78.9%，1915 年增至 80.4%，1920 年增至 86.0%。[①] 与之前难以进入专业服务领域相比，女性进入教师领域的确在一定程度上改善了她们的社会经济地位，但在当时普遍存在的反对女性经济独立的社会偏见氛围下，女教师很难在教育领域获得有利的专业地位。事实上，从她们主要集中在教师、护士这两个“女性”主导的专业领域便说明了她们所处的职场地位较低。19 世纪后期兴起

① See United States Department of the Interior, Office of Education, *Biennial Survey of Education in the United States, 1928-1930*, Vol. Ⅱ (Washington D. C.: Government Printing Office, 1932), p. 40; Patricia A. Schmuck, "Women School Employees in the United States," in *Women Educators: Employees of Schools in Western Countries*, ed. Patricia A. Schmuck (Albany: State University of New York Press, 1987), pp. 76-81; Thomas Morain, "The Departure of Males from the Teaching Profession in Nineteenth Century Iowa," *Civil War History* 26, No. 2 (Jun. 1980): 161-170.

的女性投票权运动、同工同酬运动，虽然在一定程度上改善了女性的政治、经济状况，但并未从总体上改变教师社会经济地位低的处境。此外，女性教师晋升慢且流动性差，至少在20世纪以前教学工作对她们来说大多是“学校和婚姻之间的插曲而已”。[①] 女教师因为家庭需要而离职，又再次导致了教师职业领域优质师资的流失。

大量教师的离职不仅反映出美国教师缺乏职业忠诚度，也解释了大量教师缺少专业培训和专业知识技能的原因。1890年，纽约州督学安德鲁·S. 德雷珀（Andrew S. Draper）便悲观地指出，教师走上执教的讲台一直都很容易，管理教师聘用的规章制度也一直较为松懈。这导致师范学校不得不开展一些基础性知识的教学工作，鲜有专业化培训；与全美的教师数量相比，师范学校的毕业生人数可谓较少；教师队伍频频变化，教学专业发展几乎不能说已经越过我们宣称的起步阶段。[②] 20多年过去后，美国的教师培训问题依然堪忧且任务更为艰巨。查尔斯·H. 贾德（Charles H. Judd）在1915年指出，美国只有不到20%的教师接受过专业培训。

与此同时，教师群体的社会背景至1910年时仍然以农民家庭为主（详见表结-1），这亦在一定程度上解释了在教师入职、培训门槛不断提升的条件下，仍然有大量的教师缺乏系统性专业培训、缺少专业知识技能。

---

① See Adele Simmons, "Education and Ideology in Nineteenth-Century America: The Response of Educational Institutions to the Changing Role of Women," in *Liberating Women's History*, ed. Berenice A. Carroll (Urbana: University of Illinois Press, 1976), pp. 123-124; Edward L. Thorndike, *U. S. Bureau of Education Bulletin 1909, No. 4: The Teaching Staff of Secondary Schools* (Washington D. C.: Government Printing Office, 1909), pp. 14-23.

② See Andrew S. Draper, *A Teaching Profession: An Address Delivered before the Massachusetts State Teachers' Association, at Worcester, Massachusetts, Friday, November 28, 1890* (Albany, N. Y.: Weed, Parsons and Company, Printers, 1890), p. 5.

表结-1　1910 年男性、女性教师父亲职业分布统计表

| 职业[①] | 男教师（共 1037 人） | 女教师（共 3367 人） |
|---|---|---|
| 农民 | 687 | 1409 |
| 专业人员 | 69 | 238 |
| 商人 | 61 | 493 |
| 工匠 | 79 | 519 |
| 体力劳动者 | 69 | 361 |
| 公职人员 | 8 | 58 |
| 退休 | 12 | 69 |
| 无效数据及未回复 | 52 | 220 |

资料来源：Lotus Delta Coffman, *The Social Composition of the Teaching Population* (New York: Teachers College Press, 1911), p. 73.

教师职业对知识技能的要求，使得体力劳动者的子女被拒之门外，而来自中产阶层、接受过一定教育的青年却得以顺利走上教学岗位，成为公共学校教师的重要来源。公共学校运动以来，教师的家庭背景都以农民中产阶层为主，基本上未发生过显著性的变化。这些教师出身中产家庭，接受过一定的教育，但并不富裕的家境又在很大程度上限制了他们的受教育水平。因此，即便师范学校升级为学院，大学也逐渐开设教育系、教育学院来开展教师培训，教师学位证书也不断地确立并颁发，大部分教师仍然难以确保获得较长时间的系统培训，抑或是难以将大量的时间用于温习基础性的学科知识，以弥补自身专业

① 表格中的职业分类较为粗糙，其中专业人员包括内科医生、律师、教师、牧师、机械工程师、建筑设计师、编辑等，商人包括所有关乎交易、运输的工作者，工匠指木工、铁匠、鞋匠、锡匠、屠夫、裁缝、印刷匠、砖瓦匠等，体力劳动者指赶畜人、旗手、推料人、司闸员等，公职人员包括邮局办事员、登记员、乡村邮递员、乡镇或城市巡夜人员、警员、治安官等。

知识的薄弱性。教师的构成从教师内部限制了教师专业化的发展进程，少数的领军性教师难以从整体上实现教师职业的重大变革。

**（二）教师与教育管理者之间的张力**

鉴于教师往往要受到督学、学校董事会等教育管理者的监管，自治权力有限，教学往往被质疑并不完全符合专职工作的特质，因此教学被称为半专职工作或准专职工作。事实上，这也是教师职业群体并不具备很高权威性的原因，他们未能参与重大决策的制定。

随着19世纪后期学校的集中化发展，教育学历层次更高、管理经验更为丰富且社会经济地位更高的教育专家成为学校教育的管理者。通过借用商业管理模式，划清学校教育管理中的职责与权限，教育管理者及其代理人督学不断地提升自己的专业地位，在学校运行上不断地具有更多自主性。

教育管理者认识到学校教育改革的成功与否与招聘并保留住称职的教师息息相关，并希冀通过强化监管来提升学校教育的效率，如制定一系列教师规范等。面对以男性为主导、薪资更高的管理者，教师逐渐形成阶层意识，认为他们以权谋私，榨取教师的汗水却不给予教师职业合理的保障。如何摆脱这些“外行”的控制、获取教学自治权及学校的管理权一直困扰着教师的职业发展。以芝加哥、纽约两市为代表，教师逐渐通过联合众多教师和工会的途径来争取有利的博弈地位。而教师对学校管理权的争夺又进一步深化了教师与教育管理者之间的矛盾。

19世纪末20世纪初，教师理事会在几个城市的出现似乎为教师争取管理权提供了路径，但其频频遭到反对、解散的命运又反映出教师在争取学校管理权中并未取得实质性的进展。教师们无时无刻不被裹挟在管理者的教育政策之中，学校管理者以绝对的优势主导着学校教育的发展，并不断批判教师寻求政治权的努力。管理者谴责教师，认为教师团结起来强硬地反对学校制度的改革；教师只顾及自身地位的安危，为自己奋斗，而不考虑学校教育的其他方面，不维护学生的权利。[①] 逐渐地，双方都使用“专业性”一词来维护自身的立场：接受过更高层次教育、经验更为丰富的学校管理者联合大学教授、工商业界精英等以教育专家自居，认为其主导的学校改革有利于开展学校教育和推动教师群体的“专业化”；而教师亦是以教学的专业者自居，不欢迎外行教育专家的干预。

事实上，教师对学校变革的抵制，在很大程度上是教师对学校组织和管理机制的反抗。因为他们在其中话语权微弱，很少有参与政策制定的权力，进而对自己所受影响的不确定性产生担忧。杜威曾指出，我们很容易就陷入一个误区，将学校组织和管理机制当作外在的东西，并认为它与教育目的无关。但我们恰恰忘记的是这些学生分类、年级划分、学习科目、教学方式、教师选聘、分配工作及薪水发放、升迁机制等实际性的设置控制了整个学校制度。[②]

为了更好地争取学校管理权，教师及教师组织逐渐采用“工会”运行方式，并于1916年组建美国教师联合会。全国教育协会也在随后逐渐向工会化发展，并导致20世纪30年代协会中的学校管理者成员不断地退场并组建美国学校管理人员协会（American Association of School Administrators）。教师与以管理者为代表的教育专家之间的张力，亦在随后的学校变革中持续存在、发展变化着。

**（三）教师专业化与专业主义的割裂**

教师专业进程中教师专业化和专业主义之间的矛盾性亦在很大程度上导致教师专业化充满了艰难性和曲折性。在教育领域，赫布斯特认为，专业化与社会地位相关，如教师如何获得培训，教育文凭如何

---

① See Jacob A. Riis, *The Battle with the Slum* (New York: The Macmillan Company, 1902), p. 369.

② See John Dewey, *The Educational Situation* (Chicago: The University of Chicago Press, 1902), pp. 22-23.

推动或限制特定群体的发展，工资的升降与从业者的性别、有色人种数量的关系等。这些问题多年来深入教师内心和教师史研究，阻碍了教师的专业主义发展。专业主义关注的是“教师行使自己的权利、义务，决定课堂教学任务的意识、行为”，即教师是如何使用自己的专业知识。① 埃里克·霍伊尔（Eric Hoyle）也赞同性地总结道，专业化是一项工作而非个体获得“专业”地位的过程，教师专业化意味着提高教师的地位（含文化水平、权力等），而专业主义则体现在教师实践之中。② 休·索科特（Hugh Sockett）同样也指出专业主义的实践属性——专业主义描述的是一项工作的行为方式，即从事该项工作的成员如何在共治的语境下，以及在和客户的契约、伦理关系中将责任义务与知识技能整合统一的行为活动。每个行为活动都根据该专业特有的标准来判断，而这一系列时常变化的标准便是我们称为专业主义的认识、价值、洞见和知识。③

同时，赫布斯特也指出，多年以来，教师们迷恋于教师专业化，以至于忽略了个体教师的潜在贡献，拒绝赋予那些教师工作所要求的事物以专业主义。因此，无论是历史还是教师培训都关注的是不断增长的文凭、更为清晰的职业晋升阶梯，更多的管理层及更加聚焦的专门化，均是以提升教师专业化的名义进行的。这反而没有提高教师的专业主义，一线教师的价值仍然被低估，且一线教师的报酬低微。专业主义的限制导致教师难以发挥自己的创造性、权威性，以及难以运用所具备的技能。

---

① See Jurgen Herbst, *And Sadly Teach: Teacher Education and Professionalization in American Culture* (Madison: University of Wisconsin Press, 1989), p. 6.

② See Eric Hoyle, “Professionalization and Deprofessionalization in Education,” in *World Yearbook of Education 1980: The Professional Development of Teachers*, eds. Eric Hoyle and Jacquetta Meggary (London: Kogan Page, 1980), pp. 42-57.

③ See Hugh Sockett, *The Moral Base for Teacher Professionalism* (New York: Teachers College Press, 1993), pp. 8-10.

可见，专业化和专业主义之间的关系并不是相辅相成的。安迪·哈格里夫斯（Andy Hargreaves）曾在指出专业主义是对提升实践的质量、标准的描述，专业化意在提升身份地位时，进一步阐述道，专业主义与专业化相互补充，亦偶尔相互矛盾——如从提升地位、科学和技术层面出发而将知识技能的水平作为职业标准，可能会降低或忽视教师工作中同样重要的情感因素，对学生学习、生活的关心等。[①] 事实上，早在1889年哈里斯便注意到教师在管理学生上投入了巨大的精力：教师疲于教导学生、抑制学生的不良行为、防止学生出错，往往是保守的。他们努力地纠正学生的恣意妄为、不受约束的行为习惯等在很大程度上消耗了诸多精力，从而忽视了那些自发的创造性活动。[②] 教师群体更为关注学生的消极性行为，相较于创造性活动而言，抑制学生的不良行为是首要的、不可或缺的——创造性活动可能会在不接受教育的条件下自发出现。仅仅关注兴趣、意志等积极行为而忽视抑制，则只会导致无政府状态、混乱、无法无天。

对教师来说，专业化和专业主义往往是割裂的。教育管理者注重教师知识技能的提升而忽视教师社会经济地位的提升，注重从教学结果上去评判教师专业水平，却又往往忽视教师在与学生交往中付出的情感。对教师来说，教师的专业化不仅仅意味着教学知识技能水平的提升，亦意味着社会认可度、经济地位等专业地位的晋升，而教学实践中所耗费的情感因素往往又阻碍了教师专业知识技能的运用。因此，在教师专业化进程中，虽然教育管理者和教师都试图推动教师专业化，却并没有形成更大合力，甚至常常弱化了各自的努力。这与具体实践

① See Andy Hargreaves, "Four Ages of Professionalism and Professional Learning," *Teachers and Teaching: Theory and Practice* 6, No. 2(2000): 152.

② See William T. Harris, "The Psychology of Manual Training" (Read before the Department of Superintendence, National Educational Association, Washington D. C., March 7, 1889), pp. 3-4.

（专业主义）问题和地位（专业化）问题具有一贯性的医生、律师的专业化具有很大的差异。一方面，律师和医生等专业实践无须处理过多的情感因素，可以在所处理问题上很好地运用专业知识技能；另一方面，律师和医生在提升专业知识技能的同时，处理职业问题能力的提高反过来能提升其专业形象，进而有利于其社会地位的晋升。

上述三个因素分别从教师内部、教师外部，以及教师专业发展矛盾性反映出 1865—1916 年教师专业化进程中面临的困境。同时，这几个因素在阻碍教师专业化进程上又是一贯的——教师的专业人员构成导致教师专业地位提升缓慢，进而使得教育管理者对教师施以严格的控制，造成教师与教育管理者之间长期存在张力，而他们对教师专业发展的不同理解、不同侧重又导致了教师专业化中出现职业实践和职业地位的分裂。

### 三、教师专业演化的特殊困境

从职业的特殊性来看，教师与律师、医生等职业的性质存在诸多差异，亦导致教师专业化充满曲折。一直以来，教师都应像牧师一样具有美德，在教室内外应该起到榜样示范的作用，吸烟、喝酒、离婚等行为不为公众所接受和容忍。虽然有的教师对严格的监管予以反抗，但收效甚微。相较而言，人们对律师、医生等专职人员并未做出过同样的要求。教师在伦理道德上所受到的严格要求及其在专业化进程中的缓慢演化，与律师等职业的专业化发展形成了鲜明的对比。

1864 年，韦伦斯基对 18 个专业的专业化过程进行列表对比，并将其分成已确立的（established）、进展中的（inprocess）、新兴的（new）、不确定性的（doubtful）四类（部分内容见表结-2）。

表结-2　专业化的进程（部分摘录）

| 类型 | 专业 | 全日制职业 | 首个培训学校 | 首个大学学院 | 首个地方性专业协会 | 首个全国性专业协会 | 首个州资格认证法 | 正规伦理道德规范 |
|---|---|---|---|---|---|---|---|---|
| 已确立 | 会计 | 19 世纪 | 1881 年 | 1881 年 | 1882 年 | 1887 年 | 1896 年 | 1917 年 |
| | 法律 | 17 世纪 | 1784 年 | 1817 年 | 1802 年 | 1878 年 | 1732 年 | 1908 年 |
| | 医学 | 1700 年 | 1765 年 | 1779 年 | 1735 年 | 1847 年 | 1780 年前 | 1912 年 |
| 进展中 | 教学 | 17 世纪 | 1823 年 | 1879 年 | 1794 年 | 1857 年 | 1781 年 | 1929 年 |
| 新兴 | 城市管理 | 1912 年 | 1921 年 | 1948 年 | 1914 年后 | 1914 年 | — | 1924 年 |
| 不确定 | 广告 | 1841 年 | 1900 年 | 1909 年 | 1894 年 | 1917 年 | — | 1924 年 |

资料来源：Harold L. Wilensky,"The Professionalization of Everyone?,"*American Journal of Sociology* 70,No. 2(1964):143.

从上述统计可以发现，教师的教学工作虽然与律师、医生在同期成为全日制职业，在建立地方协会、全国性组织的时间上相近，但在设立专业培训学校、大学学院上晚半个世纪至一个世纪，在颁布专业伦理准则上也要迟缓一些。

安德鲁·阿伯特指出："早期有关职（专）业问题的文章可能会总结其特定研究个案的生活史，评判一个真正的职（专）业在当时应具有哪些基本特征，然后判断其他工作是否构成一个职（专）业……并采取削足适履的办法，强行界定每个个案符合了哪些基本特征。"① 虽然这一批判不无道理，但通过对比教师和其他老牌的专业可见，教师

① 安德鲁·阿伯特：《职业系统：论专业技能的劳动分工》，李荣山译，北京：商务印书馆，2016，第 15 页。

的确与律师、医生存在诸多差距，从而导致其职业形象欠佳。如从教师内部的规范来说，具有全国性的教师专业伦理直到 1929 年 7 月才由全国教育协会发布。在全国教育协会发布《教师专业伦理委员会最终报告》① 之前，规范教师行为的准则由不同的教育组织、当地教师俱乐部或教师协会尝试颁发。1920 年，宾夕法尼亚州教育协会成立的伦理委员会历时 3 年，对多个已设的教学行为规范及医药、法律、建筑、工程等专业的行为规范进行考察，颁布的《教师专业伦理》具有一定代表性。②《教师专业伦理》在确保教师专业生存发展的同时，又对教师

---

① See Sarah T. Muir, "The Ethics of the Teaching Profession, Final Report of the Committee on Ethics of the Profession" (Presented July 1, 1929, at the Meeting of the National Education Association, Atlanta, Georgia. 1929).

② 具体内容如下，一是专业态度，即教学专业成员最重要的责任义务应是专业关怀。二是报酬，即为了使教师教学获得最大效率，所发报酬应符合教师的社会地位，使其有能力支付必要的专业能力提升费用、养家糊口及养老费用。三是开放学习研究教育，即每个成员都应不断地学习与研究，如阅读教育著作、参加教育会议、参与教育实验和收集教育数据，从而检验教育理论并为教育实践奠定基础等。四是对同行具有批判精神，即批判的动机是帮助他人、提升教学。五是任用与升职，即任何聘用、升职都应完全基于能力、绩效进行。六是合约义务，即教师不应违反合约；但如果教师空缺可以得到很好填补的话，学校也无须严格坚持合约阻拦教师升迁。七是学校教育方案制定中的民主，即虽然督学是学校制度的负责人，但学校系统中的每个人都应该有机会参与讨论、解决专业问题，决策一经制定，就应该依之进行。八是监管人员与教师的关系，即合作、忠诚、真诚。九是教师与家长的关系，即合作，教师应以开放、谦恭的态度接受批判。十是教师与出版商和供应商之间的关系，即教师在做官方决策时不应为任何出版商或供应商充当代理，更不能受聘职务、受贿等。十一是教师代理机构，即专业教学应谴责教师代理机构做出怂恿教师违反合约的行为，以及任用或升迁不称职教师的行为等。十二是忠于学校董事会，即教师应认可学校董事会的合法权威地位，并忠实地践行其制定的政策。十三是专业行为规范委员会，即委员会为宾夕法尼亚州教育协会下属机构，由协会主席及主席任命的 4 名专业教学人员组成，任期 4 年；委员会的职责是研究不同时期出现的专业行为规范问题，向教师解读不同规则含义，以及修订或添加行为规范准则等。See Pennsylvania State Education Association, "A Code of Ethics for the Teaching Profession, Adopted by the Pennsylvania State Education Association, December 1920," *The Annals of the American Academy of Political and Social Science* 101, (May 1922): 281-283.

的教学、品质、行为等寄予要求和期望，以期教师专业发展取得最佳的效果。

虽然将教师专业化与医生、律师的专业化进行对比在一定程度上有失偏颇，但从严格意义上说，教师专业化的确充满着未完成性特征，或者说具有持续进展性特征。

首先，从专业化的权力维度上说，教师并未获得完全意义上的自治和管理权。相较而言，教育管理者反而在更大程度上实现了专业化。管理者不仅拥有良好的教育背景，在教育组织和学校管理中拥有集中性权力，而且在教育管理中所践行的专业主义更为纯粹。如在人员任用上，以芝加哥和纽约为代表的学校集中化管理均尝试将学校事务交由教育背景良好的管理人员管理，而教师则希望继续使用已存在的基于经验的论资排辈制度（seniority system）作为晋升（如纽约）、增长薪资（如芝加哥）的标准，反对组织管理人员的制度化管理。即便是继续采用论资排辈制度，其最终的管理控制权仍一直掌握在教育管理者手中。相较之下，前者显然更符合专业化特征。因此，从专业化的三个维度进行总结亦可以发现教师专业化与教育管理者专业化的差异（详见表结-3）。

表结-3　教师与教育管理者专业化完成情况表

| 专业化的维度 | 指标 | 教师完成情况 | 教育管理者完成情况 |
|---|---|---|---|
| 专业知识 | 全职性 | 完成 | 完成 |
| | 系统性教育培训 | 完成 | 完成 |
| 专业社团 | 专业组织 | 完成 | 完成 |
| 专业权力 | 管理权力 | 部分完成 | 完成 |
| | 选拔聘用 | 未完成 | 完成 |

事实上，教师所处的职业环境也导致教师很难获得完全的专业权力。韦伦斯基曾在分析专业化的障碍时指出，教师等专业人士所处的组织机构较为复杂，管理方式特殊——管理者（而非同事）、管理规则、专家和外行董事会是分割独立的状态。① 这种管理方式导致教师在其负责的工作上并不是完全自治的，教师不是其工作的唯一责任人，也不用承担最终的后果。与此同时，教师还要接受非教学专业人士对其工作过程和结果的评估。这就导致教师的专业权与医生、律师等居于各自领域的顶端、拥有绝对的自主权的人士的专业权具有本质上的不同，教师开展的工作随时都有可能受到外行人的影响。可见，外部势力的干涉、政治权力的介入，在很大程度上限制了教师专业权力的获得。

其次，从专业化的知识维度上说，教师专业知识从本质上并不具有绝对意义上的垄断性。即便教师经过长期的培训，拥有教育教学论方面的知识理论，这在很大程度上也并没有说服公众相信教师具有隐秘或独特的技能。② 教师专业知识的话语、用词等在很大程度上为公众所熟悉，且教师职业关乎万千家庭、群体的利益，所有人似乎都可以对教师职业提出意见、进行批评和干涉：商业资本主义者认为学校组织要具备商业性，教师则要向学生灌输一些符合商业资本主义发展的价值观，培养合格的工人；政治激进主义者和工会成员则认为学校需要不断地被监管、保护，以防受到制造商和资本主义者的危害，教师

---

① See Harold L. Wilensky, "The Professionalization of Everyone?," *American Journal of Sociology* 70, No. 2(1964): 146.

② See Michael Polanyi, "Tacit Knowing: Its Bearing on Some Problems of Philosophy," *Review of Modern Physics* 34, No. 4(1962): 601.

应该维护学校的民主，抵制资本主义者的控制。[①] 教师疲于应对各方施加的压力。与此同时，教师还要奔走于传统和现代之间，一方面要背负传统道德的束缚和管理者的标准化教学要求；另一方面又要进行教学革新，反抗学校或专制规则之下的奴性，察觉肤浅的教学口号和标语，识别那些带着治疗教育问题专门处方的专家们，等等。[②] 教师在专业发展中不断地被各方寄予希望、提出要求，而鲜有闲暇去表达自身专业发展的诉求。

最后，从教师专业化的现实处境上说，教师实践的特殊性在很大程度上又降低了其运用专业理论知识处理问题的可能性。教师从教育培训中接受的教育理论与其具体实践呈现出微弱的关系，造成很多人向教师质疑"理论有何用途"，进而导致人们普遍认为教师是基于直觉和经验处理课堂问题的。

早在 1912 年，鲁迪格便指出，教师专业知识的运用非常不充分，而这对学校和教师来说都是非常不利的。[③] 20 世纪中期，菲利普 · W. 杰克逊（Philip W. Jackson）通过观察、访谈一些获得很高评价的美国小学教师后仍发现了类似的情况。杰克逊惊讶地发现教室生活、活动充满紧迫性，随时随地都会出现一些紧急状况。教师们较少能冷静、超然、理性地运用理论去处理教室里出现的紧迫性事件；访谈中提到了教育学科的概念在运用中也是有限的、简单的。不过，杰克逊认为，虽然我们很容易会取笑这种简单化的做法，但大多数课堂上都充满着

---

① See Michael B. Katz, *The Irony of Early School Reform: Educational Innovation in Mid-Nineteenth Century Massachusetts (2nd edition)* (New York: Teachers College Press, 2001); Joel H. Spring, *Education and the Rise of the Corporate State* (Boston: Beacon Press, 1972); Joel H. Spring, *The American School, 1642-2004* (Boston: McGraw-Hill, 2005), pp. 319-323.

② See Edgar Knight, "In Darkness Dwells," *School and Society* 65, (1947): 385-388.

③ See Walter C. Ruediger, "Teachers' Council," *Education* 32, No. 7 (Mar. 1912): 408.

很多的复杂性，教师希望快速地解决问题是可以理解和原谅的。如果教师认真地尝试用所知道的理论去解决问题的话，那么就没有时间去做其他的事情了。[①]

纵然社会各界均认识到教师在学校教育中的重要性，教师专业化对学校变革至关重要，但教师这一职业似乎一直都未能在学校机构中摆脱从属性地位。尽管教师的专业知识技能、受教育程度在不断提升，教学自主性也在不断增强，但特殊的职业管理和实践环境导致教师迟迟难以获得完全的自治和话语权，进而使教师专业化一直处于进展之中。

① See Philip W. Jackson, *Life in Classrooms* (New York: Holt, Rinehart and Winston, 1968), p. 151.

# 主要参考文献

## 一、中文文献

### （一）中文著作


［1］阿伯特. 职业系统：论专业技能的劳动分工［M］. 李荣山，译. 北京：商务印书馆，2016.

［2］厄本，瓦格纳. 美国教育：一部历史档案［M］. 周晟，谢爱磊，译. 北京：中国人民大学出版社，2009.

［3］克伯莱. 美国公共教育：关于美国教育史的研究和阐释［M］. 陈露茜，译. 合肥：安徽教育出版社，2012.

［4］克雷明. 美国教育史 1：殖民地时期的历程（1607-1783）［M］. 周玉军，苑龙，陈少英，译. 北京：北京师范大学出版社，2003.

［5］克雷明. 美国教育史 2：建国初期的历程（1783-1876）［M］. 洪成文，丁邦平，刘建永，等译. 北京：北京师范大学出版社，2002.

［6］克雷明. 美国教育史 3：城市化时期的历程（1876-1980）［M］. 朱旭东，王保星，张弛，等译. 北京：北京师范大学出版社，2002.

［7］克雷明. 学校的变革［M］. 单中惠，马晓斌，译. 山东教育出版社，2009.

［8］里帕. 自由社会中的教育：美国历程（第 8 版）［M］. 於荣，译. 合肥：安徽教育出版社，2010.

［9］诺维克．那高尚的梦想："客观性问题"与美国历史学界［M］．杨豫，译．北京：生活·读书·新知三联书店，2009.

［10］斯普林．美国学校：教育传统与变革［M］．史静寰，姚运标，张宏，等译．北京：人民教育出版社，2010.

［11］韦布．美国教育史：一场伟大的美国试验［M］．陈露茜，李朝阳，译．合肥：安徽教育出版社，2010.

［12］沃特拉斯．20世纪美国教育中的哲学冲突［M］．王璞，於荣，译．合肥：安徽教育出版社，2011.

［13］郭志明．美国教师专业规范历史研究［M］．北京：中国社会科学出版社，2004.

［14］洪明．美国教师质量保障体系历史演进研究［M］．北京：北京师范大学出版社，2010.

［15］余志森，王春来，王锦瑭，等．美国通史（第4卷）：崛起和扩张的年代（1898-1929）［M］．北京：人民出版社，2001.

**（二）期刊、论文（含学位论文）**

［1］龚兵．从专业协会到教师工会——美国全国教育协会角色转变之研究［D］．上海：华东师范大学，2005.

［2］黄云峰．专业视域下教师课程领导力实践路径探寻——一位中学语文教师的自传叙事研究［D］．重庆：西南大学，2015.

［3］韩玉梅．美国中小学教师评价政策研究［D］．重庆：西南大学，2014.

［4］刘思达．职业自主性与国家干预——西方职业社会学研究述评［J］．社会学研究，2006（1）：197-221.

［5］谭菲．美国中小学初任教师入职教育研究［D］．重庆：西南大学，2012.

［6］王萍．美国中小学教师教育发展研究［D］．上海：华中师范大学，2012.

［7］张晓莉．美国教师教育中大学与中小学合作的体制与机制研究［D］．长春：东北师范大学，2013.

［8］郑丹丹．教师教育者及其专业标准的国际比较研究［D］．上海：华东师范大学，2013.

［9］周钧．美国教师教育认可标准的变革与发展——全国教师教育认可委员会案例研究［D］．北京：北京师范大学，2005.

## 二、英文文献

### （一）会议记录、报告类

［1］American Institute of Instruction. The papers head before the American Institute of Instruction, at Portsmouth, N. H. , August 1869, with the journal of proceedings[C]. Boston: American Institute of Instruction, 1870.

［2］American Normal School Association. American normal schools: their theory, their workings, and their results as embodied in the proceedings of the first annual convention of the American Normal School Association, held at Trenton, New Jersey, August 19 and 20, 1859[C]. New York: A. S. Barnes & Burr, 1860.

［3］American Normal Schools and the National Teachers' Association. The addresses and journal of proceedings of the American Normal Schools and the National Teachers' Association, at Cleveland, Ohio, session of the year 1870[C]. Washington D. C. : James H. Holmes Publisher, 1871.

［4］Bernard C. Steiner. Bureau of Education Circular of Information No. 2: The History of Education in Connecticut[R]. Washington D. C. : Government Printing Office, 1893.

［5］Common School of Cincinnati. Twenty-nineth annual report, for the school year ending June 30,1858,and various supplementary documents, exhibiting the condition of the schools[R]. Cincinnati: B. Frankland, Book and Job Printers,1858.

[6] COOK K M. Department of Interior, Bureau of Education bulletin 1927, No. 19: state laws and regulations governing teachers' certificates[R]. Washington D. C. :Bureau of Education,1927.

[7] DAVIS S E. Department of Interior, Bureau of Education bulletin 1919,No. 28: educational periodicals during the nineteenth century[R]. Washington D. C. :Government Printing Office,1919.

[8] Dayton Board of Education. Annual report of the Board of Education,of the City of Dayton,Ohio,for the school year ending August 31, 1896[R]. Dayton,Ohio:The Dayton Blank Book and Printing Company, 1896.

[9] Department of Commerce and Labor, Bureau of the Census. Special Reports:occupations at the Twelfth Census[R]. Washington D. C. :Government Printing Office,1904.

[10] Department of Public Instruction, City of Chicago. Twenty-third annual report of the Board of Education, for the year ending July 31,1877[R]. Chicago: Geo. H. Titus& Co. , Book and Job Printers, 1877.

[11] Department of Public Instruction, State of Michigan. Fifty-eighth annual report of the superintendent of public instruction of the State of Michigan, with accompanying documents, for the year 1894[R]. Lansing, Mich. :Robert Smith & Co. ,State Printers and Binders,1895.

[12] Department of Public Instruction, State of Michigan. Forty-Second annual report of the superintendent of public instruction of the State of Michigan, with accompanying documents, for the year 1878[R].

Lansing, Mich. : W. S. George & Co. , State Printers and Binders, 1879.

[13] EATON H. Fifth annual report of the State superintendent of common schools, made to the Legislature of Vermont, October, 1850 [R]. Middlebury: Justus Cobb, Register Office, 1850.

[14] Educational Commission of the City of Chicago. Report of Educational Commission of the City of Chicago, appointed by the Mayor Carter H. Harrision, January 19th, 1898 [R]. Chicago: The Lakeside Press, 1899.

[15] First School District of the State of Pennsylvania. Eleventh annual report of the Controllers of the Public Schools of the First School District of the State of Pennsylvania: with their accounts [R]. Philadelphia: Printed by Order of the Board of Control. Garden & Thompson, printers. , 1829.

[16] First School District of the State of Pennsylvania. Fifth annual report of the Controllers of the Public Schools of the First School District of the State of Pennsylvania: with their accounts [R]. Philadelphia: Printed by Order of the Board of Control. William Fry, Printers. , 1823.

[17] HARRIS W T, DRAPER A S, TARBELL H S. Report of the Committee of Fifteen [R]. Boston: The New England Publishing Company, 1895.

[18] HOYLE E, MEGARRY J. World Yearbook of Education 1980: the professional development of teachers [R]. London: Kogan Page, 1980.

[19] LATHROP J, Jr. . Address delivered before the Associated Instructors of Boston and its vicinity, on the first anniversary [R]. Boston: Printed by John Eliot, 1813.

[20] MANN H. Fourth annual report of the Board of Education,

together with the fourth annual report of the Secretary of the Board[R]. Boston: Dutton and Wentworth, State Printers, 1841.

[21] MANN H. Nineth annual report of the Board of Education, together with the Nineth annual report of the Secretary of the Board[R]. Boston: Dutton and Wentworth, State Printers, 1846.

[22] MANN H. Seventh annual report of the Board of Education, together with the Seventh annual report of the Secretary of the Board[R]. Boston: Dutton and Wentworth, State Printers, 1844.

[23] MANNY F A. United States Bureau of Education bulletin 1914, No. 47: city training schools for teachers[R]. Washington D. C.: Government Printing Office, 1915.

[24] MCMYNN J G. Seventeenth annual report of the superintendent of public instruction of the State of Wisconsin, for the year ending August 31, 1865[R]. Madison, Wis.: William J. Park, State Printers, 1866.

[25] National Education Association . Report of the Committee on Salaries, Tenure, and Pensions of public school teachers in the United States to the National Council of Education, July, 1905[R]. The Association, 1905.

[26] National Board for Professional Teaching Standards. Toward high and rigorous standards for the teaching profession: initial policies and perspectives of the National Board for Professional Teaching Standards[R]. Detroit, Mich.: National Board for Professional Teaching Standards, 1989.

[27] National Education Association. The addresses and journal of proceedings of the National Education Association, session of the year 1876, in Baltimore, Maryland[C]. Salem, Ohio: Office of the National Teacher, 1876.

[28] National Education Association. The journal of proceedings

and addresses of the National Education Association, session of the year 1885, at Saratoga, Springs, N. Y. [C]. New York: Press of J. J. Little & Co., 1886.

[29] National Education Association. The journal of proceedings and addresses of the National Education Association, session of the year 1887 held at Chicago, Illinois[C]. Salem, Mass.: Observer Book and Job Print, 1888.

[30] National Education Association. Journal of proceedings and addresses, session of the year 1891 held at Toronto, Ontario, Canada[C]. New York: Press of J. J. Little & Co., 1891.

[31] National Education Association. Journal of proceedings and addresses, session of the year 1894 held at Asbury Park, New Jersey[C]. St. Paul: Press of the Pioneer Press Co., 1895.

[32] National Education Association. Journal of proceedings and addresses of the thirty-eighth annual meeting held at Los Angeles, California, July 11-14, 1899[C]. Chicago: The University of Chicago Press, 1899.

[33] National Education Association. Journal of proceedings and addresses of the thirty-ninth annual meeting held at Charleston, South Carolina, July 7-13, 1900[C]. Chicago: The University of Chicago Press, 1900.

[34] National Education Association. Journal of proceedings and addresses of forty-second annual meeting held at Boston, Massachusetts, July 6-July 10, 1903[C]. Chicago: The University of Chicago Press, 1903.

[35] National Education Association. Journal of proceedings and addresses of forty-third meeting held at St. Louis, Missouri, June 27-July

1,1904[C]. Chicago:The University of Chicago Press,1904.

[36] National Education Association. Journal of proceedings and addresses of forty-fourth meeting held at Asbury Park and Ocean Grove, New Jersey, July 3-7, 1905 [C]. Chicago: The University of Chicago Press,1905.

[37] National Education Association. Journal of proceedings and addresses of the forty-fifth annual meeting held at Los Angeles, California, July 8-12,1907[C]. Chicago:The University of Chicago Press,1907.

[38] National Education Association of the United States. Journal of proceedings and addresses of the forty-sixth annual meeting held at Cleveland,Ohio,June 29-July 3, 1908 [C]. Chicago: The University of Chicago Press,1908.

[39] National Education Association of the United States. Journal of proceedings and addresses of the forty-seventh annual meeting held at Denver,Colorado,July 3-9,1909[C]. Chicago:The University of Chicago Press,1909.

[40] National Education Association of the United States. Journal of proceedings and addresses of the forty-eighth annual meeting held at Boston, Massachusetts, July 2-8, 1910 [C]. Chicago: The University of Chicago Press,1910.

[41] National Education Association of the United States. Journal of proceedings and addresses of the forty-ninth annual meeting held at San Francisco,California,July 8-14,1911[C]. Chicago:The University of Chicago Press,1911.

[42] National Education Association of the United States. Journal of proceedings and addresses of the fifty-first annual meeting held at Salt Lake City,Utah,July 5-11,1913[C]. Chicago:The University of Chicago

Press,1913.

[43] National Education Association of the United States. Journal of proceedings and addresses of the fifty-second annual meeting held at St. Paul, Minnesota, July 4-11, 1914[C]. Chicago: The University of Chicago Press,1914.

[44] National Education Association of the United States. Journal of proceedings and addresses of the fifty-third annual meeting and National Congress on Education held at Oakland, California, August 16-27, 1915 [C]. Chicago: The University of Chicago Press,1915.

[45] National Education Association of the United States. Addresses and proceedings of the fifty-fourth annual meeting held at New York City, July 1-8, 1916[C]. Chicago: The University of Chicago Press,1916.

[46] National Education Association of the United States. Proceedings of the sixty-fifth annual meeting held at Seattle, Washington, July 3-8, 1927 [C]. Washington D. C.: Division of Publication of National Education Association,1927.

[47] National Education Association of the United States. Proceedings of the sixty-seventh annual meeting held at Atlanta, Georgia, June 28-July 4, 1929[C]. Washington D. C.: Division of Publication of National Education Association,1929.

[48] National Teachers Association. The journal of proceedings of the National Teachers Association at the first anniversary, held in Cincinnati, Ohio, August 11, 1858, with the constitution and lectures[C]. Albany, N. Y.: Munsell & Rowland,1858.

[49] National Teachers Association. Proceedings and lectures of the fourth annual meeting, held at Chicago, Illinois, August 5-7, 1863, with the constitution, abstract of proceedings and list of members[C]. Hartford:

Office of the American Journal of Education, 1864.

[50] National Teachers Association. Proceedings of fifth annual meeting, held at Ogdensburg, New York, August 10-12, 1864[C]. Hartford: Office of the American Journal of Education, 1865.

[51] National Convention of the Friends of Public Education. Proceedings of the national convention of the Friends of Public Education, held in Philadelphia, October 17-19, 1849[C]. Philadelphia: E. C. & J. Biddle, 1849.

[52] New Jersey State Superintendent of Public Schools. Annual report of the superintendent of public schools of the State of New Jersey, for the year 1862[R]. Trenton, N. J.: DAVID NAAR, "True American" Office, 1863.

[53] Province of the Massachusetts Bay. The acts and resolves, public or private, of the province of the Massachusetts Bay: to which are prefixed the charters of the Province, with historical and explanatory notes, and an appendix[Z]. Boston: Wright and Potter, 1869.

[54] Public Schools of the City of Chicago. Forty-first annual report of the Board of Education for the year ending June 28, 1895[R]. Chicago: The J. M. W. Jones Stationery and Printing Co., 1895.

[55] State Normal School(Lexington, Mass.). Records of the first class of the first state normal school in America: established at Lexington, Massachusetts, 1839[Z]. Boston: Printed for The Class, 1903.

[56] St. Louis Public Schools. Seventh and eighth annual report of the superintendent and secretary to the Board of St. Louis Public Schools, for the year ending August 1, 1860-1861, 1861-1862[R]. St. Louis: R. P. Studley and Co., Printers, 1862.

[57] THOMSON J C. The Greater New York Charter of 1901,

together with constitutional provisions affecting the city, provisions of the charter of 1897, continued until changed by the Board of Aldermen, The Tenement House Law, The Building Code, and the Colonial Charters, with notes[G]. New York: The Lawyers' Co-operative Publishing Company, 1901.

[58] UPDEGRAFF H. Teachers' certificates issued under general state laws and regulations[R]. Washington D. C. : Government Printing Office, 1910.

[59] United States Bureau of Education. Report of the Commissioner of Education for the year 1890-1891[R]. Washington D. C. : Government Printing Office, 1894.

[60] United States Bureau of Education. Report of the Commissioner of Education for the year 1893-1894[R]. Washington D. C. : Government Printing Office, 1894.

[61] United States Bureau of Education. Report of the Commissioner of Education for the year 1896-1897[R]. Washington D. C. : Government Printing Office, 1898.

[62] United States Bureau of Education. Report of the Commissioner of Education for the year 1898-1899[R]. Washington D. C. : Government Printing Office, 1900.

[63] United States Bureau of Education. Report of the Commissioner of Education for the year 1900-1901[R]. Washington D. C. : Government Printing Office, 1902.

[64] United States Bureau of Education. Report of the Commissioner of Education for the year 1903[R]. Washington D. C. : Government Printing Office, 1905.

[65] United States Department of Commercc, Burcau of the Census.

Historical statistics of the United States, colonial times to 1970[R]. Washington D. C. :Government Printing Office,1975.

[66] United States Department of Labor, Bureau of Labor Statistics. History of wages in the United States from colonial times to 1928[R]. Washington D. C. :Government Printing Office,1934.

**(二)著作**

[1] ABBOTT A. The system of professions:an essay on the division of expert labor[M]. Chicago:University of Chicago Press,1988.

[2] ABEL R L. The legal profession in England and Wales[M]. Oxford and New York:Blackwell. 1988.

[3] ABEL R L. American lawyers[M]. New York and Oxford: Oxford University Press,1989.

[4] ABELOW S P. Dr. William H. Maxwell:the first superintendent of schools of the City of New York[M]. Brooklyn. N. Y. :Scheba Publishing Co. ,1934.

[5] ABRAM R B. Teaching: profession and practice[M]. The Century Co. ,1927.

[6] ALEXANDER C. Some present aspects of the work of teachers' voluntary associations in the United States[M]. New York: Teachers College,Columbia University,1910.

[7] ALCOTT W A. Confessions of a schoolmaster[M]. Andover: Gould,Newman and Saxton,1839.

[8] ALKIN M C. Encyclopedia of educational research[M]. 6th ed. New York:Macmillan,1992.

[9] ALTENBAUGH R J. Historical dictionary of American education [M]. Westport,Connecticut:Greenwood Press,1999.

[10] ALTENBAUGH R J. The teacher's voice:a social history of

teaching in twentieth century America[M]. London:Falmer Press,1992.

[11] ANDERSON J D. The education of blacks in the South,1860-1935[M]. Chapel Hill:University of North Carolina Press,1988.

[12] ANTLER J. Lucy Sprague Mitchell:the making of a modern woman[M]. New Haven:Yale University Press,1987.

[13] APPLE M W. Teachers and texts:a political economy of class and gender relations in education[M]. New York:Routledge & Kegan Paul,1986.

[14] APPLEBEE A. Tradition and reform in the teaching of English [M]. Urbana,IL:National Council of Teachers of English,1974.

[15] AUERBACH J S. Unequal justice:lawyers and social change in modern America[M]. New York:Oxford University Press,1976.

[16] BAGLEY W C. Classroom management:its principles and technique[M]. New York:The Macmillan Company,1907.

[17] BARNARD H. Papers for the teacher[M]. Madison:James Ross,State Printer,1860.

[18] BEALE H K. Are American teachers free? An analysis of restraints upon the freedom of teaching in American schools[M]. New York:Charles Scribner's Sons,1936.

[19] BEARD D C. Hardly a man is now alive:the autobiography of Dan Beard[M]. New York,1939.

[20] BENNETT H C. American women in civic work[M]. New York:Dodd,Mead and Company,1915.

[21] BERLANT J L. Profession and monopoly:a study of medicine in the United States and Great Britain[M]. Berkeley:University of California Press,1975.

[22] BERUBE M R. Teacher politics:the influence of unions[M].

New York:Greenwood Press,1988.

[23] BLEDSTEIN B J. The culture of professionalism:the middle class and the development of higher education in America[M]. New York:Norton,1976.

[24] BOND H M. Education of the negro in the American social order[M]. New York:Prentice-Hall,1934.

[25] BORROWMAN M L. The liberal and technical in teacher education:a historical survey of American thought[M]. New York:Teachers College Press,1956.

[26] BORROWMAN M L. Teacher education in America: a documentary history[M]. New York:Teachers College Press,1965.

[27] BOWDEN H S. Two hundred years of education[M]. Richmond, Va. :Dietz Printing Company,1932.

[28] BOYCE B. Miss Mallet:a novel[M]. New York:Harper,1948.

[29] BRIGGS T H. Reading in public schools[M]. Chicago:Row, Peterson & Co. ,1908.

[30] BRIMELOW P. The worm in the apple:how the teacher unions are destroying American education[M]. New York City:Harper Collins, 2003.

[31] BRUBACHER J S. A history of the problems of education [M]. New York:McGraw-Hill Book Company,1947.

[32] BULLOCK A,TROMBLEY S. The new Fontana Dictionary of modern thought[M]. London:Harper-Collins,1999.

[33] BUKOWSKI D. Big Bill Thompson,Chicago and the politics of image[M]. Urbana:University of Illinois Press,1998.

[34] BURGESS W R. Trends of school costs[M]. New York: Department of Education,Russell Sage Foundation,1920.

[35] BURNHAM W H, SUZZALLO H. The history of education as a professional subject[M]. New York: Teachers College, Columbia University, 1908.

[36] BURRAGE M, TORSTENDAHL R. Professions in theory and history: rethinking the study of the professions[M]. London: Sage Publications, 1990.

[37] BURTON W. The district school as it was[M]. Boston: Carter, Hendee, 1833.

[38] BUSHER H, SARAN R. Managing teachers as professionals in schools[M]. London: Kogan Page, 1995.

[39] BUTLER N M. Education in the United States[M]. New York, American Book Company, 1910.

[40] BUTLER N M. Monographs on education in the United States [M]. Albany, N. Y. : J. B. Lyon, 1900.

[41] BUTTS R F, CREMIN L A. A history of education in American culture[M]. New York: Holt, Rinehart and Winston, 1953.

[42] BUTTS R F. Public education in the United States: from Revolution to Reform[M]. New York: Holt, Rinehart and Winston, 1978.

[43] CALLAHAN R E. Education and the cult of efficiency: a study of the social forces that have shaped the administration of the public schools[M]. Chicago: University of Chicago Press, 1962.

[44] CAMP D N. Recollections of a long and active life[M]. New Britain, Connecticut, 1917.

[45] CAPLOW T. The sociology of work[M]. Minneapolis: University of Minnesota Press, 1954.

[46] CARMAN H J. Social and economic history of the United

States Ⅰ:from handicraft to factory,1500-1820[M]. Boston:D. G Heath and Company,1930.

[47] CARMAN H J. Social and economic history of the United States Ⅱ:the rise of industrialism,1820-1875[M]. Boston:D. G Heath and Company,1934.

[48] CARNEY M. Preparation of rural teachers in high schools [M]. Washington D. C.:Government Printing Office,1924.

[49] CARPENTER S D. Genealogical notes of the carpenter family, including the autobiography,and personal reminiscences of Dr. Seymour D. Carpenter[M]. Springfield,Ill.:Illinois State Journal Company,1907.

[50] CARROLL B A. Liberating women's history[M]. Urbana: University of Illinois Press,1976.

[51] CARR-SAUNDERS A M, WILSON P A. The professions [M]. Oxford:Oxford University Press,1933.

[52] CARTER J G. Essays upon popular education containing a particular examination of the schools of Massachusetts and an outline of an institution for the education of teachers [M]. Boston: Bowles& Dearborn,1826.

[53] CARTER P A. "Everybody's paid but the teacher": the teaching profession and the women's movement[M]. New York: Teachers College Press,2002.

[54] CHAMBERLAIN L M,MEEGE L E. Women and men in the teaching profession[M]. Lexington,Ky.:The University of Kentucky, 1937.

[55] CLANDININ D J,DAVIES A,HOGAN P,et al. Learning to teach, teaching to learn: stories of collaboration in teacher education [M]. New York:Teachers College Press,1993.

[56] CLIFFORD G J,GUTHRIE J W. Education school:a brief for professional education[M]. Chicago:University of Chicago Press,1988.

[57] CLIFFORD G J. Those good Gertrudes: a social history of women teachers in America[M]. Baltimore: Johns Hopkins University Press,2014.

[58] CLINKSCALES J G. On the Old Plantation: reminiscences of his childhood[M]. Spartanburg,S. C. :Band and White,1916.

[59] COLE A C. A Hundred years of Mount Holyoke College: the evolution of an educational ideal[M]. New Haven: Yale University Press, 1940.

[60] COLT M D. Went to Kansas[M]. Ann Arbor, Michigan: University Microfilms,1966.

[61] CONLEY D T. Who governs our schools? Changing roles and responsibilities[M]. New York: Teachers College Press,2003.

[62] COFFMAN L D. The social composition of the teaching population[M]. New York: Teachers College, Columbia University, 1911.

[63] COFFMAN L D. Teacher Training Departments in Minnesota high schools[M]. New York:General Education Board,1920.

[64] COHEN R M,SCHEER S. The work of teachers in America: a social history through stories[M]. Mahwah,N. J. :Lawrence Erlbaum Associates,1997.

[65] COHEN S. Progressives and urban school reform:The Public Education Association of New York City, 1895-1954[M]. New York: Teachers College,Bureau of Publications,1963.

[66] COHEN S. Education in the United States: a documentary history[M]. New York:Random House,1974.

[67] COUNTS G S. Dare the school build a new social order? [M] New York:John Day Company,1932.

[68] COUSIN V. Report on the state of public instruction in Prussia[M]. Sarah Austin trans. London:E. Wilson,1834.

[69] CREMIN L A. The American common school: an historic conception[M]. New York:Teachers College Press,1951.

[70] CREMIN L A. American education: the colonial experience, 1607-1783[M]. New York:Harper and Row,1970.

[71] CREMIN L A. American education: the metropolitan experience, 1876-1980[M]. New York:Harper and Row,1988.

[72] CREMIN L A. American Education: the national experience, 1783-1876[M]. New York:Harper and Row,1980.

[73] CREMIN L A. Traditions of American education[M]. New York:Basic Books,1977.

[74] CREMIN L A. The transformation of the school:progressivism in American education,1876-1957[M]. New York:Vintage Books,1961.

[75] CREMIN L A. The genius of American education[M]. Pittsburgh, Pa. :University of Pittsburgh Press,1965.

[76] CREMIN L A. The wonderful world of Ellwood Patterson Cubberley:an Essay on the historiography of American education[M]. New York: Bureau of Publications, Teachers College, Columbia University, 1965.

[77] CRONIN J M. The control of urban schools:perspective on the power of educational reformers[M]. New York:Free Press,1973.

[78] CUBAN L. How scholars trumped teachers: change without reform in university curriculum, teaching, and research, 1890-1990[M]. New York:Teachers College Press,1999.

[79] CUBAN L. How teachers taught: constancy and change in American classrooms 1890-1990[M]. New York: Longman, 1984.

[80] CUBBERLEY E P. Public education in the United States: a study and interpretation of American educational history[M]. Boston: Houghton Mifflin Company, 1919.

[81] CUBBERLEY E P. The history of education: educational practice and progress considered as a phase of the development and spread of western civilization[M]. Boston: Houghton Mifflin Company, 1920.

[82] CUBBERLEY E P. Readings in public education in the United States: a collection of sources and readings to illustrate the history of educational practice and progress in the United States[M]. Boston: Houghton Mifflin Company, 1934.

[83] CURTI M E. The making of an American community: a case study of democracy in a frontier county[M]. Stanford, Calif.: Stanford University Press, 1959.

[84] DEARBORN N H. The Oswego Movement in American education [M]. New York: Bureau of Publications, Teachers College, Columbia University. 1925.

[85] DEGAN D Y. The stereotype of the single woman in American novels: a social study with implications for the education of women[M]. New York: Kings' Crown Press, 1951.

[86] DEWEY J. School and society[M]. Chicago: The University of Chicago Press, 1907.

[87] DEWEY J. The educational situation[M]. Chicago: The University of Chicago Press, 1902.

[88] DEWITT B P. The Progressive Movement: a non-partisan, comprehensive discussion of current tendencies in American politics[M].

New York:Macmillan,1915.

[89] DILLEY F B. Teacher certification in Ohio and a proposed plan of reconstruction[M]. New York:Teacher College Press,Columbia University,1935.

[90] DINER S J. A very different age:Americans of the Progressive Era[M]. New York:Hill and Wang,1998.

[91] DINGWALL R,LEWIS P. The sociology of the professions: lawyers,doctors,and others[M]. New York:St. Martin's Press,1983.

[92] DOUGLAS P H. Real wages in the United States,1890-1926 [M]. Boston:Houghton Mifflin Company,1930.

[93] DRURY D,BAER J. The American public school teacher:past, present and future[M]. Cambridge,Mass. :Harvard Education Press,2011.

[94] DUBLIN T. Women at work:the transformation of work and community in Lowell,Massachusetts,1826-1860[M]. New York:Columbia University Press 1979.

[95] DUDLEY R. In my youth[M]. Indianapolis: The Bobbs-Merrill Company Publishers,1914.

[96] DUGGAN S P. A student's textbook in the history of education [M]. New York:D. Appleton and Company,1916.

[97] DWIGHT H E. Travels in the north of Germany in the years 1825 and 1826[M]. New York:G. & C. & H. Carvill 1829.

[98] DYKE C B. The economic aspect of teachers' salaries[M]. New York:The Macmillan Co. ,1899.

[99] EELLS W C. Teachers' salaries and the cost of living[M]. Stanford,Calif. :Stanford University Press,1933.

[100] ELLIOTT E C. City school supervision:a constructive study applied to New York City[M]. Yonkers-on-Hudson,N. Y. :World book

Co. ,1914.

[101] ELSBREE W S. The American teacher: evolution of a profession in a democracy[M]. New York: American Book Company, 1939.

[102] ENGSTRAND S B. Miss Munday[M]. New York: The Dial Press, 1940.

[103] EPSTEIN N. Who's in charge here? The tangled web of school governance and policy[M]. Washington D. C. : Brookings Institution, 2004.

[104] ERAUT M. Developing professional knowledge and competence [M]. London: The Falmer Press. 1994.

[105] ETZIONI A. The semi-professions and their organization: teacher, nurses, social workers[M]. New York: The Free Press, 1969.

[106] FAULKNER W. The hamlet[M]. New York: Random House, 1940.

[107] FELTON R L. Country life in Georgia in the days of my youth[M]. Atlanta, Ga. : Index Printing Co. , 1919.

[108] FERRIER W W. Ninety years of education in California, 1846-1936[M]. Berkeley, California: Sather Gate Book Shop, 1937.

[109] FINKELSTEIN B J. Governing the young: teacher behavior in popular primary schools in nineteenth-century United States[M]. New York& London: Falmer, 1989.

[110] FISCHER D H. Historians' fallacies: toward a logic of historical thought[M]. New York: Harper & Row, 1970.

[111] FRASER J W. Preparing America's teachers: a history[M]. New York: Teachers College Press, 2007.

[112] FREIDSON E. Profession of medicine: a study of the sociology of applied knowledge[M]. New York: Dodd, Mead, 1970.

[113] FREIDSON E. Professional powers: a study of the institutionalization

of formal knowledge[M]. Chicago: University of Chicago Press, 1986.

[114] FREIDSON E. Professionalism reborn: theory, prophecy, and policy[M]. Chicago: University of Chicago Press, 1994.

[115] FREIDSON E. Professionalism: the third logic[M]. Chicago: University of Chicago Press, 2001.

[116] FREIDSON E. The professions and their prospects[M]. Beverly Hills: Sage Publications, 1971.

[117] FROST S J. Essentials of history of education[M]. New York: Barron's Educational Series, Inc. , 1947.

[118] GALAMBOS E C. Teacher preparation: the anatomy of a college degree[M]. Atlanta, Ga. : Southern Regional Education Board, 1985.

[119] GILB C L. Hidden hierarchies: the professions and government [M]. New York: Harper & Row, 1966.

[120] GOLDSTEIN D. The teacher wars: a history of America's most embattled profession[M]. New York: Doubleday, 2014.

[121] GOOD H G. A history of American education[M]. 2nd ed. New York: The Macmillan Company, 1962.

[122] GOODLAD J I, SODER R, SIROTNIK K A. The moral dimensions of teaching[M]. San Francisco: Jossey-Bass, 1990.

[123] GOODSON I, HARGREAVES A. Teachers' professional lives [M]. London: The Falmer Press, 1996.

[124] GORDY J P. Rise and growth of the normal school idea in the United States[M]. Washington D. C. : Government Printing Office, 1916.

[125] GRACE G. Teachers, ideology and control: a study of in urban education[M]. Boston and London: Routledge & Kegan Paul, 1978.

[126] GRANFORS M W. Professional passages: caste, class and

education in the 19th century legal profession[M]. Chicago: American Bar Foundation, 1987.

[127] GRAVES F P. Great educators of three centuries[M]. New York: The MacMillan Company, 1912.

[128] GRAY V, HANSON R L, KOUSSER T. Politics in the American states: a comparative analysis[M]. 10th ed. Washington D. C. : CQ Press, 2013.

[129] GREEN J A. Pestalozzi's educational writings[M]. London: Edward Arnold, 1916.

[130] GREER C. Great school legend: a revisionist interpretation of American public education[M]. New York: Basic Books, 1972.

[131] HALE E E. A New England boyhood[M]. New York: The Cassell Publishing Co. , 1893.

[132] HAMMACK D C. Power and society: greater New York at the turn of the century[M]. New York: Russell Sage Foundation, 1982.

[133] HANUS P H. Adventuring in education[M]. Cambridge, MA: Harvard University Press, 1937.

[134] HARGREAVES A, EVANS R. Buying teachers back[M]. Buckingham, England: Open University Press, 1997.

[135] HARPER C A. A century of public teacher education: the story of the State Teachers Colleges as they evolved from the normal schools[M]. Washington D. C. : Hugh Birch-Horace Mann Fund for the American Association of Teachers Colleges, 1939.

[136] HARPER C A. Theory and practice in the history of American education: a book of readings[M]. Washington D. C: American Association of Teacher College, National Education Association, 1939.

[137] HARRIS W T. Psychologic foundations of education[M].

New York: D. Appleton & Co., 1898.

[138] HASKELL E M. Child observations, 1st series: imitation and allied activities[M]. Boston: D. C. Heath & Co., 1896.

[139] HAYES W. The Progressive Education Movement: is it still a factor in today's schools? [M] Lanham, Md.: Rowman & Littlefield Education, 2007.

[140] HAZARD J T. Pioneer teachers of Washington[M]. Seattle: Seattle Retired Teachers Association, 1955.

[141] HENTOFF N. Our children are dying[M]. New York: Viking Press, 1966.

[142] HERBST J. And Sadly Teach: Teacher Education and Professionalization in American Culture[M]. Madison: University of Wisconsin Press, 1989.

[143] HERRICK M J. The Chicago Schools: A Social and Political History[M]. Beverly Hills, CA: Sage Publications, 1971.

[144] HILL C M. A Decade of Progress in Teacher Training[M]. New York: Bureau of Publications, Teachers College, Columbia University, 1927.

[145] HINSDALE B A. Monographs on Education in the United States: The Training of Teachers[M]. Albany, N. Y.: J. B. Lyon Company, 1900.

[146] HODGE D E W, HODGEL F. A century of service to public education: the centennial history of the New York State Teachers Association [M]. Albany, N. Y.: The New York State Teachers Association, 1945.

[147] HOFFMAN N. Woman's "True" profession: voices from the history of teaching[M]. Old Westbury, NY: Feminist Press, 1981.

[148] HOGAN D J. Class and reform: school and society in Chicago,

1880-1930[M]. Philadelphia: University of Pennsylvania Press, 1985.

[149] HOLMES E G A. The tragedy of education[M]. New York: E. P. Dutton & Company, 1913.

[150] HOLMES O W. Elsie Venner: a romance of destiny[M]. Boston: Ticknor and Fields, 1861.

[151] HOWELLS W C. Recollections of life in Ohio from 1813 to 1840[M]. Gainesville: Scholars' Facsimiles and Reprints, 1963.

[152] HUGHES E. Men and their work[M]. Glencoe, Illinois: The Free Press, 1958.

[153] HUGHES E C. On work, race, and the sociological imagination [M]. Chicago: University of Chicago Press, 1994.

[154] HUMMEL R C, NAGLE J M. Urban education in America: problems and prospects[M]. New York: Oxford University Press, 1973.

[155] HUTCHINSON E P. Immigrants and their children, 1850-1950[M]. New York: Wiley, 1956.

[156] IANNACCONE L. Politics in education[M]. New York: Center for Applied Research in Education, 1967.

[157] IANNACCONE L, LUTZ F W. Politics, power and policy: the governing of local school districts[M]. Columbus: Charles E. Merrill, 1970.

[158] INGRAM M F. Toward an education[M]. New York: Comet Press, 1954.

[159] JACKSON K T, SCHULTZ S K. Cities in American history [M]. New York: Knopf, 1972.

[160] JACKSON S. America' struggle for free schools[M]. Washington D. C. : American Council on Public Affairs. 1941.

[161] JAMES H T, KELLY J A, GARMS W I. Determinants of educational expenditures in large cities of the United States[M]. Stanford:

School of Education, Stanford University, 1966.

[162] JEANNIE O, LIPTON M. Making the best of schools: a handbook for parents, teachers, and policymakers[M]. New Haven, CT: Yale University Press, 1990.

[163] JOHNSON O, JOHNSON H. A home in the woods: Oliver Johnson's reminiscences of early Marion County [M]. Indianapolis: Indiana Historical Society Publications, 1951.

[164] JOHNSON S M. Teacher unions in schools[M]. Philadelphia: Temple University Press, 1984.

[165] JOHNSONT J. Professions and power[M]. London: Macmillan, 1972.

[166] JONES R M. A small-town boy[M]. New York: The Macmillan Company, 1941.

[167] JUDD C H, PARKER S C. Problems involved in standardizing state normal schools[M]. Washington D. C.: Government Printing Office, 1916.

[168] KAESTLE C F. Pillars of the Republic: common schools and American society, 1780-1860[M]. New York: Hill and Wang, 1983.

[169] KATZ M B. The irony of early school reform: educational innovation in mid-nineteenth century Massachusetts[M]. Boston: Beacon Press, 1968.

[170] KATZNELSON I, WEIR M. Schooling for all: class, race, and the decline of the democratic ideal[M]. New York: Basic Books, 1985.

[171] KAUFMAN P W. Women teachers on the frontier[M]. New Haven, CT: Yale University Press, 1984.

[172] KELLY M. Little citizens: the humours of school life[M]. New York: Grosset & Dunlap Publishers, 1904.

[173] KEMP W W. The support of schools in Colonial New York by the Society for the Propagation of the Gospel in Foreign Parts[M]. New York,Bureau of Publications,Teachers College,Columbia University, 1913.

[174] KEMP E L. History of education[M]. Philadelphia: J. B. Lippincott Company,1902.

[175] KILPATRICK W H. The Dutch Schools of New Netherland and Colonial New York[M]. Washington D. C. :Government Printing Office,1912.

[176] KIMBALL B A. The "True Professional Ideal" in America:a history[M]. Cambridge,Mass. :Blackwell Publishers,1992.

[177] LABAREE D F. The trouble with education school[M]. New Haven:Yale University Press. 2004.

[178] LARSON M S. The rise of professionalism[M]. Berkeley, CA:University of California Press,1977.

[179] LAZERSON M. Origins of the urban school:public education in Massachusetts, 1870-1914 [M]. Cambridge: Harvard University Press, 1971.

[180] LEARNED W S, BAGLEY W, MCMURRY C A. The professional preparation of teachers for American public schools:a study based upon an examination of tax-supported normal schools in the State of Missouri[M]. New York:Carnegie Foundation for the Advancement of Teaching,1920.

[181] LEIDECKER K. Yankee teacher: life of William Torrey Harris [M]. New York:Philosophical Library,1946.

[182] LEVIN R A. Educating elementary school teachers: the struggle for coherent visions,1909-1978[M]. Landover: University Press of America,

1994.

[183] LIEBERMAN A. Schools as collaborative cultures: creating the future now[M]. New York: The Falmer Press, 1990.

[184] LIPPMANN W. Public opinion[M]. New York: Macmillan, 1922.

[185] LORTIE D C. Schoolteacher: a sociological study[M]. Chicago: University of Chicago Press, 1975.

[186] LUCAS C J. Teacher education in America: reform agendas for the twenty-first century[M]. New York: St. Martin's Press, 1999.

[187] LUCKEY G W A. The professional training of secondary teachers in the United States[M]. New York: The Macmillan Company, 1903.

[188] MASON M S. Parents and teachers: a survey of organized cooperation of home, school and community[M]. New York: Ginn & Co., 1928.

[189] MATTINGLY P H. The classless profession: American schoolmen in the nineteenth century[M]. New York: New York University Press, 1975.

[190] MAXWELL W H. A quarter century of public school development[M]. New York: American Book Company, 1912.

[191] MAYHEW K C, EDWARDS A C. The Dewey School[M]. New York: Appleton-Century, 1936.

[192] MAYOR J R, SWARTZ W G. Accreditation in teacher education: its influence on higher education[M]. Washington D. C.: National Commission on Accrediting, 1965.

[193] MEADER J L. Normal school education in Connecticut Bureau of Publications[M]. New York: Teacher College Press. Columbus University, 1928.

[194] MITCHELL F,SCHWINDEN M. Profiles of the education of teachers[M]. Flagstaff,Ariz. :Northern Arizona State University,1984.

[195] MILLERSON G. The qualifying associations: a study in professionalization[M]. London:Routledge,1964.

[196] MOE T M. Special interest: teachers unions and America's public schools[M]. Washington D. C. :Brookings Institution Press,2011.

[197] MOFFET M M. The social background and activities of teachers' college students[M]. New York: Teachers College, Columbia University, 1929.

[198] MONROE P. A cyclopedia of education[M]. 5 vols. New York:Macmillan,1911-1913.

[199] MONROE P. A textbook in the history of education[M]. New York:The MacMillan Company,1922.

[200] MONROE P. Founding of the American public school system [M]. Vol. 1. New York:The Macmillan Company,1940.

[201] MONROE W S. Teaching-learning theory and teacher education, 1890 to 1950[M]. New York:Greenwood Press,1952.

[202] MONROE W S. History of the Pestalozzian movement in the United States[M]. New York:Arno Press,1969.

[203] MORROW D F. Then and now: reminiscences and historical romance[M]. Macon:The J. W. Burke Company,1926.

[204] MOSSMAN L C. Changing conceptions relative to the planning of lessons[M]. New York:Teachers College,Columbia University,1924.

[205] MOWRY W A. Recollections of a New England educator, 1838-1908: reminiscences-biographical, pedagogical, historical[M]. New York:Silver,Burdett and Company,1908.

[206] MULHERN J. A history of education[M]. New York: The

Ronald Press Company, 1946.

[207] MURPHY M. Blackboard unions: the AFT and the NEA, 1900-1980[M]. Ithaca: Cornell University Press, 1991.

[208] NASAW D. Schooled to order: a social history of public schooling in the United States[M]. New York: Oxford University Press, 1979.

[209] NEVINS A, KROUT J A. The greater city: New York. 1898-1948[M]. New York: Columbia University Press, 1948.

[210] NEWMAN J W. America's teachers: an introduction to education [M]. White Plains, NY: Longman Press, 1998.

[211] NOBLE S G. A history of American education[M]. New York: Farrar and Rinehart, Inc., 1938.

[212] NORTON M B. Liberty's daughters: the revolutionary experience of American women, 1750-1800[M]. Boston: Little, Brown& Company, 1980.

[213] OGREN C A. The American state normal school: "an instrument of great good"[M]. New York: Palgrave Macmillan, 2005.

[214] PALMER A F, PALMER G H. The teacher: essays and addresses on education[M]. Boston: Houghton Mifflin, 1908.

[215] PANGBURN J M. The evolution of the American teachers college[M]. New York: Teachers College, Columbia University, 1932.

[216] PARKER S C. A textbook in the history of modern elementary education[M]. New York: Ginn and Company, 1912.

[217] PARIS D C. Ideology and educational reform: themes and theories in public education[M]. Boulder, Colorado: Westview Press, 1995.

[218] PATRI A. A schoolmaster of the great city[M]. New York: Macmillan, 1917.

[219] PAVALKO R M. Sociology of occupations and professions [M]. Itasca, Ill. : F. E. Peacock, 1971.

[220] PAYNE W H. The education of teachers[M]. Richmond: B. F. Johnson Publishing Co. , 1901.

[221] PESTALOZZI J. How Gertrude teaches her children: an attempt to help mothers to teach their own children and an account of the method [M]. Syracuse, N. Y. : Bardeen, 1898.

[222] PEIRCE C, SWIFT M. The first state normal school in America [M]. Cambridge: Harvard University Press, 1926.

[223] PETERSON P E. The politics of school reform, 1870-1940 [M]. Chicago: The University of Chicago Press, 1985.

[224] PHELPS W L. Autobiography, with letters[M]. New York: Oxford University Press, 1939.

[225] PINLOCHE A B. Pestalozzi and the foundation of the modern elementary school[M]. New York: C. Scribner's Sons, 1901.

[226] POPKEWITZ T S. Critical studies in teacher education[M]. Philadelphia, PA: The Falmer Press, 1987.

[227] POWELL A G. The uncertain profession: Harvard and the search for educational authority[M]. Cambridge, Mass. : Harvard University Press. 1980.

[228] PRENTICE A, THEOBALD M R. Women who taught: perspectives on the history of women and teaching[M]. Toronto : University of Toronto Press, 1991

[229] PUTNAM D. A history of the Michigan State Normal School (now Normal College) at Ypsilanti, Michigan, 1849-1899[M]. Ypsilanti, Mich. : The Scharf Tag, Label & Box Co. , 1899.

[230] RABB T K, ROTBERG R I. The family in history:

interdisciplinary essays[M]. New York: Harper and Row, 1973.

[231] RANSON S, TOMLISON J. The changing government of education[M]. London: Allen and Unwin, 1986.

[232] RAVITCH D. The great school wars, New York City, 1805-1973: a history of the public schools as battlefield of social change[M]. New York, NY: Basic Books, 1974.

[233] REESE W J. Power and the promise of school reform: grassroots movements during the Progressive Era[M]. reissued ed. New York: Teachers College Press, 2002.

[234] REID R. Battlefield: the autobiography of Margaret A. Haley [M]. Urbana: University of Illinois Press, 1982.

[235] REISNER E H. The evolution of the common school[M]. New York: The Macmillan Company. 1930.

[236] RICE J M. The public-school system of the United States [M]. New York: The Century Co. , 1893.

[237] RICHARDSON V. Handbook of research on teaching[M]. 4th ed. Washington D. C. : American Educational Press, 2001.

[238] RIIS J A. The battle with the slum[M]. New York: The Macmillan Company, 1902.

[239] RIPPA S A. Education in a free society: an American history [M]. White Plains, N. Y. : Longman, 1997.

[240] ROSALDO M Z, LAMPHERE L. Woman, culture and society [M]. Stanford, CA: Stanford University Press, 1974.

[241] ROTHERHAM A J, HANNAWAY J. Collective bargaining in education: negotiating change in today's schools[M]. Cambridge, MA: Harvard Education Press, 2006.

[242] ROUSMANIERE K. Citizen teacher: the life and leadership

of Margaret Haley[M]. Albany: State University of New York Press, 2005.

[243] ROUSMANIERE K. The principal's office: a social history of the American school principal[M]. Albany: State University of New York Press, 2013.

[244] RUBIN D. The rights of teachers[M]. New York: Bantam, 1984.

[245] RUDNER L M, EISSENBERG T E. State testing of teachers: the 1989 report[M]. Washington D. C. : American Institutes for Research, 1989.

[246] RUNES D D. The selected writings of Benjamin Rush[M]. New York: Philosophical Library, Inc. , 1947.

[247] RUSSELL J E. Founding Teachers College: reminiscences of the Dean Emeritus[M]. New York: Teachers college, Columbia University, 1937.

[248] RYAN K. Teacher education[M]. Chicago: University of Chicago Press, 1975.

[249] SCHLESINGER A M, Jr. . The Age of Jackson[M]. Boston: Little, Brown and Company, 1945.

[250] SCHMUCK P A. Women educators: employees of schools in western countries[M]. Albany: State University of New York Press, 1987.

[251] SCHULTZ S K. The culture factory: Boston public schools, 1789-1860[M]. New York: Oxford University Press, 1973.

[252] SEERLEY H H. Defects in the normal schools that are responsible for the opposition and criticism urged against them in many parts of the United States[M]. Chicago: University of Chicago Press, 1902.

[253] SELDEN D. The teacher rebellion[M]. Washington D. C. :

Howard University Press,1985.

[254] SELLE E S. The organization and activities of the National Education Association[M]. New York:Bureau of Publication,Teachers College,Columbia University,1932.

[255] SEWARD R R. The American family:a demographic history [M]. Beverly Hills,California:Sage Publications,1978.

[256] SEYBOLT R F. Some schoolmasters of colonial New York [M]. Albany:The University of the State of New York,1921.

[257] SEYBOLT R F. The public schools of colonial Boston,1635-1775[M]. Cambridge:Harvard University Press,1935.

[258] SHARP W L,WALTER J K. The school superintendent:the profession and the person[M]. 2nd ed. Lanham, Maryland: Scarecrow Education 2004.

[259] SHEN J P. The school of education:its mission,faculty and reward structure[M]. New York:Peter Lang,1999.

[260] SKLAR K K. Catherine Beecher:a study in American domesticity [M]. New Haven:Yale University Press,1973.

[261] SMALL W H. Early New England schools[M]. Boston:Ginn and Company,1914.

[262] SOCKETT H. The moral base for teacher professionalism [M]. New York:Teachers College Press,1993.

[263] SPRING J H. Conflict of interests:the politics of American education[M]. New York:Longman,1993.

[264] SPRING J H. Education and the rise of the corporate state [M]. Boston:Beacon Press,1972.

[265] SPRING J H. The American school:1642-2004[M]. 6th ed. New York:McGraw-Hill,Inc. ,2005.

[266] STEVENS R. The Question as a measure of efficiency in instruction[M]. New York: Teachers College, Columbia University, 1912.

[267] STOWE H B. Old-town folks[M]. Leipzig: Bernard Tauchnitz, 1869.

[268] STRACHAN G C. Equal pay for equal work: the story of the struggle for justice being made by the women teachers of the City of New York[M]. New York: B. F. Buck, 1910.

[269] STRIKE K A, TERNASKY P L. Ethics for professionals in education[M]. New York: Teachers College Press, 1993.

[270] STROMBERG A H, HARKESS S. Women working: theories and facts in perspective[M]. Palo Alto, California: Mayfield Publishing Co., 1978.

[271] SWETT J. History of the public school system of California [M]. San Francisco: A. L. Bancroft and company, 1876.

[272] TAUSSIG F W. Wages and capital: an examination of the wages fund doctrine[M]. New York: Macmillan and Co., 1896.

[273] TAYLOR J O. The district school: or National education [M]. 3rd ed. Philadelphia: Carey, Lea, and Blanchard, 1835.

[274] TAYLOR L. Occupational sociology[M]. New York: Oxford University Press, 1968.

[275] THAYER V T. The passing of the recitation[M]. Boston: D. C. Heath and Co., 1928.

[276] THORNBROUGH E L. Eliza A. Blaker: her life and work[M]. Indianapolis: Eliza A. Blaker Club and Indiana Historical Society, 1956.

[277] THURSFIELD R E. Henry Barnard's American Journal of Education[M]. Baltimore: The Johns Hopkins Press, 1945.

[278] TOLLEY K. Transformations in schooling: historical and

comparative perspectives[M]. New York:Macmillan,2007.

[279] TURNER E A. The essentials of good teaching[M]. Boston: D. C. Heath & Co. ,1920.

[280] TURNER J W. Half a century in the school room,or,personal memoirs of Jas. W. Turner[M]. Carrier Mills, Ill. : Turner Publishing Company,1920.

[281] TYACK D B. The one best system: a history of American urban education[M]. Cambridge:Harvard University Press,1974.

[282] TYACK D B,HANSOT E. Managers of virtue:public school leadership in America,1820-1980[M]. New York:Basic Books,1982.

[283] URBAN W J. Why teachers organized[M]. Detroit: Wayne State University Press,1982.

[284] URBAN W J. Gender, race and the National Education Association:professionalism and its limitations[M]. New York: Routledge Falmer,2000.

[285] WALKER S,BARTON L. Gender,class and education[M]. Sussex,Eng. :Falmer Press,1983.

[286] WALLER W W. The sociology of teaching[M]. John Wiley & Sons Inc. ,1932.

[287] WARREN D. American teachers:histories of a profession at work[M]. New York:Macmillan,1989.

[288] WATTENBERG W W. On the educational front:the reactions of teachers associations in New York and Chicago[M]. New York: Columbia University Press,1936.

[289] WEBB L D. The history of American education: a great American experiment[M]. New Jersey:Pearson Education,Inc. ,2006.

[290] WELLS H G. The future in America:a search after realities

[M]. London: Chapman & Hall, 1906.

[291] WESLEY E B. NEA: the first hundred years[M]. New York: Harper & Brothers Publishers, 1957.

[292] WEST A. The National Education Association: the power base for education[M]. New York: Free Press, 1980.

[293] WHITE P L. Beekmantown, New York: forest frontier to farm community[M]. Austin: University of Texas Press, 1979.

[294] WHITTEMORE R F. Nicholas Murray Butler and public education[M]. New York: Teachers College Press, 1970.

[295] WICKERSHAM J P. History of education in Pennsylvania [M]. Lancaster: Pa. , Inquirer Publishing Company, 1886.

[296] WIEBE R H. The search for order, 1877-1920[M]. New York: Hill and Wang, 1967.

[297] WILLIAMS J M. Our rural heritage: the social psychology of rural development[M]. New York: Alfred A. Knopf, 1925.

[298] WISE A E, DARLING-HAMMOND L. Licensing teachers: design for a teaching profession[M]. Santa Monica, CA: Rand, Center for the Study of the Teaching Profession, 1987.

[299] WOODY T. A history of women's education in the United States[M]. New York: Science Press, 1929.

[300] WOODY T. Early Quaker education in Pennsylvania[M]. New York: Teachers College, Columbia University, 1920.

[301] YEZIERSKA A. Bread givers: a struggle between a father of the Old World and a daughter of the New[M]. New York: Persea Books, 1925.

[302] YOUNG E F. Isolation in the schools[M]. Chicago: University of Chicago Press, 1901.

[303] ZITRON C L. The New York City Teachers Union，1916-1964[M]. New York：Humanities Press，1968.

[304] ZUNZO. Reliving the past：the worlds of social history[M]. Chapel Hill，NC：University of North Carolina Press，1985.

**（三）期刊论文**

[1] ABBOTT A. Status and status strain in the professions[J]. American Journal of Sociology，1981，86(4)：819-835.

[2] Honoring the first woman superintendent of schools[J]. The Survey，1910，24：474-475.

[3] Seminaries for teachers in Prussia[J]. American Annals of Education and Instruction，1831，1(6)：253-257.

[4] The fight over the Chicago public schools[J]. The Survey，1914，31：370-371.

[5] The confessions of a successful teacher[J]. World's Work，1909，19(1)：12221-12225.

[6] ANTLER J. "After college, what?"：new graduates and the family claim[J]. American Quarterly，1980，32(4)：409-434.

[7] APPLE M. Work，gender and teaching[J]. Teachers College Record，1983，84：611-628.

[8] BECK J M. The public schools and the Chicago newspapers：1890-1920[J]. The School Review，1954，62(5)：288-295.

[9] BECKERH S. The teacher in the authority system of the public school[J]. The Journal of Educational Sociology，1953，27(3)：128-141.

[10] BERNARD R M，VINOVSKIS M A. The female school teacher in Ante-Bellum Massachusetts[J]. Journal of Social History，1977，10(3)：332-345.

[11] BERROL S C. Julia Richman：agent of change in the urban

school[J]. Urban Education,1977,11(4):357-374.

[12] BIKLEN S K. Can elementary schoolteaching be a career? A search for new ways of understanding women's work[J]. Issues in Education,1985,3(3):215-231.

[13] BLACKWELL A S. Shall married women teach? [J] The Journal of Education,1906,64(17):472.

[14] BLEDSTEIN B J. Discussing terms: professions, professionals, professionalism[J]. Prospects: An Annual of American Cultural Studies, 1985,10:1-15.

[15] BOLTON F E. The preparation of high-school teachers: what they do secure and what they should secure[J]. The School Review, 1907,15(2):97-122.

[16] BRADFORD M D. Married women as teachers[J]. The Journal of Education,1921,94(23):619-622.

[17] BRADSHAW C T. Ella Flagg Young and her relationship to the cult of efficiency[J]. Educational Theory,1986,36(4):363-373.

[18] BRUMBAUGH M G. Why women teach[J]. The Journal of Education,1907,66(3):63-65.

[19] BRUMBERG J J, NANCY T. Women in the professions: a research agenda for American historians[J]. Reviews in American History, 1982(2):275-96.

[20] CAPEN S P. The Teaching profession and labor unions[J]. The Journal of General Education,1947(4):275-78.

[21] CARTER S B. Occupational segregation, teachers' wages, and American economic growth[J]. The Journal of Economic History,1986, 46(2):373-383.

[22] CHAMBERS G G. Codes of ethics for the teaching profession

[J]. The Annals of the American Academy of Political and Social Science, 1922,101(May):121-126.

[23] CLARK L H. Teaching:a profession? [J]. The Clearing House, 1956,30(7):435-436.

[24] CLIFFORD G J. "Daughters into Teachers": Educational and Demographic Influences on the Transformation of Teaching into "Women's Work" in America[J]. History of Education Review,1983,12(1):15-28.

[25] CLIFFORD G J. History as experience: the uses of personal history documents in the history of education[J]. History of Education, 1978,7(3):183-196.

[26] COOK W A. Rise and significance of the American Federation of Teachers[J]. The Elementary School Journal,1921,21(6):444-460.

[27] COOK R E. Ethics of the teaching profession[J]. The Journal of Education,1918(8):207-08.

[28] CUTLER W W, Ⅲ. Cathedral of culture: the schoolhouse in American educational thought and practice since 1820[J]. History of Education Quarterly,1989,29(1):1-40.

[29] EASTERLIN R A. Factors in the decline of farm family fertility in the United States: some preliminary research results[J]. Journal of American History,1976,63(3):600-614.

[30] EVERTSON C M, HAWLEY W D, ZLOTNIK M. Making a difference in educational quality through teacher education[J]. Journal of Teacher Education,1985,36(3):2-12.

[31] GORE J M, MORRISON K. The perpetuation of a (semi-) profession: challenges in the governance of teacher education[J]. Teaching and Teacher Education,2001,17(5):567-582.

[32] CREMIN L A. The revolution in American secondary education,

1893-1913[J]. Teachers College Record,1955,56(6):295-308.

[33] DARLING-HAMMOND L. Accountability for professional practice[J]. Teacher College Record,1989,91(1):59-80.

[34] BEY C D. Plan for official advisory organization of the teaching force of Chicago[J]. The Elementary School Teacher,1907,7(6):305-310.

[35] DEWEY J. Professional organization of teachers[J]. The Journal of Education,1919,90(16):428.

[36] EVANS L. Professionalism,professionality and the development of education professionals[J]. British Journal of Educational Studies,2008,56(1):20-38.

[37] FINKELSTEIN B J. The moral dimensions of pedagogy:teaching behavior in popular primary schools in nineteenth-century America[J]. American Studies,1974,15(2):79-89.

[38] FOFF A. Scholars and scapegoats[J]. The English Journal,1958,47(3):118-126.

[39] FRAUNDORF M N. The labor force participation of turn-of-the-century married women[J]. Journal of Economic History,1979,39(2):401-418.

[40] FREIDSON E. Professionalization and the organization of middle-class labor in postindustrial society[J]. Sociological Review,1972,20(S1):47 59.

[41] GARDNER P. Teacher training and changing professional identity in early twentieth century England[J]. Journal of Education for Teaching:International Research and Pedagogy,1995,21(2):191-218.

[42] GINSBURG M. Professionalism or politics as a model for educators' work and lives[J]. Educational Research Journal,1997,11

(2):133-146.

[43] GOODE W J. Community within a community:the professions [J]. American Sociological Review,1957,22(2):194-200.

[44] GRAEBNER W. Retirement in education: the economic and social functions of the teachers' pension[J]. History of Education Quarterly, 1978,18(4):397-417.

[45] GRAHAM P A. Black teachers: a drastically scarce resource [J]. The Phi Delta Kappan,1987,68(8):598-605.

[46] GRANT C E. Married women in schools[J]. The Journal of Education,1915,81(2):34-36.

[47] HANEY W,MADAUS G,KREITZER A. Charms talismanic: testing teachers for the improvement of American education[J]. Review of Research in Education,1987,14(1):169-238.

[48] HARGREAVES A. Four ages of professionalism and professional learning[J]. Teachers and Teaching: Theory and Practice, 2000, 6(2): 151-182.

[49] HATCHER R. Market relationships and the management of teachers[J]. British Journal of Sociology of Education, 1994, 15(1): 41-61.

[50] HILLISON J. Cyrus Peirce: first public teacher educator[J]. Journal of Teacher Education,1984,35:55-56.

[51] HITZ R. Can the teaching profession be trusted? [J] The Phi Delta Kappan 2008,89(10):746-50.

[52] HOFFMAN N J. Essay reviews: feminist scholarship and women's studies[J]. Harvard Educational Review,1986,56(4):511-520.

[53] HOYLE E. Professionality, professionalism and control teaching [J]. London Educational Review,1974,3(2):13-19.

[54] HOYLE E. Theprofessionalization of teachers: a paradox[J]. British Journal of Educational Studies, 1982, 30(2): 161-171.

[55] HYDE D R, WOLFF P. The American Medical Association: power, purpose and politics in organized medicine[J]. Yale Law Journal, 1954, 63(7): 937-1022.

[56] ISSEL W H. Modernization in Philadelphia school reform, 1882-1905[J]. Pennsylvania Magazine of History and Biography, 1970, 94(3): 358-383.

[57] ISSEL W H. Teachers and educational reform during the Progressive Era: a case study of the Pittsburgh Teachers Association[J]. History of Education Quarterly, 1967, 7(2): 220-233

[58] KAHLENBERG R D. Teacher tenure has a long history and, hopefully, a future[J]. The Phi Delta Kappan, 2016, 97(6): 16-21.

[59] KAPLAN L. Teacher certification: collaborative reform[J]. Educational Forum, 1994, 58(2): 169-172.

[60] KARPIK L. Lawyers and politics in France, 1814-1950: the state, the market, and the public[J]. Law and Social Inquiry, 1988, 13(4): 707-736.

[61] KILPATRICK W H. The Project Method[J]. Teachers College Record, 1918, 19: 319-335.

[62] KING M B. Locking ourselves in: national standards for the teaching profession[J]. Teaching and Teacher Education, 1994, 10(1): 95-108.

[63] KNIGHT E. In darkness dwells[J]. School and Society, 1947, 65: 385-388.

[64] LABAREE D. Power, knowledge and the rationalization of teaching: a genealogy of the movement to professionalize teaching[J].

Harvard Educational Review, 1992, 62(2): 123-154.

[65] LAZERSON M. If all the world were Chicago: American education in the twentieth century[J]. History of Education Quarterly, 1984, 24(2): 165-179.

[66] MARDIS S K. Making teaching a profession[J]. The Journal of Education, 1911(19): 508-10.

[67] MAY M. The historical problem of the family wage: the Ford Motor Company and the five dollar day[J]. Feminist Studies, 1982, 8(2): 399-424.

[68] METZGER W. A Spectra haunting American scholars: the spectra of professionalism[J]. Educational Researcher, 1987, 16(6): 10-19.

[69] MITCHELL J. The workingman's conception of industrial liberty[J]. American Federationist, 1910, 17: 405-410.

[70] MOE T M. Collective bargaining and the performance of the public schools[J]. American Journal of Political Science, 2009, 53(1): 156-174.

[71] MOORE R L. Insiders and outsiders in American historical narrative and American history[J]. The American Historical Review, 1982, 87(2): 390-412.

[72] MORAIN T. The Departure of males from the teaching profession in nineteenth-century Iowa[J]. Civil War History, 1980, 26(2): 161-170.

[73] MURPHY M. Taxation and social conflict: teacher unionism and public school finance in Chicago, 1898-1934[J]. Journal of the Illinois State Historical Society, 1981, 74(4): 242-260.

[74] OSTERUD N, FULTON J. Family limitation and age of marriage: fertility decline in Sturbridge, Massachusetts, 1730-1850[J]. Population Studies, 1976, 30(3): 481-494.

[75] PALMER R R. Is teaching a profession? [J] The Phi Delta Kappan, 1953, 34(4): 139-140, 142.

[76] POLANYI M. Tacit knowing: its bearing on some problems of philosophy[J]. Review of Modern Physics, 1962, 34(4): 601-615.

[77] RICHARSON J G, HATCHER B W. The feminization of public school teaching, 1870-1920[J]. Work and Vocation, 1983, 10(1): 81-99.

[78] RILLERO P. The Enlightenment Revolution: a historical study of positive change through science teacher education[J]. Journal of Science Teacher Education, 1993, 4(2): 37-43.

[79] ROUSMANIERE K. Losing patience and staying professional: women teachers and the problem of classroom discipline in New York City schools in the 1920s[J]. History of Education Quarterly, 1994, 34(1): 49-68.

[80] RUEDIGER W C. Teachers' council[J]. Education, 1912, 32(7): 397-408.

[81] RURY J L. Education in the new women's history[J]. Educational Studies, 1986, 17(1): 1-15.

[82] RURY J L. Gender, salaries and career: American teachers, 1900-1910[J]. Issues in Education, 1986, 4(3): 215-235.

[83] RUSSELL E H. The study of children at the State Normal School, Worcester, Mass. [J]. The Pedagogical Seminary, 1892, 2(3): 343-357.

[84] SCHLOCKOW O. Individual versus class instruction[J]. New York Teachers Monographs, 1900, 3(1): 1-6.

[85] SEDLAK M, SCHLOSSMAN S. Who will teach? Historical perspectives on the changing appeal of teaching as a profession[J].

Review of Research in Education,1987,14(1):93-131.

[86] SHALLIES G. The distribution of high-school graduates after leaving school[J]. The School Review,1913,21(2):81-91.

[87] SHERROD C C. The contribution of the normal schools and teachers' colleges[J]. Peabody Journal of Education,1939,17(2):102-104.

[88] STRACHAN G C. Teachers and woman suffrage[J]. Journal of Education,1915,81:577-578.

[89] STROBER M H,LANFORD A G. The feminization of public school teaching:cross sectional analysis,1850-1880[J]. Signs:Journal of Women in Culture and Society,1986,11(2):212-235.

[90] STROBER M H,TYACK D B. Why do women teach and men manage? A report of research on schools[J]. Signs:Journal of Women In Culture and Society,1980,5(3):494-503.

[91] SUZZALLO H. Teaching as a profession[J]. Bulletin of the American Association of University Professors,1926,12(5):330-335.

[92] TOLLEY K,BEADIE N. Socioeconomic incentives to teach in New York and North Carolina:toward a more complex model of teacher labor markets,1800-1850[J]. History of Education Quarterly,2006,46(1):36-72.

[93] TUTTLE E M. Vocational education for girls[J]. Education,1914,34(7):445-458.

[94] TYACK D. Bureaucracy and the common school:the example of Portland,Oregon,1851-1913[J]. American Quarterly,1967,19(3):475-498.

[95] URBAN W J. Foreshadowing the seventies:teacher militancy and the NEA,1900-1922[J]. California Journal of Teacher Education,1978,5(1):55-82.

[96] URBAN W J. New directions in the historical study of teacher unionism[J]. Historical Studies in Education, 1990, 2(1): 1-15.

[97] WASSERMAN J. Wisconsin normal schools and the educational hierarchy, 1860-1890[J]. Journal of the Midwest History of Education Society, 1979, 7: 1-9.

[98] WEBB L D, MCCARTHY M M. Ella Flagg Young: pioneer of democratic school administration[J]. Educational Administration Quarterly, 1979, 34(2): 223-242.

[99] WHITNEY M W. Scientific study and work for women[J]. Education, 1882, 3(1): 58-69.

[100] WILENSKY H L. Theprofessionalization of everyone? [J] American Journal of Sociology, 1964, 70(2): 137-158.

[101] WINSHIP A E. Twenty-five years of Chicago [J]. The Journal of Education, 1910, 71(24): 685-689.

[102] WISE A E. The coming revolution in teacher licensure: redefining teacher preparation[J]. Action in Teacher Education, 1994, 16(2): 1-13.

[103] WYMAN A. The earliest early childhood teachers: women teachers of America's dame schools [J]. Young Children, 1995, 50: 29-32.

**(四)学位论文**

[1] ANDERSON O O. The Chicago Teachers' Federation [D]. Chicago: University of Chicago, 1908.

[2] BARRY K L. Social origins of the nineteenth century American Feminist Movement [D]. Berkeley: University of California, Berkeley, 1982.

[3] BECKERH S. Role and career problems of the Chicago public school teacher[D]. Chicago: University of Chicago, 1951.

[4] CARTER P A. A coalition between women teachers and feminists in New York City, 1900-1920[D]. Cincinnati: University of Cincinnati, 1985.

[5] COLLINS C W. Schoolmen, schoolma'ams and school boards: the struggle for power in urban school systems in the Progressive Era [D]. Cambridge: Harvard University, 1976.

[6] CRIPPEN J H. Character of the school master in Colonial Period[D]. New York: Teachers College, Columbia University, 1907.

[7] DWYER D. The married woman, the teaching profession and the state in Victoria, 1872-1956 [D]. Melbourne: The University of Melbourne, 2002.

[8] FINKELSTEIN B J. Governing the young: teacher behavior in American primary schools, 1820-1880, a Documentary History[D]. New York: Columbia University, 1970.

[9] FINN M. An historical analysis of the contributions of Samuel Read Hall to nineteenth-century teacher education[D]. Chestnut Hil: Boston College, 1970.

[10] GEAR H L. The rise of superintendency as an influence in educational policy[D]. Cambridge: Harvard University, 1950.

[11] GOULD D A. Policy and pedagogues: school reform and teacher professionalization in Massachusetts, 1840-1920[D]. Waltham: Brandeis University, 1977.

[12] HAMMACK D C. The centralization of New York City's public school system, 1896: a social analysis of a decision[D]. New York: Columbia University, 1969.

[13] HAZLETT J S. Crisis in school government: an administrative history of the Chicago public schools. 1933-1947[D]. Chicago: University

of Chicago, 1968.

[14] HENDON U S. Herbart's concept of morality in education and its role in America[D]. Tuscaloosa: The University of Alabama. 1980.

[15] HERNEY J D. The movement to reform the Boston School Committee in 1905[D]. Cambridge: Harvard University, 1966.

[16] KAESTLE C F. The origin of urban school system: New York City, 1750-1850[D]. Cambridge: Harvard University, 1970.

[17] LANGE J M. The decline of the teaching of rhetoric and the rise of progressivism in the American secondary schools, 1893-1940[D]. Akron: University of Akron, 1985.

[18] MULHAL L. The genesis and growth of the Progressive Movement in education[D]. Cincinnati: University of Cincinnati, 1931.

[19] MURPHY M. From artisan to semiprofessional: white-collar unionism among Chicago public schoolteachers, 1870-1930[D]. Davis: University of California, Davis, 1981.

[20] OVERBY G R. A critical review of selected issues involved in the establishment and functioning of the National Council for Accreditation of Teacher Education from its origin through 1965[D]. Tallahassee: Florida State University, 1966.

[21] PENNOYER J C. The Harper Report of 1899: administrative progressivism and the Chicago public schools[D]. Denver: University of Denver, 1979.

[22] PETER D W. The status of the married woman teacher[D]. New York: Teachers College Press, Columbia University, 1934.

[23] PETERSON J F. The portrayal of the schoolteacher in American literature based upon colonial types: 1794-1987[D]. San Francisco: University of San Francisco, 1994.

[24] REID R L. The professionalization of the public school teachers: the Chicago experience, 1895-1920[D]. Evanston: Northwestern University, 1968.

[25] LOVE C R. Progressive Education and its influence on writing instruction[D]. Atlanta: Georgia State University, 2004.

[26] RENNER M. Who will teach? Changing job opportunity and roles for women in the evolution of the Pittsburgh public schools, 1830-1900[D]. Pittsburgh: University of Pittsburgh, 1981.

[27] ROAMES R L. Accreditation in teacher education: a history of the development of standards utilized by the National Council for Accreditation of Teacher Education[D]. Akron: University of Akron, 1987.

[28] SABA C A C. Early progressive educational reform: the Kindergarten and Industrial Education Movements in the United States from 1875 to 1890[D]. College Park: University of Maryland, College Park, 2000.

[29] STINNETT T M. The accreditation of institutions for teacher preparation[D]. Austin: University of Texas, Austin, 1951.

[30] TEGNELL G G. Democracy in education: a comparative study of the Teachers' Council Movement, 1895-1968[D]. Cambridge: Harvard University, 1997.

# 后　记

这本书是在我的博士学位论文基础上修改而成的。从博士学位论文选题到写作完成，再到现在修改付梓，已有5年的时间。从知识、社团和权力的维度去勾勒和阐释美国教师职业向一门专业发展演化的历史故事已基本完成，但与最初希冀撰写一个生动复杂的教师史这一构想仍有很大的差距。这项关于美国教师专业化进程的历史研究在我的学术成长道路上具有重要意义。起初，我并不知道这项研究会走向何方，在开展这项研究的过程中也犹如走在漆黑的洞穴之中，摸索前行。虽知道阻且长，但我的导师和其他师长们的适时点拨让我在这条研究之路上满怀希望之光。

首先，感谢我的导师张斌贤教授。在张老师的悉心指导下，我的博士学位论文从选题到撰写再到定稿得以顺利进行。张老师学识渊博、治学严谨，对学术研究永远保持着旺盛的精力。他教会我做学问一定要脚踏实地、多下功夫。他为人和善、待人宽容，对我们充满了爱并寄予了希望。不论我们有什么缺点、不足，他都能够心平气和地指出，耐心细致地纠正，引导我们一步步走入学术殿堂的大门。他让我看到了一个为人师者的风采。他还经常关心我们的生活，向我们传达做人的道理，教导我们做人跟做学问一样重要，于无形之中塑造着我们的世界观、价值观。他为学、为师、为人之道就像一盏灯塔，时刻指引我前进的方向，启发我要做一个德才兼备的人。

其次，感谢北京师范大学教育学部教育历史与文化研究院外国教育史方向的老师们。郭法奇老师循循善诱，李子江老师句句箴言，王晨老师千思万虑，孙益老师精雕细琢，陈露茜老师掷地有声。在我学习的过程中，他们为我答疑解惑，提供了很多无私的帮助。同时也要感谢北京师范大学教师教育研究中心的周钧老师在开题和论文的修改中为我指点迷津，提出了许多建设性的意见。各位前辈孜孜不倦、精益求精的治学态度也令我十分敬佩，他们是我努力学习的榜样。

再次，感谢国家留学基金管理委员会的资助，让我可以前往威斯康星大学麦迪逊分校（UW-Madison）学习一年。这段经历在很大程度上推动我的博士学位论文得到有效开展。在风景宜人的“麦屯”，我的学位论文写作思路也在威廉·J. 里斯（William J. Reese）的指导和鼓励下变得更为清晰；在威斯康星大学麦迪逊分校图书馆、威斯康星历史学会图书馆及其馆员的热心帮助下，我收集到大量的文献史料，从而在很大程度上缓解了我撰写论文的焦虑。

同时，衷心地感谢香港圆玄学院和汤伟奇博士无偿提供资助的“联校教育社科医学研究论文奖计划”，以及该计划的发起人之一杜祖贻教授。“联校教育社科医学研究论文奖计划”在肯定我博士学位论文选题的同时，亦督促着我保质保量地完成学位论文。

感谢在读期间陈瑶、康绍芳、祝贺、刘春华、李曙光、曹春平、张潇方、董静、王慧敏、林伟、孙碧和郑菲遐等师兄师姐对我的鼓励和帮助，使我在学术成长中备受鼓舞。感谢 302 的同门小伙伴杜光强、石佳丽、杨帆、钱晓菲、李昂、周梦圆、曹雅洁，你们的欢声笑语点缀了科技楼 C 区 302 的学习生活。

感谢 2015 级教育学部博士班的吴婵、高洋、秦发盈、李媛、于超、黄漫远、唐文雯、梁显平、丁瑞常、傅王倩、刘益东等同学，同窗三载，你们的坚持与努力亦感染、推动着我不懈前行。

感谢赴美学习期间并肩学习努力的伙伴田京、曹昭乐、倪好，感谢允许我旁听其课程的亚当·尼尔森（Adam Nelson）、沃尔特·斯特恩（Walter Stern）、梅根 · 斯坦顿（Megan Stanton）和迪伦 · 考夫曼-奥布斯特莱（Dylan Kaufman-Obstler），以及在生活上帮助过我的马焕灵、许丽英、金帷老师等人。

感谢我的家人。他们总是理解读书学习的辛苦不易，默默地支持我的选择与追求，从不在学习和生活上对我施加任何压力，教会了我天道酬勤、豁达与洒脱。感谢宣先生对我的支持、鼓励，风雨无阻地与我一同携手成长。前行的路上有很多人和事值得感谢，在此不再一一列出。在今后的人生道路上，我将心存感恩，牢记诸位的帮助，发扬大家的优良作风，坚持不懈、努力前行。

最后，感谢本书的责任编辑在书稿校订过程中提出的诸多建议，为提高书稿的整体质量做了大量工作。当然，由于自己的精力和水平有限，书中定有不少错误或不足之外，敬请读者予以批评指正，本人将不胜感激。

2018 年 5 月 16 日撰

2020 年 5 月 26 日改